KB104666

부동산과
정치

부동산과 정치

문재인 정부의 좌절과
한국사회의 과제

김수현 지음

오월의봄

문재인 정부의 부동산 좌절, 책임과 성찰을 위해

문재인 정부는 집값을 못 잡았다. 그냥 못 잡은 정도가 아니라, 두 배 넘게 뛰어버린 아파트 단지가 허다했다. 연이어 전세금도 급등했다. 어떤 말로도 변명이 되지 않는다. 국민들은 좌절하고, 분노했다. 결국 정권은 교체되었고, 그 원인의 하나로 부동산 문제를 꼽는 사람들이 많았다.

그러다 2022년 초부터 그동안 너무 많이 풀린 돈 때문에 물가가 폭등하자 미국을 시작으로 각국이 기준금리를 올리기 시작했다. 집값은 언제 그랬냐는 듯이 급락을 거듭했다. 서울 아파트의 많은 곳들이 불과 1년 만에, 2021년 하반기 고점 대비 20%나 떨어지기도 했다. 말하자면 2~3년 전 가격으로 돌아갔던 것이다. 물론 2023년 하반기에 들면서 아파트값이 반등한 곳들이 나오고는 있지만, 아직 전국적으로는 여전히 하락 중이고 서울도 불안한 회복세라는 진단이 많다.

몇 년 전 집값 상승 공포에 '영혼까지 끌어 집을 샀던 사람'(영끌)들은 고금리 상환 부담에다 집값 하락의 이중고를 겪고 있다. 집값 하락과 함께 전세가까지 급락하자 빌라 등에서 전세보증금을 돌려주지 못하는 사태가 벌어지기도 했다. 상상도 하지 못한 규모로 전세사기 사건이 터진 것이다. 집값이 과다하게 올랐던 시기의 문제들이 약한 곳에서부터 터져나온 셈이다.

국민들은 더 허탈해졌다. 아무리 금리가 중요했다지만, 이렇게 쉽게 내려갈 집값이었는데 문재인 정부는 집값을 잡지 못하고 뭘 했는가?

문재인 정부가 집값을 잡지 못한 이유

왜 집값을 못 잡았을까? 이유가 무엇이든 문재인 정부의 책임이 달라지지는 않겠지만, 그래도 원인을 아는 것은 중요하다. 모두가 정책이 잘못되었다고 하는데 무엇이 잘못된 것일까? 제대로 교훈을 얻을 필요가 있다.

물론 문재인 정부 당시 시중의 판단은 이미 내려져 있었다. 공급이 부족했다는 것이다. 무엇보다 재개발, 재건축 규제 때문에 서울, 수도권에 '좋은 집'이 공급되지 못한 것이 문제였다고 했다. 물론 정부도 대대적으로 3기 신도시를 지정했지만 시장을 진정시키기에는 역부족이었다. 또 공급량이 오히려 더 많았다는 자료도 발표하곤 했지만, 대개 숫자 놀음이라는 식의 비난과 함께 묻혀버렸다.

세금도 중요한 원인으로 지적됐다. 이른바 진보적인 전문가나 시민단체들은 문재인 정부가 세금을 미적지근하게 올리는 바람에 집값 폭등의 길을 열어줬다고 비판했다. 이에 민주당은 2020년 총선에서 압승한 이후 종부세, 재산세, 양도세까지 대폭 강화했다. 그러나 1년도 안 되어 2021년 4월 보궐선거에서 패배한 이후, 민주당은 이전에 올린 세금을 되돌리기 시작했다. 세금이 낮아서 문제가 아니라, 오히려 너무 높아서 문제였다고 반성하는 것처럼 보였다.

임대사업자 논란도 빠지지 않았다. 문재인 정부는 민간 임대시장을 양성화하고 현대화한다는 명목으로 임대사업자 제도를 확대·강화했는데, 이것이 다주택을 묵인하고 집값을 끌어올렸다는 것이다. 반면 국민의힘은 문재인 정부가 다주택자를 적대시함으로써 오히려 집값을 올리고 말았다는 입장이었다. 임대차3법도 같은 맥락에서 문제시해왔다.

대출 규제도 집값은 못 잡고, 실수요자만 고통에 빠트렸다는 비난을 받았다. 문재인 정부는 참여정부 당시의 경험을 바탕으로 주택 구입에 대한 대출 규제에 강조점을 두어왔다. 초기부터 LTV(Loan to Value, 담보인정비율), DTI(Debt to Income, 총부채상환비율)를 참여정부 수준으로 강화했고, 2018년 9월에는 2주택부터 대출을 금지했으며, 상환 능력을 더 꼼꼼히 보는

DSR(Debt Service Ratio, 총부채원리금상환비율)도 도입키로 했다. 하지만 DSR는 계획만 세우고는 코로나 상황 등으로 실제 시행을 늦추는 바람에 집값을 잡는 데 실기했다는 비판을 받았다. 반면 이런 조치가 현금 부자들만 혜택을 보고, 현금이 부족한 실수요자들은 주택 구입 기회를 봉쇄당했다는 불만을 키웠다. 대선을 앞두고 정치권은 너도나도 돈을 더 빌려주겠다고 약속했다.

그런데 문재인 정부는 전 세계적인 과잉유동성으로 인해 집값을 잡는 데 역부족이었다는 속내를 비치기도 했다. 문재인 대통령은 퇴임 대담(2022년 4월 25일) 때 "면피하겠다는 것이 아니라…… 코로나 시기 유동성이 풍부해져 가수요를 일으키는 등 구조적인 원인들을 함께 볼 필요가 있다"고 말하기도 했다. 언론들도 가끔 전 세계적인 과잉유동성을 염려하곤 했지만, 우리나라의 집값 상승은 과잉유동성보다는 공급 부족이나 규제 때문이라는 식의 이중적인 해석으로 덮어버렸다.

이처럼 문재인 정부가 집값을 못 잡은 가장 큰 원인은 "(반시장적인) 규제에 따른 공급 부족 때문이며, 세금은 효과도 보지 못하고 국민을 고통스럽게만 했다"는 것이 정설이 되어 있다. 이 때문에 정치권, 특히 국민의힘은 대선 캠페인 과정에서 문재인 정부 정책을 총체적 실패로 규정하고, 정책 대부분을 되돌리겠다고 공약하게 된다. 재개발, 재건축 규제를 당장 풀고, 주택대출을 늘리며, 종부세, 다주택자 양도세, 재산세 등도 대폭 완화하기로 했다. 임대사업자제도도 활성화하겠다는 계획을 밝히기도 했다. 민주당도 이 점에서는 국민의 힘과 별반 다르지 않았다. 한때 국토보유세를 핵심 공약으로 내세웠던 이재명 후보조차 양도세 인하는 물론 보유세 완화까지 정부에 요구하기도 했다.

그런데 2022년 5월 윤석열 정부가 출범할 무렵, 부동산시장은 그 이전 5년과는 그 구조가 완전히 달라지게 된다. 그해 초부터 그동안 풀렸던 엄청난 돈과 우크라이나 전쟁의 여파로 물가가 급등했고, 전 세계는 유동성 축소에 나서기 시작했다. 불과 한두 달 사이에 부동산시장 분위기는 급변해서 가격 하락이 본격화되었다. 직전까지 공급 부족 때문에 집값이 올랐고, 또 계속 오를 것이라고 했던 언론, 전문가, 정치권은 입을 닫았다.

오직 '공급 확대' 구호와 묻지 마 식 '세금 인하'만 외쳐왔던 한국사회는 아무 일도 없었다는 듯이 '금리 인상'이 집값을 약세에 빠트렸다고 규정했다. 진단도 토론도 없었다. 이러저러해서 문재인 정부의 부동산 정책이 실패할 것이며, 또 실패했다고 목소리 높이던 전문가나 시민단체, 정당의 주요 인사들은 이런 상황에 대해 어떻게 생각하고 있을까?

건강한 토론과 논쟁을 위해

필자는, 그만한 자격이 있는지는 모르겠지만, 문재인 정부 부동산 정책의 책임자 혹은 설계자로 거론된다. 시민단체와 전문가, 언론이나 국민의힘, 민주당 모두 집값 폭등의 가장 큰 책임자 중 하나로 필자를 지목하고 있다. 시민단체들은 내가 세금을 제대로 올리지 않았다고 비난하는 반면, 반대로 보수언론 등에서는 내가 세금 폭탄을 주도했다고 비난했다. 또 임대등록제 확대로 집값을 올린 원흉이 되어 있기도 하다. 황당하지만 대선 때는 윤석열 후보가 "일부러 집값을 올린 사람"으로 나를 지목하기도 했다(고양시 유세, 2022년 3월 6일). 당시 민주당 송영길 대표는 자신의 대표 브랜드 '누구나집'을 내가 거부함으로써 집값 폭등을 막지 못했다고 비판했다. 이쪽저쪽 모두가 내 책임을 거론하곤 했다.

나는 2017년 5월부터 2018년 11월까지 대통령 비서실 사회수석비서관으로 근무하면서 2017년 8·2대책, 2018년 9·13대책에 깊이 관여했다. 그 후 2019년 6월까지는 정책실장으로서 국정 전반에 대해 대통령을 보좌하다 퇴직했다. 적어도 문재인 정부 초기 2년에 대해서는 부동산 정책에 대한 '일정한 책임'이 있는 게 명확하다. '모든 책임'이라고 하기에는 정부 조직 체계나 역할 분담, 또 여당과의 관계 등이 있기 때문에 지나친 말이지만, 그것이 내 책임을 경감하려는 뜻은 결코 아니다.

그렇게 책임이 크다는 입장에서 보면 부동산 정책에 대한 필자의 역할이 아직 남아 있는 셈이다. 문재인 정부 기간에 집값이 왜 올랐으며, 그럼 어떻게 했어야 하는가를 내가 직접 밝히는 것이다. '반성' '고백' '성찰' 그 어떤 표현을 써도 좋지만, 당시 깊게 관여하고 고민했던 사람의 생각을 밝혀두는 것은 우리 사회에 도움이 되리라고 본다.

다만 주변에서는 너무 이르다고 걱정하는 분들이 많다. 또한 무슨 말을 하더라도 변명이나 떠넘기기로 비칠 공산이 크다. 석고대죄할 인간이 무슨 할 말이 있는가라고 비난하는 분들도 많을 것이다. 그럼에도 필자는 적어도 문재인 정부 초기 2년 동안 부동산 정책에 대해 깊은 책임이 있고, 그래서 그 경과와 전말을 밝히고 교훈으로 삼는 일을 늦출 이유가 없다고 보았다. 특히 총체적 실패라고 하면서도 실패의 원인이나 대안에 대한 진지한 논의가 없는 현 상황이 안타깝다. 최근 상황에 대한 전문가나 시민단체의 생각도 궁금하다. 정치권은 또 어떻게 생각하고 있을까? 민주당은 대선 패배의 주요 원인으로 지적된 부동산 문제를 어떻게 평가하고 그 대안을 마련하고 있는가? 국민의힘은 시장에 맡기자고 했는데, 정부 출범 이후 주장하던 대로 하고 있는가?

하지만 이 책이 건강한 토론과 논쟁의 촉발제가 될 것인지는 여전히 자신 없다. 전 국민의 불안과 분노가 인터넷 여론을 달구게 되면, 전문가나 정치권은 부동산 문제에 입을 닫곤 하기 때문이다. 부동산 정책 논의는 일종의 정치적 프레임에 갇혀 있다. '부동산 실패' 프레임만 있을 뿐, 그 구조와 대안에 대한 고민은 단선적이고 상투적이다.

정책이 부동산시장에 원하는 효과를 바로 거두는 일은

결코 쉽지 않다. 부동산시장은 돈의 규모와 위력이 어마어마할 뿐 아니라, 자본주의 시장경제 그 자체이기도 하기 때문이다. 더구나 더 나은 집에 대한 기대, 기왕이면 돈을 벌고 싶은 욕망, 나만 뒤처지는 것 아닌가 하는 불안감 등이 뒤섞인 부동산 심리를 몇 개의 정책으로 진정시키기도 쉽지 않다. 집값이 오르는 이유도 경기적 요인, 구조적 요인이 함께 있기 마련이고, 우리나라에만 나타나는 현상이 있는가 하면 전 세계가 함께 겪는 일들도 있다. 따라서 대부분의 정책들은 효과를 거두기까지 시차가 필요하다. 일반적으로는 금융, 세금, 공급 대책 순으로 효과가 빨리 나타난다. 그러나 시중의 기대와 요구는 그 반대 방향이다.

이렇게 복잡한 문제의 원인과 대책을 간단히 진단하기는 불가능하다. 그런 점에서 일부 전문가들이 방송이나 언론 코멘트를 통해 부동산시장과 정책을 몇 마디로 재단하는 것을 보면 경악을 금치 못할 때가 한두 번이 아니었다. 더구나 관점과 철학, 집단적 사고까지 영향을 끼치니 해법을 상대에게 수긍시키기도 어렵다. 그럼에도 문재인 정부 부동산 정책이 왜 좌절했는가를 진지하게 돌아보는 것은 한국사회의 발전을 위해 꼭 필요하다. 모두에게 비난을 받고 있는 나 같은 사람이 먼저 말문을 열 필요가 있다.

2022년 중반, 그렇게 책을 쓰기로 결심했다.

부동산과 정치, 부정하고 싶은 현실

책의 초고를 한창 써나가던 중 생각지 못한 문제들이 터지면서 다시 고민에 빠졌다. 하나는 전세사기 문제다. 갭투자가 가능한 전세제도, 집값을 제대로 알기 어려운 신축 빌라, 허술한 전세보증제도, 그리고 그 허점을 파고든 사기 집단들이 만들어낸 사건이었다. 그런데 임대시장을 더 투명화하고, 세입자의 권리를 더 튼튼히 하자며 추진했던 임대사업자제도가 '빌라왕'을 부추겼을 수 있다는 안타까움이 밀려왔다. 이런 일을 막자고 추진한 일이었는데…… 비록 내가 그만둔 뒤에 본격적으로 벌어진 일들이기는 하지만, 빌미나 계기를 제공한 것이 아닌가 고통스러웠다.

게다가 부동산 통계 조작 논란도 발생했다. 거의 매일 이런저런 부동산 통계가 발표되는 우리나라에서, 문재인 정부가 한국부동산원의 주간동향지수를 왜곡하고 조작했다는 의혹이었다. 1년이 넘는 감사 끝에, 이 책을 인쇄소에 넘기기 직전 감사원이 여러 명을 수사 의뢰했다. 나도 그중 한 사람이 되다 보니 조심스럽지 않을 수 없다. 이런 논란이 생긴 것 자체가 안타깝고 송구스럽다. 하지만 그것 때문에 집값을 잡기 위해 분투했던 문재인 정부의 진정성마저 의심받을 수는 없다. 나아가 문재인 정부가 집값을 안정시키지 못한 점이 내내 국민들께 죄송할 뿐, 통계와 관련하여 내가 부끄럽거나 양심에 거리낄 일은 한 것은 전혀 없다. 그 논란에도 불구하고 내가 문재인 정부 부동산 정책을 되돌아보려는 이 책을 내기로 결심한 이유이다.

이런 상황을 거치면서 내가 얘기를 해야겠다는 의무감이 더 커졌다. 이 책이 단순히 나의 소회나 반성을 넘어 우리 사회가 부동산 문제를 대하는 방식에 대해 생각하는 계기가 되었으면 한다. 부동산 문제만큼 첨예하게 생각이 다른 문제도 없다. 인터넷 댓글이나 유튜브 공간에서만 그런 것이 아니라 전문가, 정치인, 언론 모두 자신들이 짜놓은 프레임 속에서 이 문제를 너무나 함부로 다루고 있다. 이것만 하면 된다는 선동주의, 이상주의, 낭만주의가 난무하는 것이 부동산 정책 분야다. 한마디로 포퓰리즘의 각축장이 되어버렸다. 그 피해는 당연히 모든 국민이 본다.

이렇게 부동산 문제가 포퓰리즘을 앞세워 정치화되면, 합리적인 정책, 근본적으로 효과가 큰 정책들은 뒤로 밀리게 된다. 시장 안정에 도움이 되는 정책들은 고통이 따르게 마련이다. 대표적으로 집값 급등기에 은행 돈을 빌려 집을 사려는 사람들의 대출을 억제하는 정책이 그렇다. 부모 잘 만난 사람들이 집으로 뻔히 돈을 버는 것을 보면서도 참으라고 해야 하는 것이다. 정치권의 비난이 빗발치는 것은 당연하다. 이런 식으로 사회 전체가 부동산 문제의 핵심보다 부차적인 쟁점에 집착하게 되는 것이다. 보유세를 놓고 격론을 벌이지만 시장 안정 효과보다는 원망과 갈등을 키울 뿐이다. 공급 대책은 시간이 흘러야 해결되는데, 논란을 벌일수록 불안감만 커진다. 게다가 정부나 정치권은 부동산으로 경기 방어나 경기를 부양하려는 마음에서 벗어나지 못하고 있다. 문재인 정부가 코로나19 국면에서 어떻게 보면 부동산으로 그나마 파국을 피했던 것이나, 윤석열 정부가 시장 급락 방지라는 명분으로 이런저런 파격적인 조건의 대출을 늘렸던 것도 그런 이유다.

이 책의 제목《부동산과 정치》는 그런 점에서 부동산 정책을 둘러싼 이중적 상황을 나타내고자 했다. 우리는 부동산 정책이 정치와 이념에 좌우되어서는 안 된다고 하면서, 실제로는 끊임없는 정치적 압력 속에 놓아두고 있기 때문이다. 다른 어떤 분야보다 유독 부동산 정책을 둘러싸고는 이념적 프레임과 정치적 포퓰리즘이 기승을 부린다. 부동산을 둘러싼 국민들의 불안, 불만, 공포를 진정시키려 하기는커녕, 그를 정치적으로 이용하는 일이 다반사다. 그런 만큼, 꼭 필요하지만 정치적으로 인기 없는 정책들은 힘을 받기 어렵다. 오히려 우선 듣기 좋은 처방과 공약들이 난무하기 십상이다. 부동산과 정치의 관계는 이렇게 부정하고 싶지만, 엄연히 주어진 현실이다.

나 역시 그런 부동산 문제의 정치화와 포퓰리즘에서 자유롭지 못했다. 나의 반성을 앞세워, 우리 사회에 만연한 포퓰리즘에 대한 교훈을 얻고 싶다. 그만큼 여러 집단, 여러 관점으로부터 비난을 받을 것으로 본다. 이 책의 어떤 부분은 자신들의 생각과 같고, 또 어떤 부분은 다를 것이다. '선택적 밑줄 치기'로 본말을 전도시킬 우려도 크다. 그럼에도 나의

'욕먹을 용기'가 우리 부동산시장의 프레임 전쟁 본질을 드러내고, 시장과 정책이 조화를 이루는 방안을 찾는 데 도움이 될 것으로 기대해본다.

그런데 이 책에는 이른바 전직들의 회고록에 흔히 등장하는 비사(祕史)는 없다. 흥미로울지 모르지만 본질이 아니기 때문이다. 대한민국은 이미 자연인 누군가가 결단하거나 지시해서 정책이 결정되고 집행되는 나라가 아니다. 정부는 다차원적인 논의와 점검을 통해 정책을 결정한다. 밖에 알려져 있지는 않지만, 때로 정책 책임자들 간에 이견이나 격론이 있었을 수도 있다. 그러나 결정된 사항에는 어디에도 자연인들의 이름이 들어설 자리는 없다. 이것이 누군가 책임을 모면하려는 얘기가 아니라, 정부는 정부로서 책임져야 하기 때문이다. 이 책에서는 내 개인의 직접적인 소회를 제외하면, 정책 결정 과정에서 함께했던 사람들의 얘기를 하지 않으려 했다. 행여 알 만한 대목이 있다면 그것은 나의 실수이다.

문재인 정부 부동산 정책 과정에 참여했던 당사자가 책을 내는 것은 이번이 처음이다. 이 책을 빌려 집값 폭등기에 부동산시장 안정을 위해 고군분투했던 수많은 공직자들께 안타까운 마음과 위로를 전하고 싶다. 모두 혼신의 힘을 다했지만 결과는 기대에 못 미쳤다. 이 책은 왜 그때 집값 잡기가 그렇게 힘들었던가를 복기해보는 자료가 될 것이다. 또 나중에 부동산 정책을 맡게 될 공직자나 정치인들에게 반면교사가 되기를 기대한다.

　이 책이 나오기까지 걱정과 응원을 해주신 분들께도 인사하고 싶다. 가장 어려운 시기에 부동산 정책을 담당했고, 또 그만큼 비난도 많이 받았던 김현미, 변창흠 장관에게는 마음의 빚이 크다. 문재인 정부의 부동산 정책을 비판하면서도 안타까워했던 여러 전문가들의 애정 어린 조언은 이 책을 쓰게 만든 동기이자 독려였다. 특히 서영수 선생은 금융의 영향에 대한 내 생각에 확신을 주었다. 고민을 함께 나눴던 동료 교수들과 제자들 또한 이 책의 조력자들이다. 모두 감사드린다.

　이 책을 내는 오월의봄 편집진에 또 한 번 감사드린다. 2011년 출판사의 첫 번째 책으로 낸《부동산은 끝났다》는 발간한 이래 14쇄를 찍었다. 이 분야에서는 드물게 스테디셀러가 된 셈이다. 그 뒤 2017년《꿈의 주택정책을 찾아서》, 2021년《집에 갇힌 나라, 동아시아와 중국》, 2022년《가난이 사는 집》을 모두 같은 출판사에서 출간했다. 인기 없거나 논란이 되는 책들을 공들여 좋은 책으로 만들어주셨다. 촉박한 출간 시간을 맞춰주신 디자이너 조하늘님께도 감사드린다.

　끝으로, 내가 맡았던 정부에서의 역할 때문에 오랫동안 가슴 졸이며 살았던 가족들에게 미안함과 고마움을 전한다.

2023년 9월

김수현

차례

2부. 부동산 문제, 제대로 보자

3부. 어떻게 할 것인가?

1부

문재인 정부의
부동산 정책 좌절

1장

부동산에 어떤 일이 일어났나?
집값 폭등과 국민들의 분노

집값이 두 배나 올랐다

우리나라에서 부동산 정책의 성패를 판단하는 기준은 간단하다. 집값이 얼마나 올랐는가를 보면 된다. 대체로 10~15년 주기로 집값이 폭등했는데, 그때마다 서울 아파트값은 몇 년 사이에 두 배 가까이 올랐다고 보면 된다. 노태우 정부, 노무현 정부, 또 문재인 정부 기간에 그러했다.

실제 2017년 5월 정부 출범부터, 2021년 10월의 고점까지 서울 아파트값은 한국부동산원이 발표하는 공동주택실거래가지수를 기준으로 78.5% 올랐다. 그 뒤로 문재인 정부가 끝날 때까지 가격이 조금 내려서, 5년 전체로 보면 77.2% 오른 셈이다. 체감상 두 배가 올랐다고 할 수 있다. 이전 박근혜 정부 기간 서울 아파트값이 20.6% 올랐고, 이명박 정부에서는 거꾸로 내렸던 것과 비교하면 노무현 정부 이후 최대 상승폭이었다. 국민들이 당황하고 분노한 것은 당연하다.

물론 한국부동산원의 '전국' 아파트 실거래가변동률은 5년간 39.7% 올랐다. 서울에 비해서는 절반 수준이다. 하지만 국민들은 이 수치를 우리나라 집값 변동률이라고 믿지 않는다. 게다가 같은 한국부동산원이 발표하는 가격동향지수나 민간기업인 KB국민은행의 동향지수도 전반적으로 실거래가지수보다 낮게 나오지만, 이 역시 믿지 않는다. 심지어 일부러 수치를 낮췄다고까지 생각한다. 서울 아파트가 우리나라 전체 주택에서 차지하는 비중은 약 10분의 1 정도지만, 우리나라를 대표하는 집값은 모든 통계 중에서 가장 높게 나오는 '서울'의 '아파트' '실거래가'라고 보기 때문이다.

그렇다면 다른 나라와 비교해서 우리는 얼마나 오른 것일까? 문재인 정부는 종종 우리만 오른 게 아니라고 해왔는데, 정말 그럴까? 결론부터 얘기하자면, 2019년까지는 상당히 선방했던 것이 맞다. 아파트 실거래가로 보더라도, 집값이 많이 오른 주요국들 중에서는 낮은 편에 속했다. 그러나 2021년 초, 이른바 '영끌' 바람이 불면서 갑자기 세계적인 순위에 들어버렸다.

물론 다른 나라와 비교하기 위해서는 기준과 방법이 중요하다. 이를 위해 두 가지 방식으로 비교해보았다. 첫째는 각 나라가 2008년 금융위기 이후 집값이 가장 내렸을 때와 최근 가장 올랐을 때를 비교했다. 나라별로 이전 저점이 모두 다르기 때문에 그래프 방식이 아니라 표로 비교했다. 둘째는 전 세계에서 집값이 본격적으로 오르기 시작한 2015년부터 그래프의 추이를 통해 비교해보았다. 두 경우 모두 각국의 물가상승률이 다르므로 명목가격보다 실질가격으로 비교하는 것이 더 정확할 수 있지만, 튀르키예 등 일부 국가를 제외하면 별다른 문제가 없었기에 명목가격만 비교했다.

이때 우리 국민들의 기대에 따라 어쩔 수 없이 편파적인 방식을 썼다. 즉 우리나라의 각종 가격 통계에서 가장 가격이 많이 오른 것으로 나타나는 '아파트 실거래가'를 다른 나라와 비교한 것이다. 다른 나라는 전 유형의 주택 가격을 종합해서 산출하고 있다.

〈표 1-1〉에서 보는 것처럼 우리나라 집값은 금융위기 이후 저점과 비교하면 분명 선진국들보다 많이 오른 것이 아니다. KB국민은행의 전체 주택 가격 지수로는 전국, 서울 모두 비교 국가들보다 낮다. 아파트 실거래가로 보더라도 전국 기준은 덜 오른 편이다. 다만 서울 아파트값은 저점 대비 2.21 배로 다른 나라보다 높은 축에 속한다. 이는 우리나라의 가장 비싼 지역 및 유형의 주택 가격을 다른 나라의 전국·전체 주택과 비교했다는 점을 감안해야 한다. 그런데 2015년부터 상승 정도를 그래프로 비교해보면(〈그림 1-1〉), 2019년까지는 다른 나라와 비교해서 상당히 양호한 수준이었지만 그 뒤 급격히 오른 것을 알 수 있다. 결국 우리나라 집값 상승의 대부

〈표 1-1〉 주요 국가의 이전 저점 대비 주택 가격 상승 비교

			금융위기 전 고점	금융위기 이후 저점 (A)	전 고점 회복	최근 최고점 (B)	전 저점 대비 최근 고점 배율 (B/A)
미국	FHFA지수		2007.1.	2012.1.	2016.10.	2022.7.	2.03
	케이스-실러지수		2006.7.	2012.2.	2017.1.	2022.6.	2.30
	케이스-실러지수 (20대 도시)		2006.4.	2012.3.	2018.1.	2022.6.	2.31
영국			2007.7.	2009.1.	2014.7.	2022.7.	1.75
일본			-	2012.10.	-	2022.7.	1.34
네덜란드			2008.9.	2013.10.	2018.4.	2022.7.	1.96
스웨덴			2008.7.	2009.10.	2009.4.	2022.4.	2.17
뉴질랜드			2007.10.	2009.1.	2012.7.	2021.10.	2.81
캐나다			2008.4.	2009.1.	2010.1.	2022.4.	2.85
독일			-	2006.1.	-	2022.4.	2.04
한국	KB 주택종합 가격	전국	2008.9.	2009.3.	2009.10.	2022.7.	1.59
		서울	2008.9.	2013.9.	2015.10.	2022.9.	1.60
	아파트 실거래가	전국	2008.7.	2010.8.	2013.4.	2021.10.	1.73
		서울	2008.6.	2012.12.	2016.5.	2021.10.	2.21

- 각국의 집값이 금융위기 직전 가장 높았을 때와 이후 가장 내려갔을 때(A), 그리고 이전 고점이 회복된 시점, 이후 최근 가장 높았을 때(B)를 파악하고, 직전 가장 낮았을 때의 가격에 비해 몇 배나 올랐는가(B/A)를 계산한 것이다.
  일본과 독일은 2000년 이후 계속 하락하다 오르기 시작했으므로 이 기간 중 이전 고점이 없다.
  집값 통계의 종류에 따라 차이가 있으므로 미국은 FHFA지수와 케이스-실러지수를 함께 보았고, 우리나라는 KB국민은행의 전체 주택종합 매매 가격과 한국부동산원의 공동주택 실거래가지수 비교했다.
- 자료: 다른 나라-FRED Economic data 재구성(https://fred.stlouisfed.org/)
  한국-KB국민은행 주택종합 매매 가격, 한국부동산원 공동주택실거래가지수

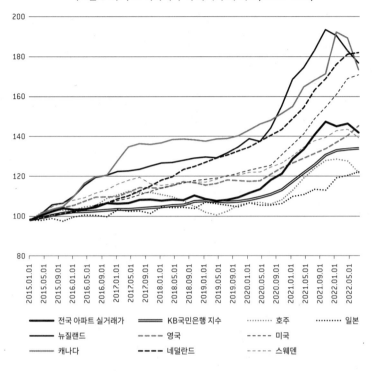

〈그림 1-1〉 주요 국가의 주택 가격 추이 비교(2015=100)

범례	범례	범례
전국 아파트 실거래가	KB국민은행 지수	호주 · · · · · · · ·
뉴질랜드	영국	미국
캐나다	네덜란드	스웨덴

- 다른 나라는 모두 전국, 전체 주택유형을 종합한 가격지수이다. 그러나 우리나라는 상대적으로 고가인 아파트만 나타낸 그래프가 포함되어 있으므로, 이 점을 감안해서 보기 바란다. 서울 아파트의 경우는 더 예외적인 사례로, 국제 비교에 오해 소지가 많아서 제외했다.
- 자료: 다른 나라-FRED Economic data 재구성(https://fred.stlouisfed.org/) 한국-KB국민은행 주택종합 매매 가격, 한국부동산원 공동주택실거래가지수

정부도 못 믿는 부동산 통계?

우리나라는 세계 어느 나라보다 부동산 통계의 종류가 많고 또 자주 발표하는 나라이다. 모두 서른 가지가 넘고, 매주 발표하는 통계만도 세 가지나 된다. 세계에서 주간 가격 변화를 발표하는 나라는 우리밖에 없다. 공공기관인 한국부동산원과 민간기업인 KB국민은행, 부동산114가 각각 발표한다. 그런데 이 세 가지 주간동향지수는 표본이나 분석 방법, 조사원이 모두 다르다. 통계학적으로도 세 기관의 지수는 동일한 가격 변동에 대해 최대 2.3배나 증감률이 다르게 나타날 수 있다.*

그렇다면 실제 거래된 가격이라면 어떨까? 우리나라는 거래가격을 30일 내에 신고하도록 되어 있기 때문에, 이를 취합해서 통계로 내면 그나마 가장 정확한 집값 통계가 될 것처럼 보인다. 하지만 이 역시 가격 급변기에는 과대 또는 과소 평가될 소지가 다분하다. 이례적인 거래나 급매물의 가격이 반영될 수 있기 때문이다. 실거래가의 이런 특성 때문에 집값이 급등락할 때의 주간가격동향은 거꾸로 그 변동 폭이 훨씬 낮은 경향이 있었다. 〈그림 1〉은 우리나라 주요 부동산 통계들이 얼마나 제각각인지 보여준다.

이렇게 되자 시중에서는 정부가 한국부동산원의 주간가격동향지수를 통해 집값이 덜 오르거나 덜 떨어진 것처럼 보이도록 하려 한

---

* 김세기, 〈주택 통계 개선 심포지엄 발표문〉, 《주택 가격 통계 현황과 개선 방향》, 한국주택학회, 2016.4.21.

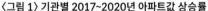

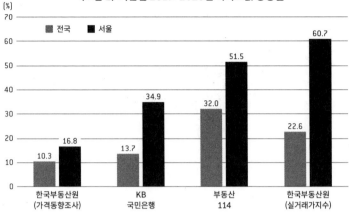

〈그림 1〉 기관별 2017~2020년 아파트값 상승률

- 자료: 《내일신문》, 2021.5.20.(http://m.naeil.com/m_news_view.php?id_art=386601)

다고 의심하게 되었다. 또 야당은 가장 많이 오른 수치를 보인 통계를, 반면 여당은 가장 적게 오른 수치를 보인 통계를 내세우는 식으로 활용함으로써, 결과적으로 통계 불신을 가중시킨 점도 있다. 이 때문에 감사원이 대대적인 감사에 나서기도 했다. 그럼에도 최근까지 언론들은 정부도 못 믿는 부동산 통계라는 식의 분석 기사를 싣고 있다. 그만큼 부동산 통계는 종류별로 차이가 큰 것이다.** 이런 사정은 다른 나라들도 비슷하다. 〈그림 2〉는 대표적으로 미국, 일본 사례다.

그렇다면 부동산 통계를 어떻게 이해해야 할까? 기본적으로 각 통계의 속성과 장점, 한계를 이해하는 가운데, 목적에 맞게 활용하는 것이 중요하다. 아무리 과학적이고 합리적인 통계 기법이라 하더라도

** 〈부동산 통계를 정부도 못 믿는다고요?〉, 《동아일보》, 2023.2.19.;
　〈"7주째 상승" "49주째 하락"… 집값 통계 뭐가 맞는 거야〉, 《조선일보》,
　2023.7.11.

〈그림 2〉 미국, 일본의 부동산 가격 통계별 차이

미국의 연간 주택 가격 변동률

케이스-실러
20대 도시 지수

FHFA 지수

(각 연도 말 기준)

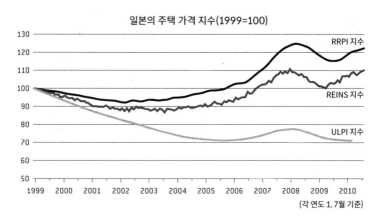

일본의 주택 가격 지수(1999=100)

RRPI 지수

REINS 지수

ULPI 지수

(각 연도 1, 7월 기준)

- 자료: 미국-https://finance.yahoo.com/news/us-home-prices-rise-slower-rate-july-130014400.html
  일본-OECD, *Handbook on Residential Property Price Indices*, 2013.
  (https://read.oecd-ilibrary.org/economics/handbook-on-residential-property-price-indices_9789264197183-en#page1)

어떤 용도인가에 따라 전혀 다르게 받아들여질 수 있다. 앞에서도 설명했지만, 국민들은 서울 아파트 실거래가가 우리나라를 대표하는 부동산 통계라고 믿고 있다. 그러나 부동산 정책을 하는 입장이나 대출액을 정하는 금융기관 입장에서는 다른 수치를 참고할 수도 있다. 더구나 실거래가 통계는 확인할 수 있을 때까지 한 달 이상 시간이 필요해서, 화급을 다투는 대책 마련을 위해서는 보완책도 필요하다. 절대적으로 맞는 유일한 통계가 있지 않다는 것을 인정하고 여러 통계를 활용하는 것이 중요하다. 다른 나라와 비교할 때도 각 통계의 기준이 무엇인지 감안해서 보지 않으면 오독하기 십상이다. 또 더 이상 통계 조작이나 왜곡이라는 논란이 생기지 않도록, 통계의 안정성·독립성과 품질을 획기적으로 높일 필요가 있다.

분은 패닉 바잉(Panic Buying, 사회·환경 변화 등으로 발생한 심리적 불안 때문에 물품을 사들이는 것)이 몰렸던 2020년부터 2021년 상반기 사이에 집중된 셈이다.

28번의 크고 작은 부동산 대책

우리나라 부동산 정책사는 곧 집값 변동사라고 해도 과언이 아니다. 집값이 급등할 때는 어떻게든 수요를 억제하고 공급을 늘리는 정책을, 급락할 때는 그 반대 방향의 정책을 펼쳐왔다. 부동산 경기에 따라 정책이 널뛰기를 해왔다는 비판도 있지만, 어떻든 시장을 안정시키는 것이 정부의 최대 과제였다.

그런 점에서 2013년 초 집값이 저점을 찍은 뒤, 박근혜 정부 중반부터는 부동산 경기가 빠른 속도로 되살아나고 있었다. 2016년 하반기에는 그동안 풀어놓았던 LTV, DTI를 다시 강화하고 택지 공급을 늘리려는 11·15대책을 발표할 수밖에 없었다. 실제 2015년, 2016년의 서울 아파트값 상승률은 각각 6.7%, 3.3%로 이미 역대급 상승 조짐을 보이던 중이었다. 이런 상황에서 박근혜 정부의 국정농단 사태에 대한 촛불 시위와 탄핵 사태, 그리고 이어지는 대통령 선거는 잠시 부동산시장을 묶어두었다. 정부 정책이 어디로 흐를지 예단할 수 없는 상황에서 일시적으로 숨을 죽인 셈이다.

하지만 문재인 정부가 2017년 5월 11일 출범하자, 집값은 다시 빠르게 요동치기 시작했다. 이에 출범 직후인 2017년 6월 19일, 우선 이전 정부가 풀어놓았던 규제를 되돌리는 응급조치를 시행했다. 조정대상지역을 확대하고 LTV, DTI를 강화하는 것이 핵심이었다. 당연히 그 정도 조치로 시장이 진정되지 않을 것을 알고 있었기에 조금 더 준비를 한 다음, 8월 2일 종합 대책을 발표했다. 다주택자에 대한 양도세를 강화하고 LTV, DTI를 추가로 강화했다. 또 그동안 사실상 사문화되어 있던 재건축 초과이익환수제도의 부활을 공식화함으로써, 이전 부동산 폭등기였던 노무현 정부 때의 규제 수준을 대부분 회복시켰다. 여기다 공공임대주택 확대와 신혼희망타운 신규 건설을 포함했다. 이와 함께 10월 24일에는 가계부채 종합 대책을 내놓았는데, 여기서 모든 종류의 부채를 합산해서 상환 능력을 보는 DSR를 2018년 하반기부터 도입하겠다고 밝혔다.

그러나 참여정부 때와 달라진 것은 보유세 문제에 대해 신중해졌다는 것이다. 과표 현실화를 포함해 종합부동산 등에 대한 강화 요구가 있었지만 2017년에는 그냥 넘어갔다. 이와 함께 12월에는 민간임대시장을 투명화하는 차원에서 임대등록제도를 강화·확대하는 계획을 발표했다. 노무현 정부 때부터 추진하던 방향이기는 했지만, 임대 기간이 8년 이상이고, 재계약 시 5% 이내 인상하는 조건을 충족할 경우 세금 인하 외에도 건강보험료까지 한시적으로 경감하는 내용이 포함되어 있었다. 이 두 가지는 이후 문재인 정부가 투기와의 전쟁을 벌이려는 의지가 없다는 비판을 받는 이유가 되었다. 고가 주택에 대한 부동산 세금을 높이고, 다주택을 억제해야 할 마당에 반대로 갔다는 것이다.

하지만 2018년 여름부터 다시 집값이 오르자, 문재인 정부는 9월 13일 새로운 종합 대책을 발표했다. 그동안의 비판을 반영해 종부세를 2~3주택 이상에 차등적으로 강화하는 한편, 다주택에 대해서는 은행 대출을 원천 차단하는 초유의 조치를 단행했다. 이와 함께 등록임대 확대를 중단했는데, 새로 구입해서 진입할 경우 세제 혜택을 주지 않기로 했다. 추가 공급 대책 차원에서 3기 신도시 계획도 발표했다. 이후 부동산시장은 진정되기 시작하면서 다음 해 중순까지 가격이 내려갔다. 이 무렵 언론에서는 지나친 가격 하락을 우려하는 목소리까지 등장하기도 했다. 필자가 공직을 마친 것도 이때다. 2019년 6월 22일, 정책실장을 끝으로 2년 1개월의 청와대 생활을 마무리했다.

그러나 안정 상태는 오래가지 못했다. 2019년 7월, 일본의 무역 보복 사태로 소재·부품·장비 확보가 어려워졌고 경기 침체 우려가 커졌다. 이에 한국은행은 7월·10월 두 차례에 걸쳐 금리를 인하했고, 우리나라는 미국보다 금리가 더 낮은 상태에 이르렀다. 집값이 다시 오르기 시작한 것은 물론이다. 이에 국토부는 민간택지에 대한 분양가상한제, 즉 재건축사업에 대한 상한제 도입을 추진했다. 재건축사업의 개발이익을 낮추려는 시도였다. 그러나 이는 정부 내에서도 이견이 나오면서 부동산 정책 컨트롤 타워가 누구냐는 우려를 낳게 되었다. 우여곡절 끝에 12·16대책을 발표하는데, 15억 원 이상 주택에 대한 대출을 원천 차단하고, 9억 원 이상 주택에 대해서는 DSR 규제를 하게 되었다. 다주택에 대해서는 종부세를 더 강화했다. 특히 향후 보유세를 대폭 더 올리겠다는 취지의 과표 현실화 로드맵을 확정했다.

이런 상황에서 2020년 초 코로나19 사태가 터졌다. 온 나라가 코로나19에 매달릴 수밖에 없었다. 총력을 다한 방역 조치와 함께 경기 급락을 막고, 민생 지원을 위해 돈을 풀었다. 다른 나라들도 마찬가지였지만, 금리는 사상 최저로 낮췄고 대출 상환은 연기했으며, 몇 차례에 걸쳐 재난지원금을 지급했다. 덕분에 우려했던 것에 비해 심각한 경제위기는 모면한 편이었다. 하지만 풀린 돈들이 부동산과 주식, 코인 등으로 몰리는 이상한 상황이 우리뿐만 아니라 전 세계적으로 벌어졌다. 이에 4월 총선에서 압승한 민주당은 보유세를 추가로 더 강화한 법률을 통과시키는 한편, 임대차3법*도 전격 추진했다. 그러나 이미 내성이 생긴 세제로는 집값이 진정되지

✿ 세입자가 2년씩 두 번 연속 계약을 요구할 수 있는 '계약갱신청구권제', 이때 임대료 인상폭을 5%로 제한하는 '전월세상한제', 그리고 전·월세 계약 내용을 신고토록 하는 '전월세신고제'를 통칭해서 임대차3법이라고 부르는데, 실제 해당 법률로는 주택임대차보호법, 부동산거래신고법 두 가지이다.

않았다. 무엇보다 너무 많이 풀린 돈들이 계속 자산시장으로 몰려들었다. 세제를 더 강화했지만 DSR 등 금융 규제에는 허점이 많았다. 부채 부담을 걱정해서 대출 상환이 늦춰졌고, 형태를 달리한 부동산 대출이 계속 늘어났다.

이제 더는 쓸 수 있는 수요 억제책이 없었다. 또 금융 규제는 전체 경기 때문에 주저하는 상황이었기에 다시금 공급 대책에 집중하게 됐다. 2020년 8·4대책에 이어, 2021년 2·4대책은 특히 도심 공급 확대에 강조점을 두었다. 그러나 이 무렵 터진 LH사태*와 청와대 등 정권 수뇌부의 부동산 '내로남불' 논란**은 부동산 민심을 싸늘하게 식히고 말았다. 2·4대책에 주력했던 변창흠 국토교통부 장관도 LH의 직전 사장이었다는 이유 때문에 조기에 물러났다. 2021년 4월 서울시

---

*   2021년 3월, 한 시민단체의 폭로로 시작된 LH사태는 한마디로 LH 직원들이 사전에 3기 신도시 개발 정보를 이용해서 대규모로 땅 투기를 했다는 것이다. 전 국민이 분노했고 농지 투기 방지 대책과 LH 퇴직자들의 취업 제한 및 전면적인 조직 개편을 단행했다. 다만 2023년까지 이와 관련하여 법원에서 처벌이 확정된 직원의 숫자는 아직 2~3명에 그치고 있다. 3기 신도시의 직접 정보 유출도 없었던 것으로 보인다. 그럼에도 LH사태는 부동산의 정보와 개발을 다루는 공직자의 이해 상충 문제와 부동산 투자에 대해 경각심을 불러일으키는 계기가 되었다. 이 때문에 고위 공무원과 국회의원들의 가족 보유 토지에 대해서까지 그 적절성을 따지게 되었다.

**   문재인 정부는 다주택 소유자에 대해 세금을 높이는 등 강한 압박책을 펴는 한편, 고위 공직자들은 사는 집을 제외하고는 팔 것을 요구했다. 그러나 일부 고위직들의 다주택 보유 사실이 드러났고, 또 임대차3법 시행 전에 전세금을 올린 일 등이 언론에 보도되면서 이른바 '내로남불' 논란을 빚었다.

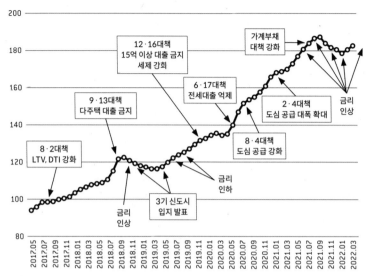

〈그림 1-2〉 문재인 정부 기간 집값 동향과 정책

가계부채
대책 강화

12·16대책
15억 이상 대출 금지
세제 강회

6·17대책
전세대출 억제

9·13대책
다주택 대출 금지

2·4대책
도심 공급 대폭 확대

금리
인상

8·2대책
LTV, DTI 강화

8·4대책
도심 공급 강화

금리
인하

3기 신도시
입지 발표

금리
인상

● 주: 그래프는 서울 아파트값 실거래가지수(한국부동산원)

장·부산시장 보궐선거는 부동산 심판 선거라는 얘기가 나올 정도였다.

보궐선거 패배 이후 민주당에서는 이대로는 안 된다는 기류가 커졌다. 무엇보다 2020년에 대폭 올렸던 부동산 관련 세금을 도로 낮추게 된다. 과표 현실화 로드맵에 따라 재산세도 빠르게 오르게 되어 있던 것이 무효화됐다. 1주택 양도세 부과 기준도 9억 원에서 12억 원으로 올렸다. 민간임대사업자제도도 폐지하기로 했지만, 한발 물러서서 아파트를 제외하고는 유지하기로 했다. 청년들의 불만을 감안해 주택 공급을 더 늘리겠다는 환상적인 계획들도 나오기 시작했다. 김포

〈표 1-2〉 문재인 정부 주요 부동산 대책

발표 시기	대책 명	주요 내용
2017. 6.19.	주택시장의 안정적 관리를 위한 선별적·맞춤형 대응 방안	• LTV, DTI 강화(각 10%p 하향) • 조정대상지역 확대
2017. 8.2.	〈8·2대책〉 실수요 보호와 단기 투기 수요 억제를 통한 주택시장 안정화 방안	• 다주택 양도세 강화(2주택 10%p, 3주택 20%p 추가) • 투기지역, 투기과열지구 LTV, DTI 추가 강화 • 재건축 초과이익환수제 회복 • 조정대상지역 등 확대
2017. 10.24.	가계부채 종합 대책	• DSR 단계적 도입 • 신 DTI 도입(미래소득 반영)
2017. 11.29.	주거복지로드맵	• 공공임대주택 확대 등
2017. 12.13.	임대주택 등록 활성화 방안	• 8년 이상 임대 시 양도세, 종부세 중과 배제 • 건강보험료 한시 감면 추진
2018. 9.13.	〈9·13대책〉 주택시장 안정 대책	• 다주택자 대출 전면 금지 • 종부세 인상 • 수도권 주택 공급 확대 • 임대주택 등록 활성화 방안 중단
2018. 9.21.	수도권 주택 공급 확대 방안	• 수도권 공공택지 30만 호(3기 신도시) 계획 발표
2018. 12.19.	2차 수도권 주택 공급 계획 및 수도권 광역교통망 개선 방안	• 3기 신도시 해당 지역 발표(왕숙, 계양, 교산 등)
2019. 1.9.	등록임대주택 관리 강화 방안	• 기존 임대사업자 혜택 추가 축소
2019. 5.7.	3차 신규 택지 추진 계획	• 3기 신도시 추가 지역 발표(창릉, 대장 등)
2019. 8.12.	민간택지 분양가상한제 적용 기준 개선 추진	• 재건축에도 분양가상한제 적용 방침 발표
2019. 12.16.	〈12·16대책〉 주택시장 안정화 방안	• 종부세 강화 • 양도세 강화 • LTV 추가 강화(9억 초과 20%) • 15억 이상 주택 대출 금지, 9억 이상 DSR 적용
2020. 6.17.	〈6·17대책〉 주택시장 안정을 위한 관리 방안	• 법인 보유주택 종부세율 인상 • 전세자금대출 억제 및 보증 한도 축소

2020. 7.10.	주택시장 안정 보완 대책	• 다주택자 종부세, 양도세 추가 강화 • 다주택자 취득세 12%로 인상
2020. 7.30.	임대차3법 국회 통과	• 계약갱신청구권제, 전월세상한제 즉시 시행 • 전월세신고제 2021.6.1. 시행
2020. 8.4.	서울권역 등 수도권 주택 공급 확대 방안	• 총 13.2만 호 추가 공급(주요 공공용지 활용)
2021. 2.4.	〈2·4대책〉 공공 주도 3080+, 대도시권 주택 공급 획기적 확대 방안	• 수도권 61.6만 호, 지방 22만 호 공급 계획 • 공공 주도 도시정비사업 시행
2021. 하반기	가계부채 대책 시행	• DSR 적용 확대 • 전세대출 억제

• 주: 〈 〉 표시된 대책은 주요 종합 대책이다.

공항, 서울공항, 용산공원 등지에 집을 짓자는 식이었다.

그러다 2021년 9월, 새로 취임한 고승범 금융위원장이 가계부채를 가장 중요한 문제로 다루기 시작했다. 지체되고 있던 DSR 도입도 서둘렀고, 전세대출도 억제하는 가운데 본격적인 대출 건전성 관리에 들어갔다. 한국은행도 시중에 돈이 너무 많이 풀린 점을 인정하고 10월에는 미국보다 먼저 금리를 인상했다. 이렇게 본격적인 유동성 억제에 착수하고, 집값이 너무 올랐다는 고점 인식이 확산하면서 집값은 진정되기 시작했다. 먼저 거래량이 급감하면서 간간이 거래되는 물량들은 하락 거래가 많아졌다. 통계적으로는 2021년 10월이 최고점이었다고 할 수 있다.

이런 상황에서 2022년 들어 미국이 물가 폭등으로 금리를 대폭 올리기 시작하자 우리나라 집값도 무서운 속도로 떨어지기 시작했다. 2023년 초, 서울 아파트값은 2020년 수준으로 돌아갔다. 줄잡아 20% 하락한 셈이었다. 전셋값은 더 떨어져서 40~50%나 하락한 단지가 허다했다. 물론 이 책을 마무리하고 있는 2023년 8월, 부동산시장이 반등했다는 소식이 있지만, 아직 대세 상승인지에 대해서는 논의가 분분하다. 지금 상황에서 보자면, 적어도 2020년 이후 오른 것은 사실상 거품이었다고 할 수 있다. 안타깝고도 안타깝다. 이렇게 거품이 커지는 것을 문재인 정부는 왜 못 막았을까?

집값 폭등이 남긴 분열과 상처

우리 국민이라면 집값이 폭등할 때의 사회 분위기를 누구나 잘 알고 있다. 경마 중계처럼 발표되는 집값, 수많은 자칭 전문가들의 선정적인 훈수는 국민 모두의 마음을 불안하게 만든다. 여기에는 클릭 수 경쟁에 몰두하고 있는 언론들의 제목 경쟁도 한몫 거든다. 스마트폰을 열어보기 무서울 정도로 온 나라가 집값에 매달리게 된다.

어느 동네의 무슨 단지 아파트값이 얼마가 되었다는 소식은 기본적으로 화가 날 일이다. 사촌이 땅을 사서 배가 아픈 문제를 떠나, 나를 포함한 국민 대다수가 그 기회에서 배제되었다는 사실에 분노하게 되는 것이다. 더구나 정부를 믿고 기다렸던 사람들이라면 더 화가 날 수밖에 없다. 당연히 그 화살은 정부에 돌아간다. 왜 미친 집값을 못 잡느냐는 것이다.

실제 집값 변화에 따라 사람들의 심리는 요동치기 마련이다. 〈그림 1-3〉에서 보는 것처럼 집값이 오르기 시작하면, 초기에는 눈치를 보다가 차차 사람들의 마음이 불안, 공포, 분노로 바뀌게 된다. 그러다가 어느 순간 집값이 하락하기 시작하면 반대 순서로 마음이 바뀔 것이다. 이런 변화 속에서 시중의 부동산 관련 유행어도 변한다. '벼락 거지' '영끌' '영끌푸어'는 특히 문재인 정부 시절 등장했던 쓸쓸한 유행어들이다. 그런데 급등기나 급락기 모두 변하지 않는 불만이 있는데, "정부는 뭐 하냐?"는 것이다. 이런 국민들의 걱정을 정부는 왜 해결하지 못하냐는 분노인 셈이다.

이처럼 집값이 폭등하면 정치권에서는 여당이든 야당이든 난리가 난다. 정책 비판과 대결을 넘어 프레임 전쟁이 시작된다. 한쪽에서는 방어하기에 급급하고, 다른 쪽에서는 정치적 반사 이익을 극대화하는 데 몰두하는 것이다. 그러다 선거를 앞두게 되면 여야의 주장은 분간하기 힘든 단계로 넘어간다. 너도나도 싸고, 좋은 집을 대량 공급하겠다는 약속을 내놓다 보니 200만 호, 300만 호 식의 숫자 놀음이 판치게 된다. 세금 부담도 낮추고, 돈도 마음껏 빌려주겠다는 공약도 단골로 등장한다. 특히 상실감이 큰 청년들을 위한 달콤한 공약이 주를 이룬다. 집값 폭등이 부동산 포퓰리즘으로 이어지는 것이다.

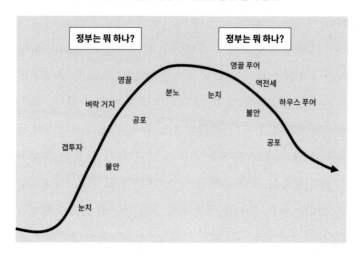

〈그림 1-3〉집값 상승에 따른 부동산 심리 변화

시중의 여론도 분열된다. 언론이나 전문가들은 평소 성
향이나 주장하는 바에 따라서 양극단으로 나뉜다. "시장에 맡
겨라"와 "불로소득을 제대로 환수하라"는 양대 그룹이 각축
을 벌이게 된다. 각 그룹 모두 자신들의 주장과 요구대로 정
부가 하지 않아서 집값이 폭등하고 있다며, 정부를 맹비난하
는 대열에 나서는 것은 동일하다. 부동산 문제를 놓고 사람들
간의 골은 더 깊어진다. 그러나 어떻든 정부는 이런 시장 불
안과 여론 분열에 최종 책임을 져야 한다.

집값 폭등의 결과는 이런 사회적·정치적 분열에만 있는
것이 아니다. 국가경제와 각 가정의 생활에도 심각한 결과를
초래한다. 가장 대표적인 것이 전세사기 문제다. 물론 전세사
기의 원인은 크게는 전세제도 자체에서부터 임대사업자 관

리 문제, 느슨한 보증제도, 무분별한 전세자금대출 등 여러 가지 이유가 겹쳐 있는 것이 사실이다. 하지만 집값 상승에 연이은 전세금 상승이 그 배경이 되었던 것도 분명하다. 전세사기 피해자를 위한 특별법까지 만들었지만, 이 문제가 남긴 상처는 깊고 아프다.

그런데 집값 폭등은 상처 정도가 아니라 장기간 치료해야 할 만성질환도 남겼는데, 바로 가계부채다. 문재인 정부는 전 세계적으로 가장 강력한 대출 규제를 폈지만, 집값 폭등이 정점이던 2021년 말, 가계부채는 GDP의 105.8%에 이르게 된다. 집 사려다 생긴 부채만이 아니라 코로나19에 따른 민간 부채까지 겹쳤다. 우리나라에서는 코로나19로 정부가 돈을 너무 풀어서 국가부채가 늘어났다고 논란이 되지만, 국제적으로 보면 우리는 정부보다 가계가 위기 대응 비용의 대부분을 부담한 축이었다. 결국 집값 폭등과 코로나19가 가계부채라는 중증 만성질환을 낳은 셈이다. 금리가 오르고 집값이 하락하면 이들 가계부채는 언제든 급성질환으로 변할 수도 있다. 기초체력을 높여서(즉, 경제성장) 빚의 부담을 점진적으로 낮추는 장기간에 걸친 정교한 치료법만이 있을 뿐이다. 이 과정에서 상당수 가정이 오랫동안 허리띠를 졸라매야 할 수도 있다. 그럴수록 경기 회복이 늦어지는 것은 물론이다.

또한 집값 폭등기에 잔뜩 거품이 커진 건설업도 문제다. 집값이 떨어지니 나라 전체적으로는 안도의 한숨을 쉴 수 있게 되었을지 모르지만, 그동안 마구잡이로 늘어난 개발사업들이 연착륙할 수 있을지가 걱정이다. 금리가 오른 2022년부터는 레고랜드 사태, PF 부실 사태, 새마을금고 사태 등이 줄을 잇고 있다. 미분양 아파트보다도 민간의 상업용 부동산 개발사업들이 광범위하게 부실해지고 있는 것이다. 앞으로도 상당 기간 이들 과도한 개발사업들이 조마조마한 살얼음판을 걷게 될 것이다. 상당수는 녹은 얼음에 빠질 것이 분명하다.

마지막으로 집값 폭등 과정에서 무너진 '집에 대한 규범'도 걱정이다. 한동안 집이 '사는 곳'이 아니라 '사는 것'이라는 인식이 만연했다. 값이 얼마나 오르느냐가 집에 대한 가장 중요한 가치로 인식되었던 것이다. 이에 따라 시장에 모든 것을 맡겨야 하는 분위기가 압도했다. 공공성이나 공공임대주택, 주거안전망 같은 개념들은 시대에 뒤떨어진 이상론처럼 비치고 말았다. 몇 년 전 우리 사회가 경험한 그대로다.

집값 폭등은 이렇게 분열과 상처를 낳건만, 문재인 정부는 도대체 집값을 왜 못 잡았을까?

2장

문재인 정부는 왜 집값을 못 잡았나?

무능 혹은 역부족?

어려운 상황이었다

문재인 정부가 마주한 부동산시장 여건이 매우 어려웠던 것은 분명하다. 전 세계적인 유동성 확대에다 이명박, 박근혜 정부 기간 줄어들었던 공급이 문제가 된 시점이었다. 더구나 코로나19로 재정까지 풀었기에, 경제위기를 우려한 상황에서도 거꾸로 자산시장이 폭등하는 이례적인 일이 벌어졌다. 주식, 부동산, 코인, 명품 등 돈이 될 만한 거라면 어디든 투기적 수요가 몰려들었다. 저금리에다 과다한 유동성은 주택 수요를 폭증시킨 반면, 공급 시차로 인해 주택 공급은 적기에 따라주지 못했다. 2015년부터 공급이 빠르게 늘어나 그해 인허가 물량이 우리 역사상 최대치를 기록했지만 그것

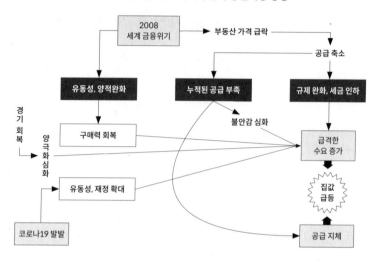

〈그림 2-1〉 문재인 정부가 마주한 부동산시장 상황

으로도 모자랐다. 더구나 부동산 경기 침체기에 시장 부양을 위해 풀어놓았던 각종 규제는 집값 '회복기'를 순식간에 '급등기'로 바꿔놓았다. 급격한 수요 증가와 이를 따르지 못한 공급은 결국 집값 폭등을 가져오고 말았다.

　2017년 5월, 인수위도 없이 출범한 문재인 정부는 부동산시장의 난기류를 잘 알고 있었다. 이미 미국, 영국, 스웨덴 등 선진국들이 2012년 무렵부터 집값이 회복되기 시작해서 금융위기 이전 고점을 넘어선 나라들이 많았다. 유동성이 커져 있었고, 경기도 이전 금융위기의 영향을 완전히 벗어난 상황이었다. 누적된 공급 부족으로 상당 기간 가격이 고공 행진할 것을 각오하지 않을 수 없었다. 더구나 우리 특유의 부동산시장 구조, 즉 여전히 강한 전세제도와 가족주의는 비공식 금융을 통해 언제든 아파트값에 불을 지필 수 있는 상태였다. 정부로서는 세제, 금융 등을 통해 수요를 억제하는 한편, 최대한 빨리 공급을 늘리는 길밖에 없었다. 그러나 정책 효과는 너디기만 했다. 수요는 예상보다 더 빨리 늘었고, 공급은 구조적으로 시차가 있을 수밖에 없었기 때문이다. 코로나19에 따른 추가적인 유동성 공급은 더욱 예기치 못한 상황으로 몰고 갔다. 온 나라가 부동산 문제로 들끓었고 정치권, 언론 모두 부동산 프레임 전쟁을 벌였다. 결과는 참담했다.

문재인 정부, 무능 혹은 역부족?

문재인 정부는 스스로 부동산 정책을 어떻게 평가했을까?

문재인 정부에게 부동산 문제는 가장 큰 실책이자 아픔이었다. 대통령 자신도 "죽비를 맞고 정신이 번쩍 들 만한 그런 심판을 받았다"고 했다(취임 4주년 특별 연설 질의응답 중, 2021년 5월 10일). 임기 말 대통령 비서실이 발간한 평가 책자에서도 "절박한 민생 과제를 완수하지 못한" 점을 거듭 사죄했다.[*]

그렇다면 시중에서는 어떻게 평가했을까? 내가 보기에 대체로 세 가지 시각이 있는 것 같다.

---

[*] 문재인 대통령 비서실, 《위대한 국민의 나라: 문재인 정부 5년의 기록》, 한스미디어, 2022, 390쪽.

고의론

　문재인 정부 부동산 정책에 대한 시중의 평가는 혹독하다. 집값을 못 잡았으니 '실패'로 규정하는 것은 당연하고 여기서 한술 더 떠서 "일부러 집값을 올렸다"는 얘기까지 나오곤 했다. 세금을 올리기 위해 그랬다거나, 집을 가지면 보수화되기 때문에 일부러 값을 올려 못 가지게 했다는 식이다. 말하자면 음모론, 고의론 같은 것이다. 설마 누가 그렇게 볼까 싶지만, 유력 정치인, 그것도 대통령 선거의 후보이자 결국 당선까지 되셨던 분도 똑같은 얘기를 했다. 윤석열 후보는 수도권 유세에서 "내 집을 가지면 국민들이 보수화되므로, (문재인 정부는) 일부러 집값을 올려서 청년들이 내 집을 못 갖게 했다"(고양시 유세, 2022년 3월 6일)고 주장했다. 근거까지 댔는데, 필자가 쓴 책에 그런 대목이 있다는 것이었다.

　나는 2011년 출간한 《부동산은 끝났다》에서 영국의 보수당 정부가 1980년대 공공임대주택 정책에서 후퇴할 때 이와 관련한 논쟁을 소개한 적이 있다. 학계에서는 유명한 논쟁이다. 또 2008년 발간되어 널리 읽힌 손낙구의 《부동산 계급사회》 한 대목도 소개했다. 거기서 자가율이 높을수록 보수당을 지지하는 경향이 있다는 내용이 포함되어 있다. 그것이 내가 자가 소유를 싫어한다는 식의 논거가 되어서 유포된 것이다. 내 책의 전체 내용은 오히려 내 집이 필요한 사람에게는 지원하되, 공공임대주택은 늘리며, 민간임대는 투명하게 하자는 것이었다. 영국 사례도 책의 다른 부분에서는 보수당

이후 집권한 노동당의 토니 블레어 수상마저 자가 소유를 촉진하는 정책을 계속했다고 소개하면서 결국 욕망을 거스를 수 없었다는 점을 지적했다. 350페이지가 넘는 책의 한 대목을 편의적으로 부풀려서 프레임을 짜고 비난한 셈이다.

이런 프레임은 보수언론, 유튜브 등에 퍼지기 시작했는데, 놀랍게도 나와도 개인적 인연이 있는 서울 강남 지역의 모 국회의원도 2021년 말 이런 논리를 유포하는 데 앞장섰다. 그런 주장을 한 분 중에는 내 책을 제대로 읽었을 리 없다고 생각한다. 윤석열 후보는 더더구나 내 책의 표지라도 봤을 리 없고, 짐작건대 주변 사람들의 얘기를 듣고 언급한 것으로 보인다. 그야말로 질 낮은 프레임 전쟁에 이용한 것이다. 문재인 정부가 부동산 문제에 정권의 명운을 걸고 분투한 것을 누구나 아는 마당에, 이런 음모론을 대통령 후보라는 사람이 말하는 것 자체가 우리 부동산 문제의 가슴 아픈 현실이다.

무능론

가장 압도적인 평가는 문재인 정부가 부동산 문제에 '무능'했다는 것일 듯하다. 세계적인 과잉유동성 등으로 어려운 조건이었다고 하더라도, 인내할 수 있는 범위를 넘어서 집값이 폭등하는 것을 막지 못한 것은 분명하기 때문이다. 부동산 시장을 안정시키려는 의지와 의도에도 불구하고 결과는 분명히 실패이며 무능이다. 그러나 '무능의 성격'에 대해서는 진영에 따라 평가가 판이하다.

진보 진영은 더 강한 투기 억제 대책을 조기에 쓰지 않은 것, 또 세제 강화에 미적대다가 우물쭈물했던 것을 핵심 원인으로 봤다. 임대등록제 등 다주택자 용인 태도도 상황을 악화시킨 주범이라고 지적했다. 이와 함께 토지의 공공성과 공익성을 높일 수 있는 반값 아파트, 원가 공개에 소극적이었던 점도 집값 폭등의 원인으로 봤다. 이들이 보기에는 공급 부족이 본질이 아니고, 불로소득에 대한 안이한 태도가 집값 폭등의 원인이다. 어설프게 시장주의와 타협하려 한 것이 집값 폭등을 야기했다는 입장이다. 더 원칙적이고 더 강력한 대책을 사용했어야 했다는 것이다.

반면 보수 진영은 정부가 시장을 이기려 한 태도, 수요 억제에만 집중하고 공급은 하지 않았기 때문에 결국 시장에 의해 보복당한 것으로 본다. 부동산 세제에 대해서도 정반대 평가다. 다주택자나 고가주택 소유자에 대한 징벌적 과세는 불복 심리만 가중시킬 뿐 시장 안정에는 도움이 안 된다는 입장이다. 가진 자에 대한 분노를 유발시키려는 프레임에 갇혀 시장을 무시했다는 것이다. 공급에 대한 각종 규제, 특히 재건축 규제를 풀어서 시장이 원하는 주택이 원활히 공급될 수 있도록 했어야 한다는 입장이다. 이와 더불어 청년층이 내 집을 장만할 수 있도록 대출 규제도 더 풀었어야 했다고 비판했다.

역부족론

세 번째 관점은 문재인 정부의 부동산 정책이 성공하지 못했다는 점을 인정하면서도, 당시의 상황이 워낙 어려웠다는 점을 감안해야 한다는 입장이다. 무엇보다 전 세계적인 과잉유동성으로 단기간에 집값을 잡는 것은 역부족이었다는 것을 고려하자는 것이다. '실패' '무능'이 압도하는 평가 속에서 이런 입장을 공개적으로 내는 사람들은 매우 드물었다. 다만 문재인 정부 임기가 끝날 무렵, 금리 인상과 함께 집값이 내려가기 시작하자 조금씩 목소리가 들리기 시작했다.

이는 문재인 대통령의 임기 말 소회에서도 읽힌다. "부동산 상승은 전 세계적인 현상이었습니다. 그것 가지고 면피하겠다는 것이 아니라 세계적인 시각에서 봐야 한다는 것이고, 코로나 시기 유동성이 풍부해져 가수요를 일으키는 등 구조적인 원인들을 함께 봐야 온당한 평가가 됩니다"(문재인 대통령 고별 기자간담회, 2022년 4월 25일).

특히 윤석열 정부가 들어선 이후 전 세계적인 금리 인상 추세에 맞춰 우리도 집값이 속락하자 국민들마저 이런 사정을 조금은 이해하게 된 분위기다. 보수언론들도 유동성 문제가 본질이었다는 식의 칼럼을 내기도 했다.

어려운 상황이었지만 더 잘했더라면…

이 책의 독자들은 어떤 평가에 동의하는가? 최근 금리 인상 여파로 부동산시장이 정반대로 흘러가는 것을 보면, 그동안 공급, 세금, 규제 등이 논란은 많았지만 본질은 아니었다는 것을 이해하는 분들도 많아졌을 것으로 보인다. 과잉유동성 문제가 부동산 문제를 압도하고 있었다고 해도 과언이 아니다. 그만큼 어려운 조건이었던 것이다.

그러나 어려운 상황이었다 하더라도 집값이 "너무 올랐다". 특히 2020년 중반부터 거의 무방비 상태로 오른 것은 상황 탓만 할 수 없다. 안타깝지만 좀 더 나은 결과를 가져올 수 있었을 텐데 하는 생각을 버릴 수 없다. 물론 사후적 진단이기에 당시 정부의 판단과 노력을 너무 쉽게 재단할 우려도 있다. 그럼에도 이 부분에 대해 냉정하게 생각해야 제대로 된 평가와 성찰이 가능하다. 그런 점에서 먼저 세 가지 질문을 던져본다.

첫째, 과연 문재인 정부 시기는 "집값을 잡겠다"고 큰소리칠 수 있는 상황이었나? 문재인 정부 기간 집값 폭등의 배경에는 전 세계 자본주의가 직면한 양극화, 금융화, 투기화가 있는데, 이를 집값 대책 차원에서 과연 막을 수 있었을까? 이 때문에 어떤 분들은 애초 집값을 잡겠다고 정부가 큰소리친 것이 문제였다고 한다. 비록 국민들을 안심시키고, 심리적으로 진정시키려 했겠지만, 이것이 더 큰 실망과 패닉으로 이어졌다고 보는 것이다. 차라리 처음부터 한계를 얘기하고 정부의 일, 시장의 일을 나누었더라면 어땠을까? 물론 지금 관점에서는 그렇게 볼 수 있지만, 당시의 정책 관성으로는 그러기 어려웠던 것 같다. 문재인 대통령 본인도 노무현 대통령 시기의 과격한 발언을 의식하고 조심했지만, 2019년 말까지는 관성대로 발언한 것이 부메랑이 되었다. 나중에 얘기하겠지만, 이제 이런 부분도 성찰해야 한다.

둘째, 어느 정도라야 선방했다고 할 수 있을까? 물론 집값이 전국적으로 불균등하고 특히 서울 주요 지역의 아파트값을 잣대로 삼는 것이 문제는 있지만, 그래도 국민들이 견딜 수 있는 범위는 어디까지였을까? 절대적 액수를 기준으로 할 수는 없지만, 나는 2020년부터 오른 서울 아파트값은 다분히 거품이며, 다른 말로 하면 막았어야 하는 부분이라고 생각한다. 물론 2017년 문재인 정부 초기 당시의 값으로 되돌렸어야 성공한 것이라고 주장할 분들도 있겠지만, 현실적으로 가격 상승 압력이나 물가 상승 수준을 감안하면 2020년 초 수준이 방어선이었다고 나는 생각한다. 그런 점에서 코로나19로 경황이 없던 시기이기는 하지만 가계부채 관리나 유동성 관리가 2021년 9월까지 미뤄진 것은 안타깝다. 그보다는 이른 시기, 늦어도 2020년 말에 부동산 분야로 들어가는 돈들을 본격적으로 관리했더라면 하는 한탄이 나온다.

셋째, 그렇다면 왜 집값이 2020년부터 약 1년 반 동안 거품으로 쌓이는 것을 못 막았을까? 어려운 조건이었던 것은 분명하지만, 그래도 결정적인 패착은 무엇일까? 공급? 세금? 금융 규제? 부동산 문제를 한두 가지로 해결할 수 없는 것처럼, 특정 정책만이 원인이었다고 규정하기는 쉽지 않다. 문재인 정부도 모든 분야의 정책을 전방위적으로 시행했지 않은

공급 부족론과 다주택자 악마화

대표적인 시장주의자 중 한 분은 문재인 정부 기간, 특히 2020년부터 집값 상승은 전 세계적인 과잉유동성 때문이었지만, 다주택자를 악마화해서 문제를 더 악화시켰다고 비판했다(2023년 1월).* 놀랍게도 이제 보수언론들도 유동성이 본질이었다는 얘기를 종종 하고 있다. 주로 인터뷰 형식이기는 한데, 과거에는 없던 일이다. 평소 유동성 문제가 본질이라고 보았고, 다주택자를 현실적으로 활용해야 한다고 해서 욕을 먹어왔던 나로서는 그나마 반가운 일이라고 해야 할까?

그러나 이런 식의 뒤늦은 유동성 원인론은 무책임하다. 당시에는 오직 "규제 때문에 공급이 부족해서" "반시장적 이념 때문에" 집값이 오른다고 비난하지 않았나? 시장주의자들도 그때 유동성 이야기를 크게 했어야 한다. 본질은 유동성이므로 공급 부족 논란을 너무 벌이면 안 된다고. 공급을 위해 노력하되 상당 기간 참아야 한다고. 당장 해결할 수 없는 공급 부족론은 필연적으로 그나마 부족한 집을 사들인 다주택자 책임론으로 이어지기 때문이다.

유동성 문제를 문재인 정부인들 왜 몰랐겠는가? 거시경제 운용 차원에서 부동산만 잡는 것이 어려웠기 때문일 것이다. 그러다 보니 집권당이나 정부도 국민의 불안과 분노를 모면하려고 다주택자 프레임을 활용한 측면이 있다고 본다. 양측 모두의 책임이 크다.

---

* 차학봉, 〈역대 정부서 성공 못한 투기 억제책… 文은 극단으로 밀어붙여〉, 《조선일보》, 2023.1.8.

가? 문제는 적기에 적절한 수준의 정책 패키지를 묶어내는 것이다. 시점과 강도가 중요한 것이다. 그런 점에서 상황 판단은 적절했는가, 아니면 적절하지 못했는가? 적절하지 못했다고 말하는 이유는 무엇인가? 이 대목에서 나는 당시 한국은행을 포함한 정부의 각 정책 결정 단위들이 코로나19에 따른 경기 방어를 위해 부동산으로 돈이 쏠리는 것을 알면서도 미필적으로 묵인했지 않았을까 하는 의구심을 가지고 있다. 이와 함께 정책 전반을 조율하는 컨트롤 타워의 문제도 생각해볼 수 있다. 판단이 옳았다 하더라도 얼마나 유기적으로 엮어내는가 하는 점도 중요한 것이다.

문재인 정부의 네 가지 책임

부동산 문제는 원인과 대책 자체가 일종의 프레임 속에서 논의되는 경향이 있다. 사람이나 집단마다 특정 원인을 강조하고 고집하는 경향이 있는 것이다. 누구는 공급만, 또 누구는 불로소득만 주장하는 식이다. 하지만 부동산 문제는 그렇게 단순하지 않다. 부동산 자체가 복합적인 측면을 갖는 데다 가격 등락에 미치는 요인도 다차원적이다. 시기에 따라 다르게 영향이 나타나기도 한다. 그만큼 부동산 문제의 진단은 입체적일 필요가 있다. 거시적·장기적 원인과 함께 상황적·단기적 원인을 종합적으로 고려해야 하며, 대책 역시 그런 차원에서 검토되어야 한다.

문재인 정부 기간의 부동산 정책을 평가하기 위해서는 거시적으로는 2000년대 이후 세계적인 자본주의 상황과 각 분야의 양극화 현상을 이해해야 한다. 특히 주택의 금융화가 미친 영향을 인식할 필요가 있다. 미시적으로는 우리나라의 부동산 관련 인식, 관행, 제도적 특성이 중요하다. 전세제도, 가족주의, 평등주의 등의 특성을 볼 필요가 있다.

시간상 영향 측면에서는 장기적으로 2008년 금융위기 극복을 위한 과잉유동성 공급, 이전 부동산 경기 급락에 따른 공급 축소, 앞선 두 정부의 규제 완화와 세금 인하 상황을 봐야 하고, 중기적으로는 우리나라의 2014년 부동산 경기 저점 이후 수요 회복, 2015년부터 부동산 경기 회복, 2017년부터 본격화된 이전의 공급 부족 문제, 규제 완화와 세금 인하의 영향 등을 감안해야 한다. 단기적으로는 2019년 하반기부터의 금리 인하와 2020년 초 코로나19 발발 이후 유동성이 걷잡을 수 없이 늘어난 측면에 주목할 필요가 있다.

이런 점들을 종합해보면, 문재인 정부 기간은 우리나라 부동산시장 순환상 상승기에 있었다. 2008년부터 2014년까지 하락 안정기를 거쳐 2015년부터 본격적으로 수요가 회복되는 상승기에 들어섰던 것이다. 과거 경험으로 보면 적어도 5년간은 상승 국면이 지속될 수밖에 없던 상황이었다. 문재인 정부가 들어서니 집값이 올라갔다기보다 집값 상승기에 문재인 정부가 집권하게 된 것이다. 더구나 이 시기에는 경험하지 못한 유동성 폭증이 일어났다. 금융위기 이후 계속된 저금리와 양적완화에 덧붙여, 코로나19로 자본주의 역사상 찾아보기 어려운 돈 풀기가 벌어졌던 것이다. 부동산 경기순환상 상승기에다 유례없는 유동성 국면, 이것이 문재인 정부가 처했던 시장 상황이었다.

그러나 이것은 주어진 상황이자 조건이라는 뜻이지, 이 때문에 집값 폭등은 어쩔 수 없었다는 것이 아니다. 안타깝지만 문재인 정부는 더 잘할 수 있었고, 더 잘했어야 했다. 무엇보다 그동안 근근이 버텨오던 집값이 2020년 하반기부터 2021년 상반기까지 거의 무방비 상태로 폭등하는 일이 벌어졌던 것은 너무 가슴 아프다. 네 가지 점에서 특히 그렇다.

부동산 대출을 더 강하게 억제했어야 했다

유동성이 넘치는 국면에서 자산시장으로 돈이 몰리는 것은 자연스럽고 또 불가피하기도 하다. 정부가 부동산만 콕 집어서 유동성이 몰리는 것을 막는 것은 결코 쉬운 일이 아니다. 더구나 우리나라 자산시장에는 특별히 더 어려운 조건이 있다. 바로 전세금이 부동산시장의 불쏘시개가 되기 때문이다. 갭투자라는, 다른 나라에서는 상상할 수 없는 주택 구입 방식이 작동하는 것이다. 그만큼 저금리와 유동성 확장 국면에서는 집값의 20~30%만 금융권 대출을 받아도 집을 살 수 있는 구조이다.

이 때문에 문재인 정부가 다주택자에 대한 대출 금지

(2018.9.13.), 15억 원 이상 주택에 대한 대출 금지, 9억 원 이상 분양주택에 대한 DSR 규제(2019.12.16.) 같은 강력한 대책을 펼쳤음에도 집으로 돈이 몰리는 것을 막기는 어려웠다. 더구나 억제하기 곤란했던 전세대출은 곧바로 집값 상승의 장작이 되기도 했다. 가족이 자신의 집을 담보로 대출을 받아 자녀의 집 구입 자금을 지원하는 일도 빈번했다. 비록 LTV, DTI 등 강한 대출 규제가 있었지만 다양한 형태의 금융권 주택자금 대출을 효과적으로 억제하기는 어려웠다. 이에 문재인 정부는 일찍이 2017년 10월, 제1금융권은 물론이고 제2금융권까지 포함해서, 모든 종류의 대출에 대해 소득 대비 원리금 상환 능력을 따지는 DSR를 도입하기로 한다. 당시 전세대출도 DSR에 포함시킬 것인가 하는 점이 고민이었는데, 이는 우리 주택시장에 지각변동을 가져올 만큼 큰 문제여서 장기 과제로 미뤄두기로 했다.

그러나 DSR는 애초 계획했던 전면 도입 시기인 2019년 12월보다 훨씬 늦어진 2021년 이후로 미뤄졌다. 또 주택담보대출 자체는 비교적 강하게 규제했지만, 전세대출, 신용대출, 부동산 기업에 대한 사업자 대출 등이 커지는 풍선 효과는 막지 못했다. 특히 전세대출은 집값 상승의 불쏘시개 역할을 톡톡히 했다. 서민들의 주거 안정을 위해서는 불가피한 측면도 있지만, 거액의 고가 아파트 전세대출까지 허용해야 하는 것은 언제나 논란이다. 비록 주택 구입 시 대출금을 즉시 상환토록 하거나, 전세금이 오른 만큼만 대출하는 등의 보완책을 마련하기는 했지만 집값 상승기에는 다른 어떤 대출 종류보다 전세대출이 더 빨리 늘어난 것이 사실이다.

이런 상황에서 우리나라 가계부채는 세계 그 어느 나라보다 빠르게 늘어났다. 코로나19라는 특수 상황도 당연히 영향을 끼쳤지만, 집값 상승의 영향이 매우 컸다. 비록 전세제도, 가족 원조 등으로 효과가 제약되기는 했지만, 그럴수록 더 강하게 대출을 억제했어야 했다. 금리를 전반적으로 인상하기 어려운 조건에서는 DSR를 좀 더 빨리 엄격히 적용하고, 특히 전세대출이나 신용대출, 변형된 부동산 기업대출 등을 모니터링하고 막았어야 했다. 부동산 부문이 아니면 금융권이 자금 운용할 곳이 없다는 이유로, 전세대출은 서민들에게 꼭 필요하다는 이유로, 정치권이 대출 확대를 요구한다는 이유로 적극적인 금융 억제에 주저하고 말았다. 뒤늦게 2021년 가을이 되어서야 이런 부분들을 제어하기 시작했는데, 적어도 2020년 하반기에는 본격적인 억제에 들어갔어야 했다.

여기에는 금융 당국과 한국은행이 "금융 대출 확대가 어쩔 수 없다"는 묵시적 동의가 있었다고 본다. 특히 경기 상황을 염려한 경제 부처의 고려가 깔려 있었다. 기재부는 효과가 더디고 논란이 많은 세제 강화는 받아들이면서, 유동성 축소나 강한 대출 규제에는 부정적이었다. 한국은행 역시 수시로 집값 상승의 당면한 원인을 수급 불균형, 즉 공급 부족에 미루는 입장을 밝혀왔다. 실제 2021년 7월 15일 제14차 금융통화위원회 회의에서는 "주택 가격이 사상 유례없이 긴 상승기를 보이는 배경은 무엇이냐"라는 한 금통위원의 질문에 담당 부서에서는 "가장 큰 영향은 공급 요인"이라고 답하기도 했다.

주요 경제 정책 주체들이 집값 상승의 본질적 이유를 알면서도 모른 척했다는 의심이 들지 않을 수 없다. 코로나19와 서민경제 걱정 때문이었다고 생각하지만, 자산시장으로 돈이 몰려들어 결과적으로 서민경제는 더 나빠지고 양극화는 심화되고 말았다. 나는 문재인 정부가 적기에 더 강한 대출 규제와 가계부채 관리에 나서지 못했던 것을 가장 중요한 부동산 실패 원인이라고 생각한다. 핵심은 돈줄 죄기였지만, 사회 전체가 부차적인 영역, 즉 세금이나 공급 방법에서 다툼을 벌였던 것이다.

공급 불안 심리를 조기에 진정시키지 못했다

여러 차례 강조했지만 주택 공급에는 시차가 있기 때문에 수요가 늘어난다고 해서 즉시 공급으로 충족시킬 수 없다. 또한 과잉유동성 상황에서 발생한 과잉 수요마저 모두 공급으로 만족시키는 것은 불가능할 뿐 아니라 나중에 경기가 하강 국면에 들어갈 경우 과잉 공급 문제를 야기하게 된다. 실제 우리는 최근 몇 년간 전형적인 과잉 수요→공급 부족 공포→과잉 공급→과소 수요와 미분양 누적 과정을 겪고 있다. 일반적인 부동산시장 사이클이다. 이 때문에 문재인 정부 기간 지정한 3기 신도시는 벌써 속도 조절에 들어갔다. 불과 얼마 전까지만 해도 너도나도 누가 많이 공급하는가를 경쟁하다가 지금은 그런 목소리가 쑥 들어갔다. 이런 것을 보면 공급 부족론은 결국 시차의 문제이지 해결될 문제임은 분명했다.

그럼에도 공급 부족론 우려를 조기에 진정시키지 못한 데는 문재인 정부 책임도 크다. 비록 공급 부족론이 정부의 정책 실패를 정쟁화하려는 정치 프레임적인 요소가 많기는 했지만, 어떻든 국민의 불안이 너무 오랫동안 만연하게 되었던 것도 사실이다. 그런 점에서 3기 신도시 결정과 1·2기 신도시의 광역교통망 확충계획을 좀 더 빨리 입안하고 실행했더라면 하는 아쉬움이 있다. 3기 신도시는 2018년 말, 광역교통 강화는 2020년 초에야 계획을 발표했다. 물론 2015~2017년의 공급 규모를 감안하면 당시 신도시를 새로 지정해야 한다는 결정을 하기는 쉽지 않았지만, 변화된 주택 수요 등을 감안하면 후회스러운 것은 사실이다. 이를 1년씩만 앞당겼다면 공급 불안 심리를 좀 더 일찍 진정시키는 데 도움이 되었을 것으로 본다.

또 한 가지는 기존 시가지 주택 공급에 좀 더 일찍 구체적인 대안을 마련했더라면 도움이 되었을 것이다. 재건축 문제는 여러 논란으로 간단치 않은 문제다. 그러나 주로 재건축을 대상으로 한 민간택지 분양가상한제는 현실적으로 종전 주택도시보증공사(HUG)를 통한 간접 인하 유도와 비교해 효과가 떨어졌다. 정부 내에서도 다른 목소리가 나왔으며, 강남권 재건축 공급 불안론의 빌미를 제공하기도 했다. 근본적으로 재건축 관련 제도가 경기 상황에 따라 널뛰기를 해왔던 것이지만, 초과이익환수제를 적절히 시행하면서 소형 공공임대주택 공급을 유도하는 것이 더 현실적이었다고 본다. 개발이익 환수와 재건축 활성화 사이에서 더 현실적인 규제 수준을 정하고 이를 지속적으로 추진하지 못한 것이 안타깝다.

이와 함께 노후 저층 주거지에 대한 개선 대책에 좀 더 적극적이었더라면 하는 아쉬움이 있다. 문재인 정부는 '도시재생뉴딜'*과 '생활SOC사업'**을 브랜드로 삼아, 과거 뉴타운 열풍이 꺼진 이후 노후 주거지를 개선하려 했지만 체감 성과는 더뎠다. 무엇보다 실질적인 주택정비 및 재건축보다는 생활기반시설 확보나 공동체 활성화에 역점을 두면서, '벽화 그리기'라는 식의 폄하가 잇따랐다. 도시재생사업에도 가로주택정비사업과 같은 소규모 철거형 개발이 포함되어 있었지만 적극적으로 활용되지 못하는 상황이었다. 따라서 노후 저층 주거지, 도시 내 공장지대, 도심 주변 노후 지역 등에 대한 더 적극적이고 창의적인 개발이 요구되고 있었지만, 이는

✿ 2017년 문재인 정부는 도시재생사업을 본격적으로 확대하기 위해 임기 중 매년 500개소의 사업지역을 추가로 지정하고, 최대 연 10조 원의 사업비를 조달하겠다는 야심 찬 계획을 발표한다. 이렇게 대대적인 계획이라 사업명에 '뉴딜'을 붙였다.

✿✿ 기존 시가지의 노후 주거지역일수록 도서관, 공원, 보육시설, 노인시설 등이 부족해서 주민들이 불편을 겪기 마련이다. 이에 문재인 정부는 생활권 내에 충분한 생활편의 시설을 확보하는 사업을 적극적으로 추진하기 위해 '토목SOC'와 대비되는 '생활SOC' 사업을 벌이게 된다. 이 사업들을 도시재생뉴딜사업과 연계해 시너지 효과를 거두려는 목표도 있었다.

2021년 2·4대책이 발표될 때까지 미뤄졌다. 나중에 문재인 대통령도 이런 대책을 좀 더 빨리 시행했더라면 하는 아쉬움을 토로하기도 했다('국민과의 대화' 중 발언, 2021년 11월 21일). 이 방안은 지금도 오세훈 시장, 원희룡 장관의 기본 방향으로 계속되고 있다.

부동산 규제의 신뢰를 잃었다

우리나라 부동산 정책의 특징 중 하나는 경기에 따라 거의 모든 정책이 바뀐다는 것이다. 세제, 금융, 공급, 도시계획 규제 등 전 분야에서 일어나는 일이다. 경기 급등기에는 '불로소득' 문제가 부각되면서 거의 모든 영역에서 규제를 강화하는 반면, 급락기에는 반대로 '반시장 규제'의 '대못'을 뽑는다는 식이다. 물론 부동산 경기에 따라 서로 다른 정책을 펼쳐야 하는 것이 당연하며, 반드시 그렇게 해야 한다. 급등기에는 수요를 억제하고 공급을 확대하는 정책을 펴야 하며, 급락기에는 수요를 진작하고 공급을 조절해야 한다. 이런 변화를 '이념'으로 포장해서 공격하는 것은 정치 프레임일 뿐이다.

그럼에도 원칙과 규범이 필요하다. 부동산시장 상황에 따라 국민의 불만과 불안이 비등해지면, 그것을 진정시켜야 하고 지지층의 반발도 달래야 하기에, 정도를 넘어서려는 유혹이 커지기 마련이다. "세금 폭탄을 맞아봐라"거나 "빚을 내서라도 집을 더 사라"고 하는 식의 극단들이 판을 치게 되는 것이다. 주로 보유세, 양도세, 재건축 개발이익, 분양가상한제 등이 대표적인 논란 영역이다.

문재인 정부도 그런 점에서 무원칙하고 극단적인 영역을 오갔다. 2020년 7월, 종부세를 비현실적으로 올리고 무리한 과표 현실화 계획을 세운 것, 2019년 재건축 분양가상한제나 비현실적인 재건축 초과이익환수 부과 방식 등이 대표적이다. 이들 대부분은 실제 시행에 들어가보지도 못하고 문재인 정부 기간 물러서거나 좌초했다. 이념 논란의 빌미만 제공했을 뿐, 규제 불복 심리로 실제 효과는 기대보다 떨어질 수밖에 없었다. 결국 정책 신뢰만 떨어뜨렸다. 물론 적정선을 유지했더라도 이념적 프레임이 없었을까 하는 데는 부정적이다. 그럼에도 정책을 하는 입장에서는 최대한 적정선을 유지하려고 노력했어야 한다.

임대사업제도는 또 다른 정책 혼란 사례다. 2017년 말 민간임대사업자의 등록임대주택을 확대·강화한다는 권장책을 발표한 다음, 1년도 안 돼 이를 폐기하고 되돌렸다. 초기의 상황 판단이 잘못되었거나 이후 상황 전개에 문제가 있었다면, 당연히 수습하는 것이 맞다. 그런데 더 문제는 축소, 폐지, 존치 등으로 오랫동안 혼란을 겪었다는 것이다. 여기에는 다주택 보유자에 대한 사회적 논란이 그대로 반영되어 있다.

이제 부동산 경기 하강기에 들어선 윤석열 정부는 정반대의 길을 가는 중이다. 세제는 아직 국회 입법 과정이 순탄하지는 않지만, 행정 조치로 할 수 있는 일은 모두 해버렸다. 재산세, 종부세, 양도세, 취득세 모두 최대한 낮추는 중이다.

재건축 관련 규제도 마찬가지다. 윤석열 정부는 이른바 '재건축 대못 뽑기'라는 논리로 정반대로 가고 있다. 민간임대사업자제도도 활성화 쪽으로 방향을 튼다고 한다. 대부분 부동산 정책들이 적절한 선을 넘어, 과잉-과소 사이를 춤추고 있다. 지금은 그 부작용이 미미하겠지만, 경기 회복기에 들어서면 다시 부메랑이 될 것이 뻔하다. 경기 변화에 따라 방향을 바꿔야 할 정책들이 당연히 있다. 반면 경기와 무관하게 일정한 원칙을 지켜야 할 정책들도 있다. 이 말은 상승기의 정책 당국 뿐 아니라 하락기의 정책 당국에도 똑같이 적용되는 말이다.

정책 리더십이 흔들렸다

집값이 급등할 때면 정책 책임자들은 그야말로 생지옥에 빠진 기분이다. 국민의 불안, 분노가 그대로 전파되기 때문이다. 정부가 이전에 발표한 대책이나 약속이 제대로 효과를 거두지 못했다는 게 확인되면 언론, 정치권의 인내심도 바닥을 드러낸다. 추가 대책이 필요한 상황인지, 필요하다면 어느 수위로 언제 발표할 것인지 검토에 들어갈 때면 하루하루가 긴장 상태다. 이럴 때는 대개 정부 내에서도, 또 여당과도 문제의 원인과 처방을 둘러싼 이견이 생기기 마련이다. 책임론도 함께 따른다. 당연히 의견이 잘 모이지도 않는다. 문재인 정부는 2019년 말부터 2021년 상반기까지 꼭 이런 상황에 놓였다.

2018년 9·13대책 이후 10개월 가까운 안정기를 보였지만, 2019년 하반기에 경기 부양을 위해 금리를 두 차례 낮추자 다시 불안해지기 시작했다. 추가 대책 마련이 필요한 단계에서 재건축 분양가상한제를 놓고 정부 내에서 논란이 벌어졌다. 2019년 말 12·16대책으로 더 강한 대책을 내놓았지만, 코로나19 상황이 이를 왜곡시켰다. 2020년 총선에서 압승한 민주당은 더 강한 세제와 함께 임대차3법을 단독으로 통과시켰지만, 정작 패닉 바잉은 그 무렵부터 시작되었다. 이 시기에는 정부, 여당 모두 강-온으로 방향이 흔들렸다. 원인과 처방, 수위와 시점이 제각각이었다. 2021년 무렵 국토부, 기재부, 금융위, 한국은행은 서로 책임을 떠넘기기 바쁘다는 얘기를 들었다. 여당, 야당, 보수언론, 진보언론, 시민단체는 모두 자신들의 프레임으로 정책 실패를 질타하고 경쟁적으로 대안을 제시했다.

시장이 불안하고 정책 효과가 의심받을 때 정책 리더십이나 컨트롤 타워 기능을 잘 유지하는 것은 정말 어려운 일이다. 그럴수록 정책의 영이 서지 않게 된다. 정책적 합리성보다 대중의 분노를 달래고, 지지를 회복하는 데 더 마음이 끌리게 되는 것은 물론이다. "세금을 더 높이자" "임대주택으로만 200만 호를 추가 공급하자" "용산공원, 김포공항, 그린벨트에 모두 집을 짓자" "청년들이 집을 살 수 있게 돈을 더 빌려주자" 하는 식이었다. 중심을 잡았어야 할 정부·여당마저도 결국 포퓰리즘에 의지하게 되는 것이다. 집값이 폭등하던 시기, 문재인 정부에서 일어났던 일이다.

이런 일을 다시 겪지 않으려면

　문재인 정부가 처했던 부동산시장 환경은 분명 쉽지 않았다. 전 세계적인 과잉유동성 상황과 코로나19에 따른 경기 부양 압박은 우리 정부 힘만으로는 어찌하기 어려운 요소가 많았다. 집값 문제가 오롯이 문재인 정부의 책임이라고 하기 어려운 것이다. 그럼에도 문재인 정부는 폭등한 집값에 대한 무한한 정치적·정책적 책임이 있다. 또 그로 인해 국민들의 질책을 넘어 일종의 정치적 심판도 받았다고 할 수 있다.

　그럼 문재인 정부가 끝나고 새 정부가 들어섰으면 이제 그걸로 끝인가? 당시 한국사회를 달궜던 수많은 논란은 더 이상 시시비비를 가릴 필요가 없어진 것인가? 그때 약속했던 여야의 공약들도 부동산 경기가 반대로 갔으니, 이제 더 생각할 필요가 없는 일인가? 나라가 망할 것처럼 온 국민을 불안에 빠뜨렸던 이른바 전문가와 유튜버들의 주장은 더 이상 검증할 필요가 없는 것일까?

　부동산 경기가 일정한 시간을 두고 순환된다는 점을 생각하면, 우리는 언제든 문재인 정부와 비슷한 시장 상황을 다시 마주할 수 있다. 그때 또 처음 겪는 일처럼 허둥지둥할 것인가? 그때 또 처음 들어보는 이야기인 것처럼 이런저런 대책을 듣게 될 것인가? 문재인 정부의 부동산 정책이 실패했다면, 왜 그러했는지, 또 어떻게 하면 반복하지 않을지 기록으로 남기고 토론해야 한다. 또 이렇게 하면 된다고 주장했던 수많은 사람들의 비판도 제대로 따져봐야 한다. 문재인 정부에 대한 성찰 없이는 미래에 반복될지 모를 상황에 올바로 대처할 수 없다.

하지만 문재인 정부 이후, 한국사회는 놀라울 정도로 '부동산 침묵'에 빠져버렸다. 집값이 오를 때 격론을 넘어 프레임 전쟁을 벌였던 것에 비하면, 그 평가나 진단, 그리고 앞으로 어떻게 해야 할지는 아무도 생각하지 않고 있다. 이제 집값이 안정되었으니 그럴 필요가 없다고 생각해서 그렇다고만 보지 않는다. 집값 폭등기에 너도나도 뱉어놓았던 부끄러운 주장들, 잘못된 판단들을 다시 보고 싶지 않기 때문일 수도 있다. 그러나 함께 성찰하지 않는다면, 우리는 다시 같은 문제를 무방비로 겪을 것이다.

문재인 정부 기간에는 부동산 정책의 핵심 요인과 부차 요인이 뒤엉켰다. 집값 폭등의 핵심 원인은 넘치는 돈이었는데, 시차 때문에 당장 효과를 거두기 어려운 공급 대책, 집 부자를 공격하는 세금 강화 문제로 이념적 논란을 벌이며 에너지를 허비했다. 주택의 금융화라는 전 세계적인 현상을 생각하면 금융 부문에서 더욱 근본적이고 신속한 대응책이 필요했지만, 정부와 한국은행은 경기 방어와 넓은 의미의 금융 안정을 위해 둔감하고 느린 결정을 했다. 서민을 위한다는 이유였지만 결과적으로 서민들이 가장 큰 피해를 보고 말았다.

이제 집 문제, 제대로 한번 들여다보자.

나의 잘못과 책임

　내가 부동산 정책을 맡은 것 자체가 실패의 시작이었다는 지적을 하는 분들이 꽤 있다. 집값이 급등하던 노무현 정부 당시 관련 비서관직을 맡았고, 집값 급등기에 그 역할을 다시 맡았으니 실패 프레임이 그대로 적용될 빌미를 제공한 셈이다. 시중에서 그런 비판이 나온 것은 당연한데, 나와 교류가 있던 분들도 종종 그런 얘기를 언론을 통해 하기도 했다. 나 개인적으로도 안타깝다. 부동산 문제로 10여 년 만에 또다시 고난의 길에 들어섰으니.

　사실 2017년 인수위 없이 문재인 정부가 출범했을 때, 나는 일종의 정책인수팀을 맡아 초기에 청와대로 출근했다. 청와대 조직개편안을 짠 것은 물론이다. 처음 안은 부동산 관련 업무가 경제수석실 소관이었다. 그런데 대통령께서 한 가지 고쳐서 내려보냈다. 주택도시비서관실을 경제수석실이 아니라 사회수석실에서 맡으라는 것이었다. 주거복지 등을 중시한 것으로 볼 수도 있지만, 아직 사회수석으로 내가 내정되기 전이었다. 하지만 이 업무를 내가 맡게 되리라는 '불길한' 생각이 들지 않을 수 없었다. 한 번도 여쭤보지는 않았지만, "실패한 경험을 가진 사람에게 다시 일을 맡기곤 한다"는 문 대통령의 생각이 담겼을지도 모른다.

　잠깐의 고민이 있었지만, 내가 부동산 정책을 담당할 수도 있겠다고 생각했다. 나는 2008년 노무현 정부에서 임기를 마친 뒤 나름대로 부동산 문제와 정책에 대한 성찰에 매진했다고 생각한다. 10여 년 사이에 부동산 관련 책을 다섯 권이나 내기도 했다. 2017년 초에는 선

진국들의 주택시장 상황을 세세히 파악하고 우리나라의 정책 과제를 정리한 책을 출간하기도 했다.[*]

　　2019년 6월, 정책실장으로 청와대를 마칠 때까지는 어떻든 내가 생각하던 부동산 정책의 구도를 이어가기는 했다. 시장 상황을 긴장감 있게 보면서 금융, 공급, 세제 등을 나름대로 균형감 있게 추진했다고 생각한다. 부처 협력이나 당과의 조율 등에서 별다른 불협화음이 표출되지도 않았다. 물론 이후 김동연 전 부총리가 2022년 대선에 출마한다고 선언한 뒤, 9·13대책을 내놓기 직전 청와대에서 열린 회의에서 부동산 세금 문제로 대통령 앞에서 격론을 벌였다는 사실을 언론에 알린 해프닝이 있기는 했지만, 큰 틀에서는 시장 상황이나 정책 수위에 대한 생각이 비슷하기도 했다. 어떻든 내가 그만둘 당시, 겨우 집값은 진정된 상황이었다.

　　그러나 내 잘못과 책임도 크다.

　　우선 '같은 사람'이 '비슷한 시장 환경'에서 정책을 하는 것 자체가 리스크였을 수 있다. 집값 상승기의 현장 경험과 이후 복기 덕분에 정책 이해도나 시장 상황 파악에서 유리했지만, 출발부터 실패 프레임의 빌미를 제공한 것은 문제였다. 경험이 많았던 만큼 당정 조율 등에서 컨트롤 타워 역할이 자연스럽게 형성된 측면도 있다. 장점이자 단점이었다. 정부 정책이란 것이 특정 자연인이 압도하는 구조가 절대로 아니고 나 또한 그런 식의 전횡을 했다고는 결코 생각하지 않지만, 문재인 정부 부동산 정책이 '의인화'됨으로써 불신의 빌미를 제공한 것은 안타깝다.

---

[*]　진미윤·김수현, 《꿈의 주택정책을 찾아서: 글로벌 주택시장 트렌드와 한국의 미래》, 오월의봄, 2017.

두 번째는 상황 판단 문제다. 사람마다 주택시장 상황을 판단하는 다양한 기준을 가지고 있을 것이다. 나는 노무현 정부 때부터 집값, 소득 수준, 대출금리 수준을 가지고 판단해왔다. 한마디로 조달할 수 있는 돈과 서울 중산층이 선호하는 아파트값을 비교하는 방식이다. 일종의 구매력 지수이다. 그 추세를 보면 얼마나 더 오를지 예측하는 것도 가능했는데, 내가 그만둘 당시 아직 더 오를 소지가 남아 있었다. 그런 조건에서 이후 금리가 더 내렸으니 상황이 더 악화된 것은 당연하다.

그런 점에서 당시 상황을 좀 더 심각하게 보지 못했던 점이 마음 아프다. 그래서 금융 규제를 더 적극적으로 하고, 3기 신도시와 광역교통 대책을 더 당겼더라면 어땠을까? 물론 당시 시장 상황이나 기재부의 판단으로도 그 정도면 적정선이었고, 2019년 초에는 집값이 내리면서 언론들도 과도한 규제라 보기도 했다. 하지만 결과적으로 초기 상황 판단이 안이했다는 비판과 후회가 남는다. 이는 내가 주도했던 임대등록제에 대한 안타까움으로도 이어진다. 임대시장 투명화를 위해 등록제를 확대해야 한다는 입장이 옳았다 하더라도 급등기라면 미뤘어야 할 일이었다. 당시 시장 상황과 정책적 관리 능력에 대해 지나치게 낙관했던 것으로밖에 볼 수 없다. 내 책임이 무엇보다 크다.

이미 문재인 대통령께서도 재임 당시에 몇 차례 사과까지 하셨지만, 나 역시 국민들의 집값 안정 기대와 요구에 부응하지 못한 점이 죄스럽다. 자연인으로서 내가 평가하고 사과하기에는 너무 큰 일이기는 하지만, 당시 주요 직책을 맡았던 사람으로서 깊은 책임감을 느낀다. 이 책 자체도 어쩌면 그런 책임감의 작은 결과물이기도 하다.

2부

부동산 문제,
제대로 보자

속절없이 되풀이되는 부동산 문제
왜 집값은 오르고 내리기를 반복할까?

또 같은 일을 겪었다

옛날 신문을 찾아봤다. 이 기사 제목들에는 지난 30~40년간 우리가 겪었던 부동산시장 상황이 압축되어 있지만, 날짜만 지우면 언제 일어난 일인지 구분이 안 될 것이다. 집값이 폭등한다고 난리가 났다가도 불과 몇 년 뒤에 집값이 폭락한다고 걱정하는 형국이 되풀이되고 있다.

〈부동산 투기 7천8백 명 세무조사〉(《조선일보》, 1988.8.19.)

〈부동산값 큰 폭 하락 은행 담보대출 비상〉

(《매일경제》, 1991.11.4.)

〈부동산 투기 대책 곧 발표〉(《매일경제》, 1997.1.18.)

〈부동산시장 '끝없는 추락'〉(《조선일보》, 1998.4.15.)

〈부동산 투기 근절 위해 모든 수단 다 쓸 것〉

(《한겨레》, 2005.7.2.)

〈집 가진 고통… 싸게 내놔도 안 팔리고 이자 폭등〉

(《한국경제》, 2010.6.11.)

〈사상 최대 폭등에도 추가 상승론 확산, 부동산 불패론의

끝은?〉(《조선일보》, 2021.6.29.)

〈"수억 원 뚝뚝뚝"… 집값, IMF 이후 최대 폭락했다〉

(《서울경제》, 2023.1.2.)

　　1988년 서울올림픽을 앞두고 시작된 집값 폭등은 우리
역사상 최악이었다. 그동안의 고도성장에도 불구하고 억눌
러왔던 주택 수요가 한 번에 폭발한 것이다. 아파트값만 오른
게 아니라, 급등한 전·월세값 때문에 일가족이 목숨을 버리
는 일까지 벌어졌다. 정부는 수도권 5대 신도시, 200만 호 주
택 공급과 토지공개념 도입으로 사투를 벌여야 했다. 그러나
1991년부터는 집값이 본격적으로 내려가면서 미분양과 담보
대출에 비상이 걸렸다.

　　그 뒤 서서히 회복된 부동산시장은 1997년 초가 되면 새
로 투기 대책을 준비해야 할 상황이 되었다. 당시 홍콩, 싱가

포르 등은 이미 집값이 폭등하고 있었다. 하지만 그해 말 IMF 외환위기가 터지면서 거꾸로 우리뿐 아니라 동아시아 국가들에서 사상 최대로 집값이 하락했다. 그 때문에 대체로 10년마다 겪어왔던 부동산 경기순환이 뒤로 미뤄졌지만, 2000년 초부터 시작된 집값 상승은 더 비축된 힘을 모아 6년 가까이 폭등세를 이어갔다. 노무현 정부 기간이었고 온 나라가 부동산에 매달리던 시기였다. 정부가 가히 부동산과 전쟁을 벌였고, 종합부동산세 부과, 2기 신도시 발표에다 DTI 금융 규제를 도입해서 겨우 수습했다. 그나마 이런 노력 덕분에 2008년 세계 금융위기로 대부분의 선진국들이 심각한 거품 붕괴와 경제난에 빠지게 되었는데도 우리는 선방한 편이었다. 2014년 초까지 집값은 내려갔고, 급기야 '빚내서 집 사라'라는 대대적 부양책이 시행되었다.

그 뒤의 상황은 우리 모두 현재진행형으로 겪고 있다. 2015년부터 오르기 시작한 집값은 문재인 정부 들어 본격화되었고, 특히 2020년 코로나19로 풀린 돈의 힘으로 천장을 모르고 치솟고 말았다. 그러다 2021년 하반기부터 유동성을 축소하기 시작하고, 특히 2022년 미국 발 금리 인상이 본격화되자 집값은 뚝뚝 떨어지고 말았다. 2023년 초, 서울 아파트 실거래가는 고점 대비 20~30% 정도 하락했다. 거의 3년 전 가격으로 돌아갔다.

우리나라 집값은 대체로 10~15년마다 크게 요동쳤다 (《그림 3-1》). 4~6년씩 상승기가 계속된 후 5~7년씩 하락기 내

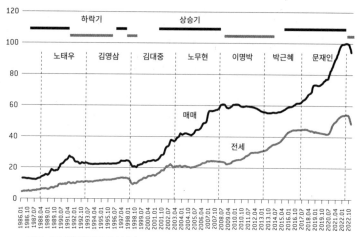

〈그림 3-1〉 서울 집값의 전개

● 자료: KB국민은행 부동산 통계

지 안정기를 겪는 식이었다. 비록 내리는 것은 찔끔찔끔하기는 했지만, 경험으로 보자면 많이 오른 곳들은 거의 반값으로 내려가는 일도 생기곤 했다. 물가상승률을 감안한 실질가격은 더 떨어졌다. 오르면 내리게 된다는 것을 알지만, 각각의 상황에서는 불안, 공포, 분노가 엄습해왔다. 정부는 정부대로 급등기마다 수십 번의 억제 대책을, 하락기에는 정반대로 그동안의 규제를 모두 해제하고 수십 번의 부양책을 거듭해왔다. 정치권은 그때마다 누가 됐든 여당은 변명하기에 급급하고, 야당은 나라가 망한다고 공격해댔다. 공교롭게 상승·하락기가 5년간의 대통령 임기와 겹친 적이 많아서, 노태우·노무현·문재인 정부는 오르는 집값으로 내내 고전했다. 반면 김대중·이명박·박근혜 정부는 주로 부양책에 매달렸다.

지난 30년간 전 세계는 세 번의 파동을 겪는 중

우리는 흔히 집값 파동이 우리나라에만 있고, 우리가 가장 심각하게 겪는다고 생각한다. 다른 나라와 비교하는 것을 마치 정부가 변명하기 위해서 수치를 갖다 댄다고 보는 것이다. 하지만 다른 나라 상황을 함께 보는 것은 중요하다. 우리나라의 집값 파동이 우리만의 이유로 생기는지, 아니면 세계적인 상황에 따라 발생하는지에 따라 대처법도 달라져야 하기 때문이다.

놀랍게도 우리가 집값 파동을 겪을 때는 다른 나라들도 앞서거니 뒤서거니 같은 일을 겪었다(《그림 3-2》). 노태우 정부 기간인 1988년부터 1991년 사이에는 세계적으로도 큰 파동이 있었다. 일본에서는 버블 붕괴가 일어나 이후 약 30년간 그 여파가 계속되었다. 대만에서도 같은 시기에 집값 폭등으로 대만 역사상 가장 많은 시위대가 노숙 투쟁을 벌이기도 했다. 미국에서는 이 무렵 집값이 급등했고, 그 결과 대규모의 저축은행 부도 사태(S&L crisis: Savings and Loan crisis)가 초래되기도 했다. 영국도 1987년부터 1990년대 초까지 집값이 급등락했다.

1997년 외환위기 기간에는 동아시아 국가들 모두가 집값 급락에 시달렸다. 아시아 금융위기(AFC: Asian Financial Crisis)라는 말 그대로 당시 경제적 타격이 아시아 국가에 집중되었기 때문이다. 2003년 터진 유행병(사스)의 영향까지 더해

〈그림 3-2〉 아시아 금융위기 전후의 동아시아 주택 가격 변화

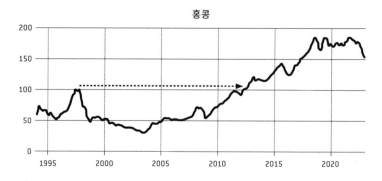

홍콩

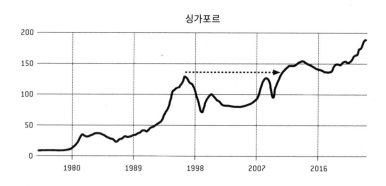

싱가포르

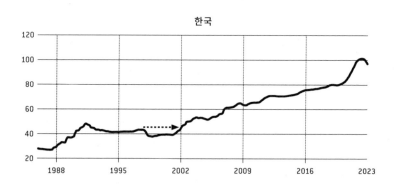

한국

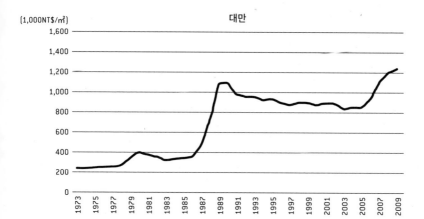

(1,000NT$/㎡)   대만

주: 대만은 우리의 노태우 정부 시기에 집값이 급등락했다가 아시아 금융위기 무렵까지도
회복되지 않은 상태였다.

자료: Trading Economics(https://tradingeconomics.com/) 재구성
대만-김수현·진미윤, 《집에 갇힌 나라, 동아시아와 중국》, 158쪽 재인용.

져 홍콩은 1996년 대비 3분의 1로 집값이 떨어지기도 했다.
싱가포르도 마찬가지였다. 1996년 이전 몇 년 사이에 세 배가
올랐다가 절반이나 떨어진 다음 10년이 지나서야 겨우 회복
되었다. 우리나라는 불과 2~3년 만에 집값이 회복되었는데,
이는 그만큼 금융위기 이전에 다른 나라들보다 상대적으로
덜 올랐기 때문이다.

　　더 극적인 상황은 2000년대 초반에 벌어졌다(《그림 3-3》).
대부분의 선진국들에서 집값이 폭등한 것이다. 1990년대 후
반, 닷컴 버블이 꺼지면서 경기 부양책에 나선 미국을 필두
로 선진국 그룹들이 전반적으로 유동성 확대에 나섰던 것이

3장. 속절없이 되풀이되는 부동산 문제　　**85**

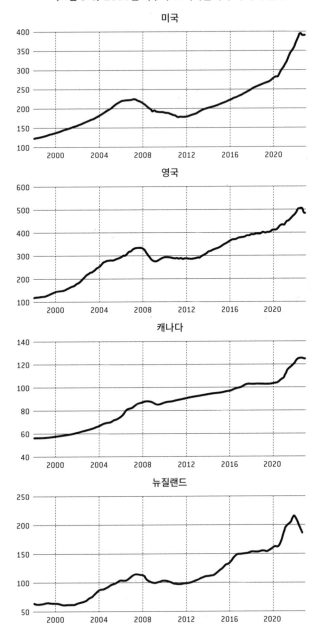

〈그림 3-3〉 2000년 이후 주요 국가들의 주택 가격 변화

미국

영국

캐나다

뉴질랜드

독일

스웨덴

네덜란드

세계 평균(IMF)

- 자료: Trading Economics(https://tradingeconomics.com/)
  IMF(https://www.imf.org/external/research/housing/images/globalhousepriceindex_lg.png)

가장 큰 원인이었다. 유동성이 엄청나게 풀렸지만 당시 중국, 러시아, 인도, 브라질 등 신흥국들의 값싼 공산품 및 원자재 공급의 영향으로 물가는 오르지 않았다. 경제가 성장하는데도 물가가 오르지 않으니 경계심도 약해졌고, 미국의 앨런 그린스펀 연방준비제도 이사회 의장은 '경제 대통령'으로 칭송을 받기도 했다.

이런 상황에서 미국은 서브프라임 모기지(Subprime Mortgage)를 남발해서 신용이 낮은 저소득층까지 내 집 마련 대열에 뛰어들도록 부추겼다. 내 집 마련을 아메리칸 드림과 동일시하고, 내 집을 가질수록 사회적 책임감이 커진다는 정치적 담론도 영향을 끼쳤다. 그 결과 2003년 무렵 미국, 영국 등은 자가 보유율이 사상 최대로 올라가기도 했다. 하지만 이 유동성 잔치는 결국 서브프라임 모기지 부실 대출 사태를 계기로 급격히 거품이 꺼지기 시작했다. 미국, 영국, 스페인, 이탈리아, 그리스 등 대부분의 나라에서 집값이 폭락했다. 이는 세계적 경제위기로 이어졌다.

그러나 오랜 침체에 빠질 것 같던 2008년 세계 금융위기의 여파는 얼마 가지 않았다. G7, G20 등 선진국 그룹이 공동 전선을 펼치면서 유동성을 다시 확대해가기 시작했던 것이다. 금리를 낮추는 데 그치지 않고 양적완화라는 이름의 전방위적인 유동성 확대 조치를 단행했다. 금융위기 이후 4~5년 만에 다시 집값이 오르기 시작했다. 자산시장 거품으로 금융위기를 겪은 지 10년도 안 돼서 많은 나라들이 다시 이전보다 더 오른 집값을 경험하게 된 것이다. 미국, 영국, 네덜란드, 캐나다, 뉴질랜드 등 대부분의 선진국들이 사상 최고의 집값을 경신했다. 금융위기에는 별일 없이 넘어갔던 독일마저 집값 상승 대열에 동참했다. 여기다 2020년 봄 터진 코로나19 사태는 희한하게도 집값에 더 불을 붙였다. 재택근무가 늘면서 쾌적한 주거에 대한 요구가 높아졌기 때문이라고는 하지만, 본질은 코로나19 극복을 위해 재정지출까지 더해진 더 많은 유동성 공급 때문이었다.

이렇게 전 세계 집값의 등락은 나라별로 조금씩 시차는 있지만 대체로 10~15년의 주기를 두고 반복되고 있다. 우리나라가 겪은 순환 주기와 다르지 않다. 왜 이렇게 나라별로 부동산시장 흐름이 동조할까? 그 이유는 자본시장이 세계화되었기 때문이다. 그렇다고 이것이 우리 정부가 부동산시장 안정에 어떻게 할 도리가 없다는 말을 하려는 것이 아니다. 우리는 유독 더 나쁜 조건이기에, 집값 등락이 국민들에게 미치는 영향이 더 클 수밖에 없다. 그런 점에서 돌아가신 노무현 대통령이 하셨던 말씀은 여전히 가슴을 짓누른다. "전 세계 부동산 가격이 다 올라도 한국은 올라서는 안 된다는 생각을 갖고 있습니다"(열린우리당 지도부와의 만찬에서, 2005년 6월 28일).

공포: 포모와 품 사이

집값이 너무 오르지도, 너무 내리지도 않게 하는 것은 불가능할까? 소득이 느는 속도만큼, 혹은 그보다 더 느리게 오르도록 할 수는 없을까? 왜 집값은 급등과 급락을 반복할까?

사실 자본주의하에서 모든 경기는 등락을 반복하기 마련이다. 이는 자본주의 시장경제가 인간의 욕망에 뿌리를 두고 있기 때문이다. 욕망에 바탕을 둔 경쟁을 통해 경제는 성장한다. 그러나 욕망은 끝없이 분출하는 것이 아니라, 어느 단계에서는 합리적 이성이 제어하기에 경기에는 정점이 있게 마련이다. 이런 식으로 욕망과 이성의 조절을 통해 호황과 불황이 반복되면서 자본주의는 발전해왔다.

그러나 경제순환에 따라 사람들은 기쁨, 열망, 좌절, 분노, 공포 등 수많은 감정 변화를 겪는다. 때로 집단적 탐욕이 이성적 제어를 가로막는 바람에 지나친 호황과 반대로 지나친 불황이 나타나기도 한다. 그중 가장 심각한 상황을 우리는 경제공황(economic crisis)이라고 부른다. 자본주의는 결국 욕망 자체를 제어하지 못하기 때문에 파국을 맞이할 것이라는 게 사회주의자들의 생각이었다. 과거 소련 등 사회주의 국가들은 이런 경기 등락 자체를 '계획'을 통해 제어하려고 했다. 그러나 잘 알다시피 그런 체제는 불가능했고 실패했다. '인간의 욕망'을 계획하는 것은 불가능했기 때문이다.

약 100년 전 엄청난 대공황을 겪으면서 이제 모든 국가는 시장에 정부가 개입하는 것을 당연시하고 있다. 적극적인 재정·통화 정책을 통해 부양이나 긴축을 유도하는 것이다. 각국의 정책 공조를 통해 세계적인 수준에서 대처하기도 한다. G7, G20 회의는 단순히 경제 대국들의 세 과시나 친목 모임이 아니라 100여 년 전 경험했던 대공황과 세계대전 같은 파국을 막기 위한 조절 기구인 것이다. 하지만 이런 시장 개입과 경기 조절 노력에도 불구하고 경기 급등락을 완전히 막을 수는 없다. 각국의 국내 정치 문제도 있기 때문에, 국제 공조도 생각보다 원활하지 않다. 우리가 최근 20여 년 사이에 겪은 것처럼, 경기는 등락을 거듭하고 있고 주요 국가의 패권 경쟁과 무역 전쟁은 오히려 격화되고 있다.

이처럼 경기가 등락하는 상황에서 부동산시장은 그 특수성으로 인해 훨씬 진폭이 크다. 부동산이라는 상품 자체의 특성과 그에 수반된 심리 현상 때문이다. 부동산은 이름 그대로 움직일 수 없는 상품, 즉 장소에 고착된 상품이다. 따라서 특정 지역에 주택 수요가 몰려 집값이 오른다고 즉시, 적기에 공급이 이루어질 수 없다. 새로 땅을 조성하거나, 용적률을 늘려서 추가 공급이 되기까지 장시간이 소요되는 것이다. 주택은 그 어떤 상품보다도 수요-공급이 균형을 이루는 데 오랜 시간이 걸리는 상품이다. 집값(가격)이라는 신호를 받아 공급에 착수해도 실제 입주할 무렵이면 이미 가격이 하향 추세에 들어가는 일이 허다하다.

일반적인 상품이라면 가격이 오를 경우 공급이 늘어나

거나 대체품을 찾으면서 가격이 조절된다. 그러나 부동산은 대체품을 찾기보다 명품 사치재처럼 오히려 더 갖고 싶은 욕망이 커지기도 한다. 고급아파트 가격이 천정부지로 오르는 이유를 설명하는 이론의 하나다. 그러면서 집값이 급등할 때는 이런 추세가 영원히 계속될 것 같은 착각('부족의 착각')에 빠지게 된다. 주택은 가계 자산에서 가장 큰 비중을 차지하는 고가의 상품이자 투자재이다. 살아가는 데 필수적인 수단일 뿐 아니라 그 자체가 엄청난 부를 가져다줄 수도 있는 것이다. 여기다 경마 중계처럼 매주 세 차례나 발표되는 집값 동향(한국부동산원, KB국민은행, 부동산114), 수많은 자칭 전문가들의 선정적인 훈수는 국민 모두의 마음을 뒤흔들 수밖에 없다.

그만큼 부동산을 둘러싼 심리적 등락도 심하다. 부족의 착각에다 "나만 집값 상승 대열에서 빠지지 않았나" 하는 '포모(FOMO, Fear Of Missing Out)'증후군은 집값 상승기의 상황을 더 악화시킨다. 정부는 공급이 충분하며, 앞으로 더 많이 공급될 테니 "지금 집을 사지 말라"고 하지만, 도처에 만연한 공급 부족론자들은 정부의 무책임한 심리전에 속지 말라고 오히려 불안을 부추길 뿐이다. 이럴 때 그동안 불안하게 기다려 왔던 청년층이나 취약계층들의 이른바 '영끌'이 나타나게 된다. 우리가 최근 겪은 일이다.

그러나 집값이 본격적으로 하락기에 들어가면 이제는 아무도 집을 사려 하지 않는다. 더 오를 것 같은 두려움에 추격 매수를 했다면, 이제는 더 내릴 것 같은 기대에 지연 매수를 하는 셈이다. 부동산시장은 이전과는 정반대로 깊은 침체에 빠지게 된다. "너무 비싸게 샀는데 떨어지면 어떡하나(풉 FOOP, Fear Of Over Paying)" 하는 걱정에 사로잡히게 된다.

가까운 역사를 보더라도 이런 일은 반복되고 있다. 그렇다면 왜 우리는 오르고 내리는 적절한 선에서 욕망을 멈출 줄 모를까? 왜 각 시점에서 정부의 말은 믿음을 주지 못할까?

집값이 오르내리는 구조

집은 일반 상품과 달리 상승-하락의 주기가 명확하며, 물가나 성장률보다 변동 폭이 더 크다. 여기에는 집, 즉 부동산이 가진 독특한 속성과 심리가 작동하기 때문이다. 교과서적으로 보면 부동산시장은 전형적인 불완전 경쟁 시장이다. 표준화하기 어렵고, 정보가 비대칭적이며 다수의 판매자와 다수의 수요자가 자유롭게 경쟁하기 어렵기 때문이다.* 여기다 부동산 자체가 장소에 고착되어 있기에 공급에 장시간이 소요된다. 또한 부동산은 소비재이자 투자재, 심지어 사치재까지 다양한 속성을 가지고 있다. 사는 집이자 재산이며, 노후 대비 수단, 부의 과시 수단이기도 한 것이다. 부동산을 구입한다는 것은 그만큼 복잡한 요소들을 고려하고 또 영향을

---

* 　김수현, 《주택정책의 원칙과 쟁점》, 한울, 2008, 30~32쪽 참고.

받게 된다는 것을 의미한다. 보통 가정의 전 재산이나 다름없어서 그 어떤 상품보다 심리적 영향도 크다. 그런 만큼 부동산은 일반 상품보다 시장 변동성이 크고 시장 실패, 정부 정책 실패가 일어나기 쉽다.

그럼에도 부동산시장은 기본적으로 수요-공급에 따라 움직인다. 비록 수요-공급이 균형에 이르기까지 장시간이 소요되고, 그 과정에서 다양한 사회·경제적 현상이 일어나지만 결국은 수요-공급에 의해 가격이 결정된다. 〈그림 3-4〉에서 보는 것처럼 인구, 도시화, 산업화 수준 등은 주택 수요에 장기적인 영향을 끼친다. 경제가 성장하는 가운데 도시 인구가 늘어나면 근본적으로 주택 수요가 늘어날 수밖에 없다는 뜻이다. 그러나 이런 장기 영향은 파동이 길게 나타나기 때문에 잘 느낄 수 없다. 경험적으로도 저성장-저출산 상황이라고 해서 집에 대한 수요가 줄어든다는 보장이 없다. 흔히 일본이 1990년 이후 버블 붕괴가 장기간에 걸쳐 지속되는 이유를 여기서 찾곤 하지만, 일본도 신규 아파트에 대한 수요나 가격은 초강세를 보이고 있다. '빈집 천만 채'와 '아파트값 상승률 세계 최고 수준'이라는 양면성을 함께 가지고 있는 것이다.

실제 우리가 시장에서 체감할 수 있는 주택 수요는 경제 상황, 소득, 유동성처럼 비교적 중단기적으로 변하는 요소들에 주로 영향을 받는다. 특히 2000년대부터는 소득 양극화와 유동성이 주택시장 수요에 크게 영향을 끼치고 있다. 뒤에서 자세히 살펴보겠지만 집이 투자 상품화되는 이른바 '주택의

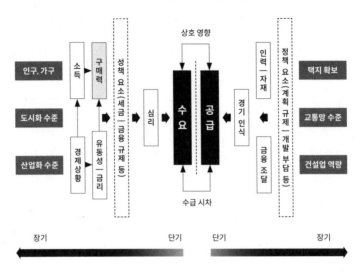

〈그림 3-4〉 부동산 수요-공급에 미치는 영향 요인과 구조

금융화' 현상이 핵심 요인이 된 것이다. 이런 중단기적인 경제 상황이 주택 구입 심리를 자극하고 있다. 돈이 넘치는 상황에서 집은 유망한 투자처일 뿐 아니라 인플레이션의 회피책이기도 하다. 게다가 각국은 경기 부양을 위해 각종 부동산 관련 규제를 완화함으로써 과잉 수요를 막는 안전장치를 풀어버린 경우가 많다.

공급에 영향을 끼치는 요소는 수요에 비해 단순하다. 주택 자체가 공급을 서둔다고 바로 늘어나기 어려운 특징을 가지고 있다고 했는데, 그나마 장기적으로 우량 택지를 얼마나 확보하고 있느냐가 중요하다. 교통망이나 기반시설이 좋은 택지를 충분히 확보하고 있다면 공급에 빨리 나설 수 있는 반면, 그렇지 않다면 더 많은 시간이 소요되기 때문이다. 전반적인 용적률이나 계획 규제도 주택 공급에 영향을 주는 요소들이다. 인력이나 자재 가격, 더 결정적으로는 금융 조달 비용은 공급자들의 의사 결정에 더 직접적인 영향을 끼친다. 공급자들도 주택 공급을 통해 돈을 벌 수 있는가에 따라 시기와 물량을 판단한다. 물론 우리나라는 공공 부문의 공급 물량 비중이 선진국 중에서는 가장 크기 때문에, 공급을 위한 의사 결정이 정책적인 변수에 크게 영향을 받는다는 차이가 있기는 하다.

이처럼 주택의 수요-공급에는 여러 요인이 장단기적으로, 또 강도를 달리하며 영향을 끼치기 때문에 무엇이 결정적인 변수라고 규정하기가 쉽지 않다. 더구나 각 요소들이 서로 영향을 끼쳐서 선후 관계를 명확히 분간하기도 어렵다. 그러다 보니 전문가마다, 또 언론사나 정치권마다 각자 유리한 쪽으로 해석하는 경향이 있다. 누구는 끊임없이 공급 부족을 강조하는 반면, 또 다른 사람들은 세금, 또 다른 경우는 금융을 강조하는 식이다. 주택 문제의 원인과 해법에 대한 프레임이 형성되는 것이다. 그러나 분명한 것은 하나의 원인만 있을 수 없고, 또 만병통치약이 있을 수도 없다. 그런 식의 접근법은 국민들의 심리를 더 불안하게 하고 정책 효과도 떨어뜨릴 뿐이다. 주택 문제에 대한 프레임 전쟁은 결국 국민들만 피해자로 만드는 것이다.

나아가 수요와 공급은 동전의 앞뒷면처럼 서로 영향을

끼친다는 점도 중요하다. 공급이 부족할 것으로 예상되면 수요는 거꾸로 더 증가하는 것이다. 마찬가지로 공급이 과잉되었다고 느끼면 수요는 오히려 줄어든다. 기다려도 될 것으로 보기 때문이다. 그런 점에서 "공급이 부족하다"고 불안감을 부추길수록 조급한 마음에 수요는 더 자극되고 결과적으로 집값은 더 오를 수밖에 없다. 지난 몇 년간 우리가 경험한 일들이다.

집값, 공급 때문인가, 금리 때문인가?

왜 집값이 오를까? 문재인 정부는 이 질문에 대한 뻔한 정답을 모르거나 외면하는 것처럼 보였다. 당시의 정답은 '공급 부족'이었다. 정부는 오히려 공급이 더 많았고 앞으로도 대규모 공급이 계속된다고 호소했지만 소용이 없었다. 공급 부족론은 5년 내내 문재인 정부를 괴롭혔다.

그런데 2022년에 들어서면서 각국이 금리를 올리고, 우리도 따라서 올리게 되자 집값은 언제 그랬냐는 듯 급락하기 시작했다. 이제는 이구동성으로 공급 부족이 아니라 금리가 집값을 결정한다고 입을 모으고 있다. 그렇다면 무엇이 정답일까?

마침 국토연구원이 집값에 영향을 끼치는 요인을 구체적인 수치를 들며 분석한 연구 결과를 내놓았다. 〈주택시장과 통화(금융) 정책의 영향 관계 분석과 시사점〉*이라는 자료가 그것인데, 한마디로 집값에 금리와 대출, 즉 금융의 영향이 얼마나 큰가를 분석한 것이다. 연구 결과는 간단하다. 집값 상승의 약 60~80%는 금융 상황과 정책에 따라 결정된다는 것이다. 공급의 영향은 10~20% 수준에 불과하다. 그동안 공급 부족론이 압도해왔던 집값 책임 주장과는 완전히 다른 결론처럼 보인다. 그러나 이미 많은 전문가들은 이런 상황을 잘 알고 있었다. 공급 부족 프레임 속에 갇혀 이를 믿고 싶어 하지 않았을 뿐이다.

---

*   이태리·박진백, 〈주택시장과 통화(금융) 정책의 영향 관계 분석과 시사점〉, 《국토정책 브리프》 902호, 국토연구원, 2023.

〈표 1〉 주택 가격 변동에 대한 결정 요인의 기여도 분석 결과(2011~2021년)

(단위: %)

변수	한국부동산원 아파트매매가격지수 (동향지수) 기준	한국부동산원 실거래가격지수 기준	KB국민은행 아파트매매가격지수 (동향지수) 기순*
금리 (기준금리)	60.7	45.7	56.1
대출 규제 (대출태도지수)	17.9	13.4	19.3
주택 공급 (준공 물량)	8.5	18.4	11.9
인구 구조 (세대수)	8.5	11.0	10.3
경기 (경기종합지수)	4.4	11.5	2.5

- 주택 가격동향이 지수별로 차이가 있으므로, 세 가지 지수에 대해 각각 살펴본 것이다.
- 굵은 선 안의 두 변수가 금리와 대출, 즉 금융의 영향이라고 할 수 있다.
- *: 합이 100을 넘는데, 원문 자체의 오류임.
- 자료: 이태리·박진백, 〈주택시장과 통화(금융) 정책의 영향 관계 분석과 시사점〉, 《국토정책 브리프》 902호, 국토연구원, 2023, 4쪽.

이와 관련해서 인터넷 언론 《오마이뉴스》는 "집값 폭등은 저금리 아닌 문재인 탓"이라는 그동안의 언론보도에 대한 팩트 체크 기사(2023.2.3.)[**]를 실었다. 한 신문이 2021년 1월 6일, 〈부동산값 급등, 저금리 아닌 정부 정책 탓〉[***]이라고 보도했다가, 2022년 12월 13일에는 "정책도, 공급도 무의미… 2023년 부동산시장, 금리에 달렸다"[****]

[**] 〈"집값 폭등은 저금리 아닌 문재인 탓" 언론보도는 '거짓'(오마이팩트)〉, 《오마이뉴스》, 2023.2.3.

[***] 〈부동산값 급등, 저금리 아닌 정부 정책 탓〉, 《국민일보》, 2021.1.6.

[****] 〈정책도, 공급도 무의미… 2023년 부동산시장, 금리에 달렸다〉, 《국민일보》, 2022.12.13.

는 기사를 올린 것을 보고 팩트 체크에 나섰던 것이다. 특히 2022년 3월 대선을 석 달 앞두었을 때 각종 보도를 살펴보면, 31건이 공급 때문이라고 했다면 10건만 금리 탓이라고 했던 것을 찾아냈다.

그 무렵 주택산업연구원은 '2022년 주택시장 전망 기자간담회'(2021.12.14.)에서 "지난 10년간 주택 가격 변동 영향 요인을 상관계수로 분석한 결과 주택수급지수〉경제성장률〉금리 순으로, 수급지수가 가장 큰 영향을 미친다"면서, 2022년에는 "주택 공급 부족으로 집값 2.5%, 전셋값 3.5% 상승"이란 전망을 내놓기도 했다. 앞에서 본 2023년 국토연구원 보고서와는 완전히 상반된 결론이다. 실제 시장 상황도 정반대였던 것을 우리는 알고 있다.

4 장

부동산을 시장에 맡겨라?
그러나 책임은 정부가 져라

시장, 시장, 시장!

집값이 급등할 때 우리가 가장 자주 접하는 언론사 칼럼이나 주장들은 "시장에 맡겨라"라는 것이다. 정부가 개입해봐야 집값도 못 잡을 뿐 아니라, 오히려 시장을 왜곡시켜 문제를 더 악화시킨다는 주장이다. 그런 만큼 '반시장적 규제'는 '시장에 맡겨라'라는 요구와 짝을 이루는 수식어이다. 실제 이런 주장들은 너무 많지만 그중 몇 가지만 뽑아보자. 독자 모두에게 아주 익숙한 내용일 것이다.

〈주택시장에 올라탄 '정치 괴물'이 만든 반시장 규제… 국민들 옥죄는데 왜 아직도 그냥 두나〉(《파이낸셜뉴스》, 2022.12.4.)

"다주택자, 가진 자 겨눴지만 오히려 사회적 약자만 피해. 취득세, 대출 규제 등 겹겹이 둘러친 비이성적 규제 지금이 걷어낼 때."

〈상한제·재초환 같은 반시장적 규제 풀어 주택 공급 늘려야〉(《중앙일보》, 2022.8.13.)
"상한제나 재건축 초과이익환수제는 분양가를 끌어내리고, 과도한 이익을 환수한다는 취지지만 이들 규제는 결과적으로 주택 공급만 가로막고 있다."

〈분양가 규제 손질 또 핵심 놔두고 변죽만 울렸다〉(《매일경제》, 2021.9.16.)
"(분양가상한제 등) 반시장적 규제를 과감히 걷어내지 않고는 뒤틀린 시장이 정상화되기 어렵다."

〈전국 절반이 규제 지역, 그런데도 집값은 사상 최고〉(《조선일보》, 2020.12.19.)
"수요 공급 원리에 역행하는 반시장적 규제는 역대 정부 최악의 미친 집값을 낳았다."

그렇다면 이 기사들이 맡겨두라고 하는 '시장'은 무엇일까? 정부는 완전히 손을 떼라는 것일까? 그런데 문맥을 보면 그런 것 같지는 않다. 예를 들면 정부가 적극적으로 개입해서 조성하는 공공택지에 대해서는 그런 말이 전혀 없다. 오히려 권장한다. 공공택지야말로 선진국 그룹 중에서는 우리나라만 시행하고 있는, 어떻게 보면 가장 반시장적인 정책인데 말이다. 집을 제공하기 위해 남의 땅을 강제로 수용하는 일은 다른 선진국들에서는 진즉에 하고 있지 않다.

대신 시장에 맡기라는 주장에 등장하는 구체적인 요구는 서너 가지로 압축된다. 가장 많은 게 '재건축 규제를 풀라'는 것이다. 시장이 원하는 곳에 좋은 아파트가 공급될 수 있도록 초과이익환수제를 폐지하고, 안전진단기준을 대폭 완화하며 용적률이나 층고도 더 높이라는 것으로 요약할 수 있다. 다음으로 많이 등장하는 것은 '세금을 낮추라'는 것이다. 대표적으로 종부세와 다주택 양도세 중과다. 세금 때문에 수요가 왜곡되니 공급마저도 제대로 안 된다는 지적이다. 여기서 더 나아가, 다주택자에게 불이익을 주는 것도 반시장적이라는 입장이다. 임대사업자제도를 폐지하려는 것도 비판한다. 세입자의 권리를 강화하려는 임대차3법도 대표적인 반시장적 규제다. 마지막으로 '대출 규제'도 여기에 포함된다. 집 살 때 돈을 빌려도 상환에 아무 문제가 없는데 왜 대출을 못 하게 하냐고 불만을 터뜨린다. 그럴수록 현금 부자들만 혜택을 보고, 청년들은 진입 기회마저 봉쇄된다고 비판한다. 자본주의 사회에서 집값이 9억 원, 15억 원을 넘는다고 대출을 안 해주는 게 맞느냐는 것이다.

익히 들어봤을 얘기들이다. 독자들께서는 공감하기도

하겠지만, 동시에 걱정되는 대목도 있을 것이다. 이런 식으로 세금과 금융 완화를 통해 수요를 해방시키고 재건축 규제를 풀면 집값이 더 오를 텐데. 수요 확대 효과는 즉각 나타나는 반면 공급은 더딘데, 이 문제를 어떻게 해결할 것인가? 여기에는 이른바 '지하철 공사론'을 답으로 제시한다. 지하철을 건설하면 공사 중에는 길이 막히지만, 완공되면 더 근본적으로 교통을 해결할 수 있다는 뜻이다. 맞는 말이다. 그러나 완공될 때까지 점점 더 혼잡해지는 상황을 시민들이 감내할 수 있을까? 과연 정부에 원성이 쏟아지지 않게 할 수 있을까? 그 사이 엄청난 혼잡 비용은 누가 감당할 것인가? 부동산시장도 마찬가지다. 결국 집값이 내려갈 테니, 일시적으로 집값이 올라도 아무런 문제가 없는 것일까? 그사이 커진 거품은 아무에게도 피해를 주지 않는 것일까? 오세훈 서울시장과 원희룡 국토교통부 장관은 선거 전에는 금방이라도 규제를 풀어서, 그야말로 시장에 모두 맡길 것처럼 얘기했지만 집값이 본격적으로 떨어질 때까지는 아무런 움직임도 보이지 않았다.

그러다 집값이 하락하기 시작하면 시장에 맡기라는 얘기는 이제 등장하지 않는다. 이럴 경우 정부는 부동산 경기 부양 내지 적어도 경착륙 방지 차원에서 이전까지의 규제나 안전장치들을 빠르게 해제하기도 한다. 부동산시장에서 돈이 급속히 빠져나가는 걸 방지하기 위해서다. 이제는 정부가 시장에서 손 떼라는 요구가 아니라, 거꾸로 정부가 시장에 개입해서 시장 급락을 막아달라는 요구로 변하게 된다. 미분양도 구입해주고 프로젝트파이낸싱(PF)이 망하지 않도록 돈을 더 넣어주며, 높은 금리의 대출은 정부가 정책자금을 투입해서 저금리로 바꾸어달라는 요구가 빗발친다. 한때 정부는 빠지라고 하더니 이제는 정부가 개입해달라는 요구다. 도대체 시장에 맡기라는 얘기는 무엇을 의미하는가?

선동의 무기가 된 '반시장론'

자본주의는 시장경제에 바탕을 두고 있다. 시장은 인간 욕망의 집합체로서 인류가 발전한 원동력이기도 하다. 시장은 문제를 만들기도 하지만, 또 해결하는 주체이기도 하다. 그런 점에서 시장을 이길 수 있는 정부는 없다. 그럼에도 경험적으로 정부는 결정적인 시기마다 시장 안정에 중요한 역할을 해왔다. 100여 년 전 대공황을 겪고 나서 정도의 차이는 있지만, 모든 자본주의 국가들은 통화·재정 정책을 통해 시장을 보완하고 안정화시키는 것을 당연시하고 있다. 넓게 보자면 복지국가 정책 전반, 나아가 경제 정책 전반이 시장을 지원하는 장치이기도 하다.

특히 부동산은 그 어떤 상품보다 정부가 개입해야 할 이유가 많고, 또 개입이 반드시 필요하다. 우리는 흔히 집값 등락에 대해 정부가 개입하는 문제에만 관심을 갖지만, 정부의 역할은 그보다 훨씬 근본적이다. 무엇보다 집이나 건물이 들어서는 토지는 개인 혹은 개별 개발업자들이 조성하기 어렵다. 도로, 전기, 수도, 학교 등 도시기반시설은 정부가 나서서 조성해야 하는 것이다. 우리나라는 특히 수도권 아파트 공급의 절반 가까이를 공공택지가 담당하는데, 그를 위한 토지 수용과 막대한 자금 조달이 공공의 몫이다. 따라서 이 같은 '집합적 소비수단'은 시장에 맡기기보다 정부가 효율성과 공익차원에서 공급하는 것이 당연하다. 이 점에 대해서는 어떤 시장주의자들도 반대하지 않는다. 오히려 더 적극적으로 하는것이 시장을 키우고 안정시키는 데 필요하다는 입장이다. 물론 대부분의 국가에서 택지 조성은 민간이 담당하지만, 이 국가들도 제2차 세계대전 직후 전후 복구와 대규모 주택 공급시기에는 공공이 책임지고 주도했다.

다음으로 토지는 홀로 존재하는 것이 아니라 주변과 좋든 나쁘든 서로 영향을 끼친다. 내 땅이라고 내 마음대로 할수 없는 근본적인 이유다. 인류는 고대 때부터 유형무형의 도시계획에 규제가 있었다. 과거 농경시대 때는 주로 종교나 통치를 이유로 규제를 가했다. 예를 들면 궁궐이나 교회보다 건물을 높게 지으면 안 된다는 식이었다. 현대 산업시대 때는 서로 이질적인 기능이 마구 섞이지 않도록 하거나 경관을 훼손하는 건축물들을 규제했다. 우리가 상업지역, 주거지역, 공업지역으로 나누듯이 도시공간을 계획적으로 관리하는 것이다. 심지어 지붕이나 건물의 색깔까지 규제한다. 선진국일수록 엄격한 도시계획 제도와 절차를 가지고 있다. 아무리 사유

재산이라 하더라도 각 토지의 이용이 공동체의 이익을 훼손해서는 안 되기 때문이다. 여기에 대해서는 우리 헌법도 그 필요성을 명확히 하고 있다.

다만 도시계획이나 건축기준은 시대 상황에 따라 변한다. 50년 전만 해도 5층 아파트가 높아 보였다면 이젠 50층도 이상하지 않은 시대가 되었다. 이 같은 도시계획의 변화, 즉 토지 용도나 용적률, 층고 등의 변화는 불가피하게 개발이익 문제를 가져온다. 기준 변화에 따라 엄청난 이익이 생길 수 있는데, 그것이 누구 몫이냐 하는 것이다. 모두 소유자의 것도 아니고, 그렇다고 모두 공공이 환수해서도 안 된다는 것이 정답이다. 그 비율을 둘러싸고 논란이 있을 수 있지만, 그 이익을 환수하는 것 자체가 반시장적이라고 할 수는 없다. 오히려 시장을 원활히 하고 지원하는 대책이다.

당연히 주거복지도 정부가 해야 할 역할이다. 주택은 워낙 고가의 상품이기 때문에 스스로 주거 문제를 해결하기 어려운 계층이 많다. 현대 복지국가는 공공임대주택 공급이나 임대료 보조 등을 통해 주거 취약계층을 지원하는 일을 당연한 책무로 받아들이고 있다. 마치 공교육이나 건강보험제도를 운영하는 것과 마찬가지다. 임대료 인상이나 임대 기간 안정에도 개입한다. 비록 사적 계약에 의해 임대인-임차인 관계가 성립되는 것처럼 보이지만, 세입자들이 약자라는 전제 아래 보호책을 강구하는 것이다. 우리나라는 임대차3법 때문에 논란을 겪었지만, 거의 모든 선진국은 우리보다 훨씬 이른

시기에 더 강력한 제도를 갖추고 있었다.

합리적인 시장주의자들은 정부 개입을 당연하면서도 꼭 필요한 것으로 본다. 그것이 오히려 시장을 더 자유롭게 만들기 때문이다. 다만 도시계획 규제가 너무 강하지 않은지, 개발이익 환수 정도가 심하지 않은지, 임대차 관계가 합리적인지 등 '정도'를 따질 뿐이다. 이와 달리 시장을 강조하면서 정부를 비판하는 사람들의 대다수는 다짜고짜 '반시장적 규제'나 '규제 대못'이라는 말부터 시작한다. 이들은 도시계획 변화에 따라 발생하는 과도한 개발이익이 독점되는 문제는 얘기하지 않는다. 공공택지와 같은, 어떻게 보면 가장 반시장적 조치에 대해서도 얘기하지 않는다. 부동산시장 정보가 불완전하고 비대칭적이라는 얘기도 하지 않는다. 과도한 유동성으로 시장 거품이 커져 이를 제어하기 위한 정부의 노력도 모두 반시장 정책으로 포장한다.

부동산시장이 원활히 작동하기 위해서는 정부의 역할이 반드시 필요하다. 토지 공급, 도시개발 및 재개발, 주거복지 등에서 정부의 역할은 필수적일 뿐 아니라 오히려 더 적극적이어야 한다. 부동산 세제, 개발이익 환수 등도 형평성 강화 차원에서 필요하다. 다만 그 정도에 대해서는 시장 활성화와 시장 안정, 개발 유인과 형평성 차원에서 셈법이 필요할 뿐이다. 또 분양가 규제, 원가 공개, 청약 기준 등이 과연 합당한가에 대해서는 당연히 논란이 있을 수 있다. 시장 안정에 도움이 되느냐, 형평성에 문제는 없는가 등을 고려해야 한다. 아파트 당첨을 위해 가입한 청약통장이 약 3000만 개에 가까운 한국적 특수성은 당연히 고민해야 할 대목이다.

품위 있는 시장주의자는 대환영이다. 이들은 정부 뿐 아니라 시장의 역할과 한계를 함께 이해하고 있다. 반면 다짜고짜 반시장 프레임을 갖다 대는 천박한 시장주의자들은 "돈을 벌 수 있도록 욕망을 허락하면, 결국 시장이 안정될 것이다"라는 맹목을 강요하고 있다. 그 과정에서 벌어지는 형평성 문제와 시장 안정 같은 데는 관심이 없다. 시장주의가 정치적 프레임이 될 경우 그것은 곧 선동의 무기일 뿐이고, 결국 서민들만 피해를 보게 될 것이다.

정부는 왜 거짓말을 할까?

"시장에 맡겨라"만으로 부동산시장이 안정될 수 없듯이, "정부가 책임진다"는 말도 믿을 수 없다. 역대 정부 경험을 보면, 집값이 오르든 내리든 정부는 마치 모든 책임을 질 것처럼 발언해왔다. 그러나 현실은 정반대거나 혹은 그렇게 되기까지 너무 오래 걸렸다. 오죽하면 시중에서는 "정부 정책의 반대로만 하면 된다"는 비아냥이 나왔을까? "정부 말 믿고 집 안 샀더니 거지 되었다"는 식이다.

정부는 왜 거짓말, 혹은 좋게 보더라도 실현하지 못할 말을 내뱉을까? 우선 생각할 수 있는 것은 '심리적 진정'이다.

집값이 급등할 때는 이른바 무리해서 집을 사는 '패닉 바잉'까지 등장하기 때문에 무분별한 추격 매수 심리를 달래고 진정시키려는 것이다. 향후 공급 계획이 착착 진행되고 있다는 것을 밝히고, 때로는 세금이 대폭 오를 테니 추격 매수를 하지 말라는 호소에 가깝다. 불안해하는 수요자들에게 앞으로 더 강한 대책이 나올 테니 걱정하지 말라는 것도 단골 멘트이다. 야당이나 시중 언론이 계속 불안감을 자극할 때 안심해도 된다는 정무적 차원의 대응 메시지이기도 하다.

노무현 대통령은 특히 부동산 문제에 관해 센 표현을 쏟아내곤 했다. 당시 참모들도 "헌법보다 바꾸기 어려운 정책" 같은 강도 높은 발언을 이어갔다. 문재인 정부는 그런 강한 표현의 부작용을 알고 조심했지만, 그래도 2019년까지는 종종 장담하는 표현을 내놓고는 했다. 집값이 오를 때만 그런 것이 아니다. 내릴 때도 마찬가지로 시장 심리를 진정시키려는 발언들이 이어진다. "집 사면 애국자"라거나 연착륙을 자신하는 표현들이다. 그러나 현실은 정부 당국자들의 발언처럼 진정되지 않는다. 오히려 그럴수록 '양치기 소년' 식의 학습 효과 때문에 정부의 신뢰가 더 떨어지는 측면도 있다. 하지만 정부가 국민을 속이려고 그런 말을 했을 리는 없다.

이렇게 한국사회에서 주택 문제에 대해 정부가 정책뿐 아니라 말로까지 개입하는 데는 사정이 있다. 우리나라는 세계 그 어느 나라보다도 짧은 시간에 급격한 경제성장과 도시화를 경험했다. 1960년부터 30년 사이에 국민소득은 9배 늘어났고, 도시에 사는 인구 비율은 곱절로 커져서 80%를 넘겼다. 반면 그동안 주택 공급은 제대로 이루어지지 않아서, 1980년대 초까지도 서울에서 판자촌에 사는 사람들이 10%를 넘을 정도였다. 88올림픽 무렵 집값 폭등을 겪고서야 본격적으로 대량 주택 공급에 나섰고, 신도시(공공택지)도 대규모로 지정해나갔다. 그럼에도 여전히 주택은 양적, 특히 질적으로 부족했다. 그러다 보니 집값이 오르는 시점에 정부가 나설 수밖에 없었다. 그렇지 않으면 공공택지를 통한 대량 공급이 불가능하기 때문이다. 청약저축 가입자가 국민의 반을 넘어설 정도니, 그 줄을 어떻게 세우는가도 당연히 정부가 해야 할 몫이다. 주택 공급과 배분의 핵심 수단을 정부가 직접 담당하거나 관여하고 있는 것이다.

우리나라 특유의 강한 가족주의와 전세제도도 정부의 개입이 필요한 요소다. 가족들이 민간 금융(전세)을 활용한다는데 정부가 왜 관여해야 하나 의아해할 수도 있지만, 바로 그 이유로 우리 부동산시장은 그 어느 나라보다 인화력이 높기 때문이다. 이른바 갭투자가 주택 수요를 비정상적으로 부풀릴 수 있는 것이다. 그러다 보니 다른 나라에는 없는 세제, 금융 규제가 따르기도 한다. 다주택자에 대한 중과세 제도나 금액별 대출 제한 등이 그것이다. 그리고 무엇보다 남과 비교하며 그와 같아지려는 동아시아 특유의 평등주의도 부동산 심리를 어렵게 만든다. '서울 아파트값'이 우리나라 집값을 대표하는 가운데, 모든 국민이 집 문제로 우울증을 앓다시피

하게 되는 것이다.

국민의 이런 불만과 불안을 잘 아는 정치권은 부동산 문제의 원인이나 구조는 생각하지 않고 일단 정치적 프레임으로 정부를 공격하기에 바쁘다. 언론, 시민단체 등 이른바 전문가들도 각자의 프레임으로 정부를 비판하고 이것만이 해답이라고 제시할 뿐이다. 이런 상황에서 정부는 집값이 오르든 내리든 시장의 일이고, 소비자-수요자의 책임 있는 판단에 맡긴다는 식의 초연한 태도를 보일 수는 없다. 부동산 가격 급등락 방지, 주택 공급 확대, 주거복지 강화 등 정부 고유의 역할을 하는 데 덧붙여서 국민과 정치권 등을 안정시키는 심리전에도 나설 수밖에 없는 것이다. 그런다고 해서 쉽게 심리적으로 진정을 시키지도 못하지만.

이념에 따라 부동산 정책을 한다? NO

우리는 흔히 진보 정부는 부동산 정책을 '이념'에 따라, 보수 정부는 '시장'에 따라 정책을 편다는 식의 얘기를 듣곤 한다. 대표적으로 윤석열 대통령은 "정부가 이것(부동산시장)을 어떤 이념 차원서 접근하면 시장이 왜곡되고, 수요·공급 측 규제에 묶여 시장에 제대로 주택이 공급되지 못하고 가격이 치솟고 임대가도 따라 올라감으로써 국민이 굉장히 힘들어진다"라고 지적하면서, 세제나 다주택 규제 등을 대폭 풀 것을 지시했다(국토교통부 업무보고, 2023년 1월 3일). 집값 급등기에 문재인 정부가 각종 정책을 이념에 따라 추진했다는 비난이다.

언론에서도 수시로 그런 식의 진단 기사나 칼럼을 내놓고 있다. 〈세금으로 집값 잡을 수 없다… 文 정부, 부동산 정책도 이념이 앞서〉(《조선일보》, 2021.7.16.), 〈C학점 받은 문 정부, 이념 벗고 현실 직시해야〉(《디지털타임스》 사설, 2020.10.4.), 〈국가를 정책 실험장으로 삼으면 피해자는 국민이다〉(《서울경제》 사설, 2021.8.6.). 현실을 도외시하고, 가진 자를 경원시하는 이념적 정책으로 집값은 집값대로 못 잡고, 결국 서민들마저 고통에 빠트렸다는 비판들이다.

반시장주의만큼이나 많이 들었을 '이념론'일 것이다. 나는 이 역시 정치적 프레임이라고 확신한다. 부동산시장 급등기에 수요 관리 없이 어떻게 집값을 진정시킬 수 있을 것인가? 그렇다고 공급 노력을 하지 않은 것도 아니지 않은가? 결국 세금, 재건축 등에서 원하는 방식의 정책이 안 이루어지자 이를 급진 이념, 평등 이념 식으로 포장해서 공격하고 있을 뿐이다. 그럼 집값 하락기에 수요 진작책을 펴는 것은 탈 이념, 친시장 정책인가? 부동산 경기 급등락에 따른 정부의 수요-공급 관련 정책을 이념 대 시장으로 이분화했을 뿐이다.

물론 그럼에도 문재인 정부나 민주당도 빌미를 제공하지 않은 것은 아니다. 집값 급등에 따른 민심 수습책으로 불로소득 환수나 다주택 문제를 너무 강조했던 원죄가 있다. 집값이 오르더라도 불로소득만 제대로 환수하면 공정성과 형평성은 물론이고, 집값도 결국 떨어질 것이라는 접근법이 다분히 이념적으로 비쳤던 것이다. 현실 정책이 불로소득의 완전한 환수와는 한참 거리가 멀 수밖에 없는데도, 이상론적 주장들이 결국 공격의 빌미가 되었던 셈이다.

5장

규제만 하고 공급은 안 했다?

공급 부족인가, 과잉 수요인가?

공급이 모자라 집값이 올랐다?

집값은 왜 오를까? 이런 순진한 질문에 독자들은 누구든 그 자리에서 5분 이상 설명할 수 있을 것이다. 그런데 어떻게 설명하더라도 가장 직접적인 이유는 집을 사려는 수요보다 주택 공급이 모자라기 때문이다. 굳이 경제학의 용어를 가져오지 않더라도 사려는 사람들이 갑자기 몰리면 가격은 오르기 마련이다.

그렇다면 집값 폭등기, 특히 문재인 정부 들어 주택 공급량은 얼마나 되었을까? 정말 적었을까?

우선 전국의 전체 주택인허가량 추이를 보자(〈그림 5-1〉). 노태우 정부와 노무현 정부 기간, 그리고 2015년부터 물량이

〈그림 5-1〉주택 공급 추이

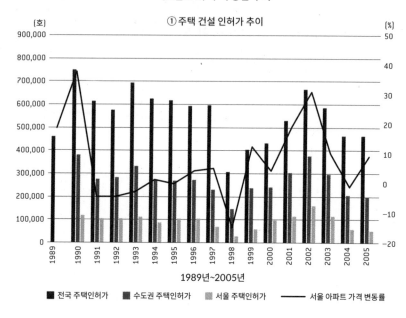

① 주택 건설 인허가 추이

1989년~2005년

■ 전국 주택인허가　　■ 수도권 주택인허가　　■ 서울 주택인허가　　—— 서울 아파트 가격 변동률

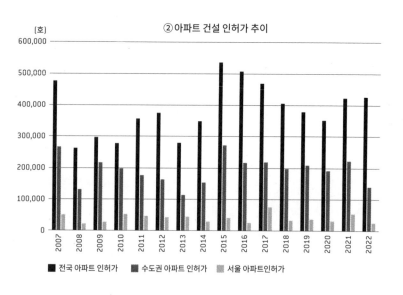

② 아파트 건설 인허가 추이

■ 전국 아파트 인허가　　■ 수도권 아파트 인허가　　■ 서울 아파트인허가

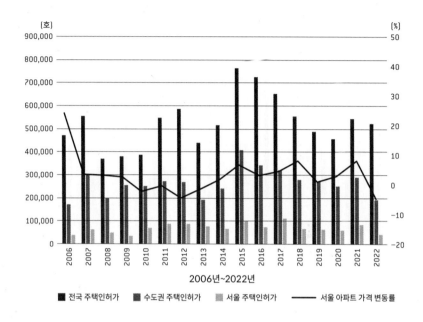

2006년~2022년

■ 전국 주택인허가　■ 수도권 주택인허가　■ 서울 주택인허가　—— 서울 아파트 가격 변동률

③ 아파트 분양 물량 추이

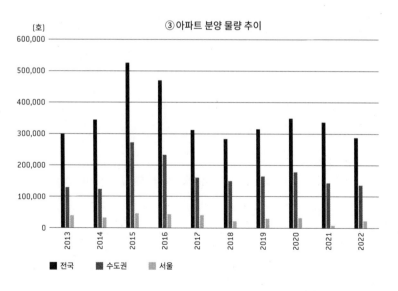

■ 전국　■ 수도권　■ 서울

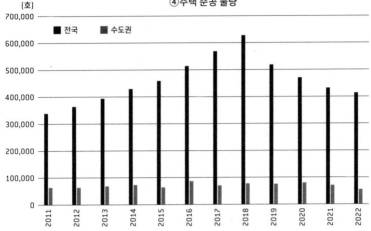

④주택 준공 물량

[호]

■ 전국　■ 수도권

- 2021~22년에 주택건설 허가 물량이 증가했으므로, 2023~24년 준공 물량은 늘어날 것으로 예상
- 자료: 국가통계포털(KOSIS) 재구성(https://kosis.kr/index/index.do)
  LH 부동산 정보, SEE REAL 재구성(https://seereal.lh.or.kr/main.do)

많이 늘어난 것을 알 수 있다. 모두 집값이 많이 오르던 시기다. 30년 평균을 내보면 연간 53만 호 수준인데, 문재인 정부 기간은 약 54만 호에 달한다. 수도권만 놓고 보면 30년 평균 26만 호 정도인 데 비해 문재인 정부 기간엔 28만 호를 공급했다. 서울도 평균 7만 8000호인데, 문재인 정부는 7만 7000호를 공급했다. 국민들이 특히 관심을 기울이는 물량인 아파트는 전체 주택인허가 추이와 비슷한 양상을 보이지만, 수도권 인허가량은 문재인 정부 기간에 15년 평균보다 2만 호가 더 많았고, 서울도 약 3만 9000호였던 데 비해 4만 6000호를 공급했다.

〈그림 5-2〉 서울시 재건축·재개발사업 추이

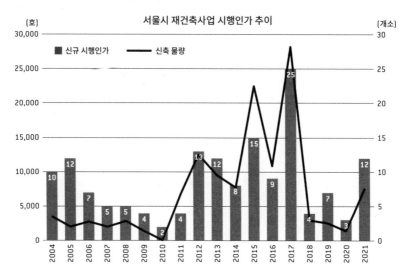

서울시 재건축사업 시행인가 추이

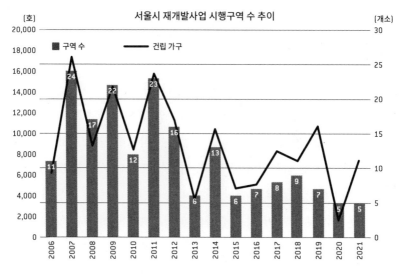

서울시 재개발사업 시행구역 수 추이

• 자료: 서울시, 《서울통계연보》, 각 연도 재구성.

이처럼 문재인 정부 기간의 주택 공급량은 결코 적지 않았다. 이는 언론이나 당시 야당도 인정하는 사실이다. 물론 분양 물량은 시차로 인해 수도권이나 서울 지역에 기대만큼 많지 않았던 것은 사실이다. 반면 입주 물량은 역시 시차로 인해 문재인 정부 기간에 최대치를 기록했다. 2023년 현재는 주택 경기가 하강하고 있는 시기이기에 역시 시차를 두고 향후 입주량은 떨어지게 될 것이다. 이처럼 주택 건설 인허가, 분양, 입주는 부동산 경기에 따라 순환되며, 일정한 시차를 두고 움직인다.

그런데 많은 언론과 이른바 시장 전문가들은 총량 공급 규모만 봐서는 안 된다고 주장해왔다. 집값을 선도하는 서울 요지의 아파트값은 결국 재건축 공급을 통해서만 진정될 수 있다는 얘기다. 그런 점에서 문재인 정부와 박원순 시장의 재건축 규제 때문에, 주택 공급 총량은 늘었어도 집값을 못 잡았다는 주장이다. 실제로 어떤가 살펴보자.

지난 17년간의 재건축사업 시행인가 물량을 보면(《그림 5-2》), 신기하게도 박원순 시장 재임기에 사업 물량이 결코 적지 않았던 것을 확인할 수 있다. 집값이 오르기 시작한 2015년부터 사상 최대로 늘어났던 것이다. 이전의 각종 규제 완화 효과가 부동산 경기 회복에 따라 본격적으로 나타난 셈이다. 그러나 2018년에 들어서면서 줄기 시작했다가 2021년에 다시 늘어난다. 이미 재건축을 준비한 곳들은 모두 사업에 들어간 데다, 집값이 급등하면서 재건축 규제가 도입되었기 때문

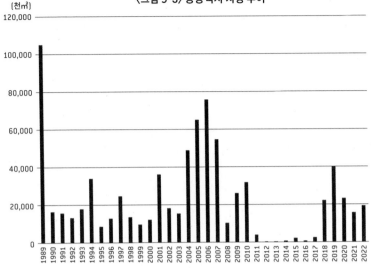

〈그림 5-3〉 공공택지 지정 추이

[천㎡]

● 자료: 국토교통부, 《주택통계편람》, 각 연도 재구성.

이다. 그런 점에서 시중의 얘기는 일부만 맞다는 것을 알 수 있다. 반면 재개발사업은 2013년 이후 전반적으로 침체되어 있었다. 이는 재건축사업과 달리 노후 저층 주택을 대상으로 하는 재개발사업은 부동산 경기 호황에도 불구하고 채산이 맞지 않았기 때문이다. 이명박 시장 시기에 시작했던 뉴타운 사업 중 채산이 맞는 곳들이 집중적으로 이루어지다가 이후 정체되었던 것으로 볼 수 있다.

이와 함께 장기적인 주택 공급에 영향을 끼치는 공공택지 지정 현황을 보자(〈그림 5-3〉). 공공택지는 대개 지정 후 5~7년은 지나야 분양이 가능하고, 실제 입주까지는 길게 10년이 걸릴 수도 있다. 따라서 공공택지 지정은 당장은 주택 공급에 기여하지 못하지만, 장기적으로는 확실한 공급 잠재력을 나타내는 숫자이다. 적어도 심리적인 공급 기대감을 갖게 하는 데 도움이 된다. 여기서도 확인할 수 있는 것은 집값이 오르는 시기일수록 공공택지 지정이 많다는 것이다. 반면 하락기에는 지정이 없거나 심지어 있던 물량도 해제하는 일이 벌어진다. 실제 박근혜 정부 때는 시흥, 광명 등 요지의 택지도 해제하기까지 했다. 그 여파가 이후 문재인 정부 기간에 나타난 것은 말할 필요가 없다. 문재인 정부는 모두 3600만 평의 공공택지를 지정했는데, 이는 이전 두 정부가 지정한 물량의 1.6배에 이르는 규모다. 이후 들어서는 정부는 그 혜택을 보게 될 것이다.

도심 공급을 제대로 늘리는 방법

문재인 정부 기간의 주택 공급량은 이전 정부에 비해 적지 않은 정도가 아니라, 더 많았다는 것은 분명하다. 또 장기적으로 주택 공급을 늘릴 수 있는 공공택지도 많이 지정했다. 윤석열 정부가 270만 호 주택 공급을 하겠다는 얘기도 사실 이렇게 미리 확보한 택지에 바탕을 두고 있다. 그러나 집값이 한창 오르던 시기의 시중 언론이나 전문가들은 하나같이 공급 부족 문제를 들고나왔다. 당장 공급이 부족하다는 것이 첫 번째였고, 다음은 '원하는 주택이 부족'하다는 것이었다. 살고 싶어 하는 곳에, 혹은 사고 싶어 하는 곳에 주택이 부족하다는 얘기다. 총량은 많이 공급되었다 하더라도, 결국 서울 시내 요지에 새집을 공급할 수 있는 재개발, 특히 재건축 물량이 더 필요하다는 요구였다.

그런데 앞에서 살펴보았듯이 재건축사업은 부동산 경기와 밀접하게 연계되어 있다. 이명박, 박근혜 정부 때 재건축 부양책을 폈지만 실제 사업이 활성화된 것은 부동산 경기가 살아나면서부터다. 그만큼 집값이 급등할 경우 재건축 부문이 더 과열될 수 있다는 것을 뜻한다. 이뿐만 아니라 재건축사업은 주변 집값을 견인하고 시장 불안을 가속화시키는 진원지가 된다. 이 때문에 재건축사업은 정작 수요가 많아지면 이를 억제해야 하는 상황이 닥치곤 한다. 결국 경기 상황에 따른 재건축사업의 지나치게 많은 개발이익, 즉 집값 상승 폭발력을 어떻게 처리할 것인가가 관건인 것이다.

반면 주로 노후 저층 주택을 대상으로 하는 재개발사업은 경기 상황과 별 관련 없이 2013년 이후 정체되어 있다. 한때 뉴타운 열풍이 불 때는 서울뿐 아니라 전국에서 재개발사업을 서로 하려고 경쟁했지만, 2008년 금융위기 이후에는 많은 지역에서 반대로 사업을 해제해달라는 요구가 빗발쳤다. 결국 사업성이 떨어지거나 혹은 개별적으로 다시 지을 수 있는 여건이 되는 곳들은 해제됐고, 도시재생사업을 통해 지역 활성화를 도모하는 것으로 정책이 바뀌었다. 박근혜 정부는 도시재생특별법을 통해 전국적으로 시범사업을 벌였고, 문재인 정부는 이를 도시재생뉴딜사업으로 발전시켰다.

그러나 도시재생사업의 체감 성과는 여전히 낮다. 일부에서 비판하듯이 노후 주택 벽에 그림을 그리기만 한 것은 아니지만, 지역의 주거환경 개선 수준은 기대에 못 미쳤다. 무엇보다 그 정도 공공 지원으로는 체감 효과를 내기 어려웠고, 공공기관의 참여도 부족했기 때문이다. 이런 상황에서 문재인 정부 후반기에는 다시 철거형 재개발을 추진하려는 곳들이 나타나기도 했다. 이에 2020년 변창흠 장관은 '2·4대책'을 통해 서울 도심의 노후 주거지에 대한 공공 지원 재개발사업 방식을 구체화했지만, LH 사태에 따른 갑작스런 장관 퇴임에다 서울시의 비협조로 제대로 시행되지 못했다. 그 뒤 오세훈 시장 취임 이후 2·4대책과 기본적으로 같은 접근법이지만, 이름을 달리하여(모아타운, 신속통합기획[신통기획]) 추진되고 있다.

결국 어떤 곳은 개발이익이 너무 많아서(즉 집값 상승 압력이 높아서) 사업을 활성화하기 어렵고, 어떤 곳은 개발이익이 너무 적어서(즉 사업성이 떨어져서) 사업이 안 되는 상황인 것이다. 방법은 하나다. 개발이익이 많이 생기는 곳은 적절한 환수 원칙을 일관되게 지키고, 적은 곳은 공공이 지원해야 하는 것이다. 재건축사업의 개발이익 환수 원칙은 경기에 따라 널뛰기를 해왔기 때문에 신뢰를 잃었다. 재건축 초과이익환수제, 분양가상한제, 안전진단기준 모두 경기 상황에 따라 강화와 완화를 되풀이해온 것이다.

초과이익환수제는 합리적인 선을 정해서 경기와 무관하게 일관되게 시행하되, 분양가상한제와 안전진단기준으로 재건축을 억지로 막을 필요는 없다. 재건축사업에 따라 집값이 오른다고 물리적으로 규제하기보다 임대아파트나 초과이익환수 방식으로 적절히 사회와 공유하는 것이 바람직하다. 이것이 제대로만 되면 개발이익이 지나치게 독점되지 않을 것이고, 또 시민들을 설득할 명분도 있기 때문이다. 그동안은 경기에 따라 개발이익 환수 내지 공유의 원칙이 수시로 무너져버렸기 때문에 결국 물리적 규제로 오도 가도 못 하게 되었다고 할 수 있다. 노무현 정부 때 만들어진 초과이익환수제도는 아직 몇 군데 시행도 못 해보고 논란만 거듭하고 있다. 제대로 정착시켜야 한다.

반면 노후 단독주택 밀집 지역에 대한 재개발사업은 공공 지원을 더 늘려야 한다. 철거 방식으로 하는 것이 가능한 곳은 그렇게 유도하고, 지역 여건이나 주민들 상황이 어려운 곳은 현지 개량이나 소규모 개발을 지원하되 무엇보다 도로, 공원, 주차장 등 공공 인프라를 개선해야 한다. 이들 지역에는 침수 위험이 있는 반지하 주택도 다수 분포하고 있기 때문에, 안전 차원에서도 적극적인 관심이 필요하다. 문재인 정부 시기의 도시재생뉴딜사업과 생활SOC사업은 여전히 유효하다. 사업 명칭을 어떻게 붙이더라도 서민들이 주로 사는 노후 단독주택 지역의 생활편의시설을 확충하고 도로, 주차장을 늘리는 것은 반드시 필요하다. 지하철역에서 멀지 않은 곳인데도 빈집이 방치되게 할 수는 없지 않은가? 공공이 지원하되 개발이익을 공유하는 대대적인 발상의 전환이 필요하다. 변창흠 전 국토교통부 장관(2020.12.~2021.4.)의 2·4대책을 이은 오세훈 시장의 모아타운도 결국 같은 문제의식과 방법이다.

미리 택지를 비축해둘 수는 없을까?

여러 차례 강조하고 있지만 부동산은 수급 시차가 있는 상품이다. 가격이 오른다고 즉각적으로 공급이 이뤄지기 어려운 것이다. 그렇다면 이런 경기 변동에 대처하기 위해 미리 택지를 확보해둘 수는 없을까?

우리나라에서 대규모 공공택지가 지정된 것은 집값이 폭등했던 시기와 정확히 일치한다. 즉, 신도시 지정은 부동산 경기와 밀접한 연관이 있다. 모두 세 차례에 걸쳐 대규모로 지정이 되었는데, 1기 신도시(성남시 분당, 고양시 일산, 부천시 중동, 안양시 평촌, 군포시 산본)는 노태우 정부 당시 이른바 200만 호 주택 공급과 5대 신도시 건설사업이었으며, 2기 신도시(경기 김포[한강], 인천 검단, 화성 동탄1·2, 평택 고덕, 수원 광교, 성남 판교, 서울 송파[위례], 양주 회천/옥정, 파주 운정)는 노무현 정부, 3기 신도시(남양주 왕숙, 하남 교산, 인천 계양, 고양 창릉, 부천 대장)는 문재인 정부 때 이루어졌다. 반면 중간에 있던 다른 정부에서는 택지 지정 규모가 현저히 줄어들거나, 전임 정부가 지정해놓은 땅을 활용해 공급하는 수준에 그쳤다. 심지어 박근혜 정부는 노무현 정부 당시 지정된 공공택지가 과다하다는 이유로 이를 해제하기까지 했다.

결국 부동산 경기에 따라 공공택지 공급량이 결정되어 온 것이다. 하지만 여기서 큰 문제는 택지난이 나타난 다음 공공택지를 지정하더라도 실제 주택이 공급되기까지는 수년이 걸린다는 것이다. 더구나 박근혜 정부는 부동산 장기 침체를 겪으면서 장기 주택 공급량 목표 자체를 낮추기도 했기 때문에(2014년), 택지 공급에는 나설 이유가 없었다. 이 부분이 이른바 전임 정부 탓을 하는 근거가 되기도 했다. 이에 문재인 정부가 2018년부터 몇 차례에 걸쳐 3기 신도시를 지정했지만, 당장 급한 주택 가격을 진정시키기에는 너무 장시간이 소요된다는 한계가 있었다.

그렇다면 장래 충분한 양의 택지를 경기 상황과 관계없이 미리 일관되게 공급하는 것은 불가능할까? 이는 결국 장래 필요한 택지 수요의 적정치를 파악하고, 이를 경기 상황에 따라 비축해두는 과제이다. 노무현 정부 때는 '토지은행' 개념으로 이를 적극 추진했지만 이명박 정부 들어 흐지부지되어버렸다. 무엇보다 이명박 정부 당시 LH의 부채가 과다하다는 것이 논란이 되었고, 이 때문에 가지고 있던 토지는 어떻게든 매각하는 게 급선무였다. 또 이명박, 박근혜 두 정부 동안은 공공택지보다 민간 개발이 우선시되는 상황이기도 했다. 최근 문제가 된 성남시 대장동 개발도 애초 LH가 공영개발로 추진하던 것을 민영개발, 이후 민관합동개발로 전환하는 과정에서 문제가 터졌다.

결국 장기 주택 수요를 감안하여 공공택지를 경기와 관계없이 일관되게 확보하는 것이 중요하다. 그러려면 토지은행 개념에 따른 비축 토지에 대한 재원 문제를 해결할 필요가 있다. 토지와 주택 관련 공기업의 역할도 꼭 필요하다. 민간이 비축 토지 기능을 담당할 수는 없기 때문이다. 또한 공공택지에서 발생하는 개발이익을 국민에게 제대로 돌려주는 문제도 중요하다. 논란이 된 대장동 사태도 수용 방식에 의해 조성한 택지에서 발생한 개발이익을 공적으로 온전히 활용하지 못한 데 따른 문제였기 때문이다.

덧붙여서 명목상의 지정 면적보다 위치와 교통도 중요하다. 수도권 1·2·3기 신도시 중 2기 신도시가 서울에서 가장 멀다. 노무현 정부 당시 시작한 2기 신도시는 아직도 입주가 이루어지지 않은 곳들이 있을 정도로 인기가 없는 곳들이 많다. 주로 교통 문제가 그 원인이다. 이에 3기 신도시는 서울로의 접근성과 광역교통망에 특별히 유의하게 된다. 그러나 GTX를 포함해서 광역교통망 확충을 연계한 3기 신도시 지정은 그동안 불만 속에 살아가던 기존 1·2기 신도시의 교통 문제 해결을 요구하는 여론을 들끓게 만들었다. 결국 김포, 일산, 검단 등 여러 도시들의 교통 문제도 광역교통 개선 대책에 포함하게 된다. 그만큼 이제는 공공택지의 지정 물량만큼이나 위치나 교통망도 중요하게 된 것이다.

그런데 최근 LH 임대주택의 부실 시공 문제가 터지면서, 다시 한번 공공은 만인의 적이 되고 말았다. 덩달아 공공의 주택 공급과 택지 조성 기능까지 흔들리고 있다. 이런 분위기에서는 토지은행은 말도 꺼낼 수 없게 되었다. 앞으로 부동산 경기가 회복되었을 때 또 어떤 일이 닥치게 될지 걱정하지 않을 수 없다.

"집은 빵이 아니다", 공급 부족론에서 생각할 것들

"아파트가 빵이라면 밤새 만들겠지만……" 비록 김현미 전 국토교통부 장관의 말(국회 답변 중, 2020년 11월 30일)이 희화화되기는 했지만, 주택 공급의 현실적 어려움을 가장 정확히 담아낸 표현이다. 부동산 정책에서 가장 어려운 부분이 수급 시차 문제이다. 게다가 과다한 수요를 모두 공급으로, 그것도 빠른 공급으로 충족시키는 것은 불가능하다. 실수요, 투자 수요, 투기 수요가 뒤섞여 있는 '모든 수요'를 '시차가 있는 공급'으로 맞출 수는 없는 법이다. 그만큼 수요 관리가 반드시 필요하며, 또한 수급이 균형을 찾을 때까지는 어느 정도 가격 상승을 감내할 수밖에 없다.

하지만 현실에서는 금융, 세제 등의 수요 관리는 언제나 논란거리이며, 특정 지역의 집값 상승은 국민 분노와 심지어 정치 불안의 원인이 된다. 이 때문에 여야 할 것 없이 '닥치고 공급' 경쟁을 한다. 그러나 집값 급등은 공급 없이 해결하지 못하지만, 공급만으로도 해결할 수 없다. 앞에서도 살펴보았지만, 실제 집값 급등의 원인에서 공급이 차지하는 영향은 10~20% 수준에 불과하다.

그럼에도 모두 당장 해결할 수 없는 공급 문제를 말하는 이유는, 집값 상승의 원인을 뭔가 다른 곳으로 전가하기 좋기 때문이다. 유동성, 금융, 세제를 얘기하면 누군가는 손해를 보거나 무엇인가 억제해야 한다는 요구인 셈인데, 정치인들 입장에서는 반가운 일이 아니다. 소위 '표 떨어질' 일이다. 대선 기간을 보면 알 수 있다. 여야 할 것 없이 모두 "돈 더 빌려주겠다, 세금 깎아주겠다, 대신 공급 늘려 해결하겠다"고 외쳤다.

이런 공급 부족 프레임은 실제 부족한 공급보다도 더욱 불안감을 조성하고 시장을 패닉 상태에 빠트리곤 한다. 공급 문제는 누적된 수급 불균형의 결과이며, 또한 과다한 수요의 영향을 받는 문제이다. 공급 부족을 인정한다 하더라도 적기에 해결하는 것은 불가능하다. 그런 점에서 이를 정치적 프레임으로 공격한 정치권이나 언론, 전문가들도 문제인 것이다. 하지만 궁극적으로 공급과 관련된 국민들의 심리 안정은 정부가 감당할 몫이기에 문재인 정부의 책임은 여전하다.

또한 공급보다는 수요 관리에만 집중하면 된다는 것도 잘못된 접근이기는 매한가지다. 일부 시민단체 등에서는 공급 부족론이 투기를 정당화하는 것일 뿐이라는 입장을 보인다. 그러면서 불로소득을 방지할 수 있도록 세금을 강화하는 일이 더 중요하다고 말한다. 나아가 신도시 지정 등이 수도권 집중을 더 가속화하고 환경 파괴도 초래한다는 비판도 펼친다. 그럼에도 상시적으로 공급을 늘리려는 노력은 중요하다.

단순히 숫자로만 보면 우리나라의 주택보급률은 이미 100%를 넘어섰다. 지방에는 상당량의 공가까지 발생하고 있다. 그러나 문제는 주거수준이다. 총량의 수치보다 살 만한 주택이 충분한가 하는 문제가 더 중요하다. 중·고령층이 젊은 시절 살았던 단칸방이나 화장실, 부엌을 공유하던 셋방살이는 요즘 세대들에겐 맞지 않다. 독립적이고 안전하며 쾌적한 주거공간이 최소한의 요구 조건이 되고 있다. 충분한 주차장도 갖춰져야 한다.

따라서 싸면서도 좋은 집이 더 많이 공급되어야 한다. 교통망이 잘 구축된 공공택지가 더 많이 필요하고 경기에 상관없이 지속적으로 공급될 수 있어야 한다. 또 재개발, 재건축 역시 경기 상황에 크게 흔들리지 않고 지속되어야 한다. 서울 시민의 반 이상이 거주하고 있는 비아파트 저층 주거지는 주차, 안전, 공원 등 여러 면에서 시민들의 주거 욕구를 충족시키지 못하고 있다. 이들 노후 주택을 현대적으로 개량하는 일은 계속되어야 한다.

이렇게 공급량을 안정적으로 늘리려는 노력과 함께 구매력을 높여주는 노력 역시 필요하다. 20~30년 장기저리대출을 확대하고 주거사다리도 복원해야 한다. 집을 갖고자 하는 욕구 자체를 비난할 것이 아니라, 생애주기에 따라 예측 가능한 구매 계획이 가능하도록 진정시켜야 하는 것이다. 그런 점에서 문재인 정부가 3기 신도시나 도심 공급 확대 등을 조금 더 일찍, 더 과감하게 추진했더라면 하는 아쉬움이 크다. 공급 부족론으로 불안감을 조성해서도 안 되지만, 적극적 공급론으로 심리적 진정에 더 나서지 못한 것도 안타깝다.

6장

모두가 불만인 부동산 세금
높아서 문제였나, 낮아서 문제였나?

세금으로 집값 잡을 수 있나, 없나?

민주주의의 역사는 곧 세금의 역사다. 전제 군주의 자의적 통치를 제어하고 시민의 정치적 권한을 얻어낸 부르주아 혁명은 "대표권을 얻는 대신 세금을 부담키로" 한 계약이었다. 시민들이 세금 납부를 통해 국가 운영의 의무를 나눠 지는 만큼, 국가의 운영에 관여할 수 있는 권한을 얻은 셈이다. 그러나 어떤 세금을 누구에게 얼마나 부과할지는 매우 정치적인 문제다. 부담과 수혜의 주체가 달라지기 때문이다. 특히 양극화 시대에 세금이 공정, 형평성을 높이는 수단으로 두드러지자 그런 현상이 더욱 커지고 있다.

집값이 폭등하는 시기에 부동산 관련 세금도 같은 요구

에 직면한다. 집값 상승으로 '불로소득'을 얻는 게 뻔히 보이자 세금으로 환수하라는 요구가 빗발치게 된다. 더구나 물렁한 세금이 부동산 투기를 부추긴다는 비판이 거세진다. 고가주택에 대한 보유세, 다주택자에 대한 양도세는 대표적인 표적이다. 반면 높은 부동산 세금은 징벌적일 뿐 아니라 오히려 시장을 왜곡시켜 집값을 끌어올릴 뿐이라는 항변이 부각되는 것도 이때다. 반시장적 규제라는 것이다. 여론도 요동친다.

우선 가장 많이 들어본 이야기는 보유세 부담이 '너무 낮다'는 것일 것이다. "우리나라의 보유세 실효세율은 0.16%로 OECD 평균의 3분의 1에 불과하여 ⋯⋯ 부동산 투기와 집값 상승의 원인이 되고 있다"(전강수, 대구가톨릭대 교수)는 주장이 대표적이다. 따라서 시민단체들은 "보유세 강화 없이 부동산 불평등과 부동산 투기를 막을 방법은 없다"고 본다(남기업, 토지+자유연구소 소장). 나아가 노무현 정부의 종합부동산세는 "투기억제 효과 여부를 넘어, 조세제도 전반의 효율성과 공평성을 더 키울 수 있는 진정한 장점을 가지고 있었다"(이준구, 서울대 명예교수)고 평가한다. 더 적극적으로 국토보유세를 만들어 기본소득과 연계하자는 제안까지 있었다(이재명, 민주당 대선 후보).

또 부동산 기사에 어김없이 등장하는 댓글은 집 한 채를 제외하고는 양도세를 대폭 물려야 한다는 것이다. 여러 채집에서 생기는 불로소득만 환수하면 집값이 오를 일이 없다는 주장이다. 실제 노무현 정부 때는 2주택 소유자에게는 양도소득의 50%(지방세를 합하면 55%), 3주택 이상 소유자에게는

60%(66%)의 정률 세금을 부과하기도 했다. 문재인 정부에서도 그보다는 낮지만, 조정대상지역 2주택 소유자에게는 기본 세율에다 10%p 가산, 3주택 이상 소유자에게는 20%p를 추가하는 식으로 강화했다.

집값이 폭등할 시점에는 이렇게 부동산 세금을 높여야한다는 요구가 빗발친다. 시민단체나 정의당, 민주당 일부에서는 문재인 정부가 집값을 못 잡은 가장 큰 이유가 세금을제대로 올리지 않아서 그렇다고 믿고 있다. 특히 종부세를 포함한 보유세 인상을 미적댔고, 다주택자에게 세제 혜택을 주었다는 것이 대표적인 비난 지점이다.

그러나 현실에서 부동산 세금은 그렇게 원하는 대로 작동하지 않는다. "보유세가 가장 높은 미국·영국이 오히려 우리나라보다 집값이 더 많이 올라 …… 집값 잡는 대책이라고할 수 없으며"(김정호, 전 자유기업원 원장), "세금을 올려도 무주택자들에게 도움이 되지 않는다"(손재영, 건국대 교수). 나아가 "소득과 비교하면 우리나라의 보유세 부담이 낮지 않고"(김경환, 서강대 교수, 박근혜 정부 때 국토교통부 차관), 언론들도 "소득이 적은은퇴자들에게는 종합부동산세가 징벌적 세금이 되었고"* "약탈적인 세금으로 집 가진 국민들에게 고통을 안기고 있다"**

---

* 〈(사설) 저소득 은퇴자에게 더 가혹한 종부세〉, 《헤럴드경제》, 2022.11.28.
** 〈(사설) 윤석열 정부 세제 개편안, 징벌적 세금 폭탄의 정상화다〉, 《매일경제》, 2022.7.22.

고 비판한다.

양도소득세의 경우 "오른 세금을 낼 바에야 안 팔면 그만"이라는 식의 동결 효과가 문제다. 다주택자에게 양도세를 높이는 이유는 여러 채로 얻은 이익을 환수하는 측면도 있지만, 오르기 전에 매물을 내놓으라는 압박도 있다. 하지만 소유자는 상황이 바뀌기를 기대하고 버티곤 한다. 여기다 보유세까지 강화할 경우에는 아예 자녀들에 대한 증여를 택하기도 한다. 문재인 정부 들어서는 부동산 증여가 역대 최고로 늘어났다. 결국 양도세 강화에도 불구하고 매물은 기대만큼 늘어나지 않았다.

더구나 문재인 정부가 '미적대며' 강화했다고 비판받은 세금조차 얼마 못 가 낮추는 일도 벌어졌다. 2020년 4월 총선에서 압승한 민주당은 그해 7월 보유세와 양도세를 대폭 강화했다. 그러나 2021년 4월 서울시장·부산시장 보궐선거에서 패배한 이후에는 민심을 반영한다는 명목으로 대폭 낮추게 된다. 특히 1주택 소유자의 재산세, 종부세 부담을 도로 낮추는 한편, 양도세도 공제 한도를 12억 원으로 높였다. 국토보유세를 주장하던 이재명 후보까지 재산세를 깎아줘야 한다고 나섰다. 거꾸로 세금 낮추기 경쟁에 뛰어든 것이다.

그렇다면 부동산 관련 세금은 무엇이 진실일까?

보유세 정치의 원조는 박정희 대통령

집값과 세금의 관계는 명확하다. 집에 대한 세금을 높이면 집값이 오르는 데 따른 현재적, 혹은 잠재적 이익을 더 환수할 수 있다. 부동산 가격 상승이 본인의 노력이라기보다 불로소득이라고 보는 관점에서는 세금 문제는 더욱 중요하다. 보유세는 그런 점에서 오래전부터 부동산 문제의 근본 처방으로 제기되어왔다. 특히 1900년대 초, 사회개혁운동가 헨리 조지는 사회경제 발전의 결과로 오른 토지 가격을 지주가 독점하는 것은 문제가 있다고 보고 보유세를 대폭 높여야 한다는 주장을 폈다. 대신, 노력의 결과에 세금을 매기는 근로소득세 등은 없앨 수 있다고 보았다. 그의 사상은 여러 나라에 영향을 끼쳤고 지금도 보유세를 누진적으로 강화해서 불로소득을 환수하자는 운동이 각국에서 벌어지고 있기도 하다.

우리나라에서도 보유세를 강화하자는 주장은 1988년 무렵, 집값 폭등에 따라 토지공개념 3법을 만들 때부터 본격화되었다. "보유세를 높이고, 거래세를 낮추자"는 것이 일종의 부동산 개혁 표어처럼 된 것이다. 지금도 많은 사람들이 우리나라 부동산 세금이 너무 낮아서 집값이 폭등했다고 믿고 있고, 또 그래서 보유세와 다주택자 양도세를 대폭 올리자는 주장에 동조한다. 흔히 미국의 보유세 실효세율이 1%에 이른다는 점을 들어 시민단체 등에서는 '1%'를 최종 달성 목표로 간주해왔다. 그러나 현실에서는 종합부동산세 등등 온갖 논란에도 불구하고 평균적인 실효세율은 여전히 0.2%에 못 미치는 수준이다. 보유세와 거래세의 규모는 1990년대 1 대 9에서 상당히 바뀌기는 했으나 아직 3 대 7 정도이다.

보유세는 재산세와 종합부동산세를 통칭한 것인데, 예상과 달리 보유세의 구조만 보면 전 세계에서 가장 강력하다. 누진 단계가 재산세, 종부세를 합해 모두 11단계에 이른다. 외국에서 사회운동으로까지 펼치는 보유세 누진세화를 우리는 이미 수십 년 전부터 운영하고 있는 셈이다. 또 전국에 산재된 주택을 합산해서 높은 세율, 즉 누진세율을 적용한다. 이렇게 합산해서 세금을 부과하는 나라는 전 세계에서 우리밖에 없다. 그런데도 실효세율이나 GDP 중에서 세수가 차지하는 비중은 OECD 평균에 비해 낮다. 도대체 왜 그럴까?

여기서 우리는 보유세의 구조에 대해 이해할 필요가 있다. 보유세는 각 소유자가 가진 부동산의 가치에 세율을 곱한 것이다. 그런데 그 가치를 결정하는 방법이 매년 평가하는 공시가격이다. 이것을 모두 반영하는 것이 아니라, 이른바 공정시장가액비율을 적용해서 일정한 정도만 반영하는데, 재산세는 공시가격의 60%만큼 적용하고, 종부세는 한때 단계적으로 100%까지 가도록 했다가 도로 내렸다. 그리고 공시가격도 정확한 시장가격을 알 수 없기 때문에, 시세의 70~80%가 되도록 완충하고 있다. 결국 '공시가격×공정시장가액비율×세율=재산세 또는 종부세'인 것이다. 우리는 세율이 11단계이고, 최고세율은 3%(한때 무려 6%)나 되기 때문에 엄청나게 강한 것처럼 보이지만 실제 기본이 되는 공시가격은 시세의 60~70%인 데다, 대부분의 부동산이 낮은 세율 구간에 걸쳐 있기 때문에 대다수 소유자들이 실제 내는 세금은 생각만큼 크지 않은 것이다. 반면 수도권 아파트 소유자들은 상대적으로 부담을 크게 느낀다.

역대 거의 모든 정부는 집값이 올라서 민심이 동요하면, 보유세를 올리겠다는 정책을 내놓곤 했다. 우리는 그 시작이 노태우 정부의 토지공개념 3법으로 알고 있지만, 진짜 원조는 박정희 대통령이었다. 박정희 대통령은 재산세에 대한 누진세 방식과 전국 부동산을 합산해서 과세하는 토지과다보유세를 도입했다. 집값이 폭등할 때는 부자들에게 세금을 더 매긴다는 식으로 민심을 달랬던 것이다. 수시로 호화주택 단속을 벌여 부자들에게 망신을 주기도 했다. 다만 합산 방식이나 높은 명목세율에도 불구하고 실제 부담이 크지 않았던 것은 말할 필요도 없다.

노태우 정부가 개혁의 일환이라고 했던 종합토지세의 모태도 이미 박정희 정권 때 만들어진 것이다. 이후 김영삼, 김대중 정부는 후퇴했지만, 노무현 정부는 종합토지세를 발전시켜 종합부동산세로 재편하고 공시가격을 대폭 올리는 정책을 추진했다. 하지만 이명박 정부는 종부세를 대폭 후퇴시켰고, 박근혜 정부는 아예 폐지하는 방안까지 추진했다. 문재인 정부는 이를 다시 강화했지만, 윤석열 정부는 또 되돌렸다. 집값 등락에 따라 보유세도 정치적 등락을 거듭한 것이다.

여전히 종합부동산세가 필요한 이유

종합부동산세는 모든 정부에서 논란을 거듭하는 중이다. 한쪽에서는 "부자들을 괴롭히려는 편파적인 세금이다. 재산세와 기능이 중복되므로 통합·폐지해야 한다"는 주장이 있는가 하면, 다른 쪽에서는 "고가·다주택 중심으로 보유세를 강화하는 현실적인 방안이다. 장기적으로 보유세를 높이는 효과적인 수단이다"는 주장이 첨예하게 대립하고 있다. 정권이 바뀔 때마다, 정확히는 부동산시장 상황이 바뀔 때마다 이들 두 입장은 교대로 힘을 얻었다.

종부세를 처음 설계하고 도입했던 사람으로서 나는 어떻게 생각할까? 종부세는 전 세계적으로 유례없기는 하지만, 한국적 특수성과 역사성을 가진 세제로서 불가피하다는 생각이다.

사실 종부세의 뿌리는 박정희 대통령의 누진적 재산세 구조와 토지과다보유세에서 시작한다. 노태우 대통령의 종합토지세는 이를 발전시킨 것이었고, 종부세는 종합토지세가 가진 문제를 해결하면서 현대화한 것이라고 할 수 있다. 박정희, 노태우 대통령이 이 방식을 도입한 이유는 부동산을 많이 가진 사람들이 더 많은 세금을 내게 하는 데 있었다. 일반적으로 보유세는 개별 부동산마다 따로 매기지만, 종합토지세는 이를 전국적으로 합산하는 방식으로 세금을 더 높이려 한 것이다.

하지만 이 방식의 문제는 부자 지자체가 더 많이 배분을 받는다는 데 있었다. 전국적으로 합산해서 세금을 부과하는데, 높은 세율의 효과를 서울 주요 지역이 더 많이 보게 된 것이다. 따라서 고가·과다 부동산에 대해 늘어난 세금을 지방에도 나눔으로써 국토균형발전 재원으로 쓴다는 것이 종부세의 취지이다. 특히 종부세를 없애고 재산세로 통합할 경우, 비싼 부동산이 많은 부자 지자체가 더욱 세금 수입이 늘어나는 문제를 해결할 방법이 없다.

결국 종부세는 보유세를 높이는 과정에서 지역 격차가 오히려 확대되는 문제를 해결하기 위한 불가피한 선택이다. 재산세처럼 각 지방자치단체 몫으로만 두는 것이 아니라, 일정 비율을 국세로 하여 다시 전국적으로 배분하는 방법인 것이다.

보유세 포퓰리즘

역대 정부들은 집값이 오를 때는 어김없이 보유세를 강화한다고 하면서, 실제로는 고가·다주택 보유자에 대해서 명목상 세율을 높이는 방식으로 민심을 달래왔다. 누진세율을 적용하면서 개인별 소유 부동산을 전국적으로 합산하는 것은 우리나라가 전 세계에서 유일하다. 가액별 차등 세율을 적용하는 나라도 몇 되지 않는다. 그만큼 고가·과다(다주택) 보유에 대해 높은 세율을 적용하고 있는 것이다. 반면 저가 1주택 보유자에 대해서는 상대적으로 낮은 세율을 부과하고 있다. 예를 들면 공시가격 1억 원 이하 주택이 전체 주택의 40%나 되는데(이 대목을 못 믿는 분들이 많다), 그 세율은 0.1%로 공시가격의 시세 반영 비율, 공정시장가액비율 등을 적용하면 시세 대비 세금 부담(이른바 실효세율)은 도시계획세 등을 포함해도 0.1%가 되지 않는다. 반면 고가·다주택 보유자들이 부담하는 실효세율은 0.5~0.8%에 이른다. 중저가 주택은 다른 나라와 비교해서 실효세율이 매우 낮은 반면, 고가·다주택자들은 평균 이상 높은 세금을 이미 부담하고 있는 셈이다.

이처럼 고가·다주택자들이 더 많은 세금을 내게 하는 구조를 정의라고 생각할 수도 있다. 그러나 이런 방식이 옳다, 그르다를 떠나서 이런 구조는 전 세계적으로 우리나라가 유일하다. 예를 들어 보유세 부담이 높다고 하는 나라들은 모두 단일 세율이다. 다시 말해 비싸거나 싸거나 같은 세율, 즉 1%

에 가까운 세율을 적용하기 때문에 부동산 가액에 비례해서 세금이 올라간다. 반면 우리는 누진세율이어서 고가·다주택 보유자들이 매우 빠른 누진 구조로 세금이 올라간다는 점을 이해해둘 필요가 있다.

그런데 이런 구조하에서는 어떻게 하더라도 보유세의 평균 실효세율을 1%로 하는 것이 불가능하다. 정말 1%로 하려면 저가 부동산마저 대폭 세율을 올리거나, 그것도 아니면 고가에 대해 지금보다 수십 배나 더 많은 세금을 물려야 한다. 이런 사실을 뻔히 알면서도 보유세 실효세율을 1%까지 올리자는 사람들을 나는 이해할 수 없다. 보유세 강화론자들의 대부분은 이 대목에서 솔직하지 못하다.

문재인 정부가 보유세를 제대로 올리지 않아서 집값이 폭등했다는 사람들조차, 고가·다주택만 올리자는 포퓰리즘에 포획되어 있다. 우리나라에서 보유세를 강화하자는 것은 "고가·다주택자만 보유세를 올리자"는 것과 사실상 동의어다. 이렇게 해서는 세금을 많이 내는 사람들이 '징벌적'이라는 반발을 달랠 방법이 없다. 또 어디까지가 고가·다주택인가? 서울 아파트의 대부분이 종부세에 해당하는 상황이 되자 서둘러 세금을 낮추는 것을 보지 않았던가.

비싸고 많은 부동산을 소유하면 더 많은 세금을 내는 것은 당연하다. 그러나 비례적으로 이를 많이 내는 것과 누진적으로 많이 내는 것은 다른 문제다. 여러 주택을 전국적으로 합산해서 훨씬 더 많이 내게 하는 것은 한국만 시행하고 있는 방식이다. 이 때문에 여러 채를 가지고 임대하는 경우 과다한 세금을 부담해야 하는 상황이 불가피하다. 이것이 임대사업자 등록 시 임대료 인상을 억제하는 대신 종부세를 면제해준 이유다. 그랬더니 이번에는 다주택자에게 세금 혜택을 주었다는 비난이 이어졌던 것을 기억할 것이다.

사실 보유세를 높일 수 있는 가장 확실한 방법은 공시가격을 올리는 것이다. 하지만 이는 전체 부동산 소유자의 부담을 높이는 결과를 가져온다. 정치적으로 이것을 감당하지 못한 문재인 정부 당시 여당이었던 민주당은 금방 다시 깎아주겠다고 나섰다. 그렇게 해서 전체 주택의 95%에 대한 재산세율을 낮췄다. 물론 이재명 후보가 주장했던 모든 토지를 과세 대상으로 하는 국토보유세는 이를 모두 올리되 저가주택 소유자에 대해서는 되돌려준다는 것이다. 조삼모사이며 결과는 같다. 결코 정치적으로 성공할 수 없을 것이다. 이렇게 명분에 집착한 비현실적이고 이상적인 목표에 끌려다니지 말아야 한다.

내가 부동산 정책에 관여할 때까지 바로 이 대목에서 이른바 개혁주의자들과 입장이 달랐다. "보유세는 집값을 잡는 세금이 아니다"는 김동연 부총리의 발언(국회 답변, 2018년 8월 27일)은 내 생각과 같았다. 보유세 실효세율이 세계에서 가장 높다는 미국이 역설적으로 전 세계에서 가장 집값이 많이 오른 것을 어떻게 설명할 것인가? 그 나라는 유동성 때문이고, 우리는 세금이 낮아서 그런가?

따라서 보유세에 대한 냉정한 이해와 현실적 목표가 필요하다. 우리 보유세는 역사적으로 '고가·다주택'을 차등적으로 높게 과세하는 체제가 굳어져 있다. 대다수 국민들의 보유세 부담을 높이려는 시도는 사실상 노무현 대통령이 유일했지만, 실패했다. 왜 그랬을까? 세금은 역사성과 경로의존성이 있기 때문이다. 개혁, 반개혁의 문제가 아니라 먼저 국민을 설득하고 동의를 구해야 한다. 취득세 비중이 왜 높을까? 부동산 구입 시 내는 세금이라 조세 저항이 적기 때문이다. 그래서 취득세를 선납 보유세라고 보는 사람들도 있다. 조세 저항이 큰 보유세의 몇 해분을 일시에 받는 방식이라는 것이다.

결국 보유세는 아파트, 단독주택, 상가, 토지 등 부동산의 종류와 소재 지역에 따른 과세 형평성을 단계별로 높여가는 가운데, 점진적으로 부담을 높일 수밖에 없다. 국민들이 화가 나 있다고 고가·다주택만 올리려 해보지만, 그 고가의 기준 설정 때문에 다시 갈팡질팡했던 것이 2019년 말부터 2021년 중반까지 정부·여당의 모습이었다. 실제 종부세를 강화했더니 서울 아파트의 반 이상이 그 대상이 되었고, 이에 놀란 정부와 민주당은 서둘러 세금을 다시 낮추려 허둥지둥했다. 특히 2021년 서울시장 보궐선거를 앞두고는 이전에 종부세를 올려야 한다는 목소리는 그 어디서도 찾아볼 수 없었다.

국토보유세와 기본소득

내가 이해한 것이 맞다면, 국토보유세와 기본소득 구상은 이렇다.

"모든 토지에 대해 국토보유세를 물려서 실효세율을 1%로 하게 되면 약 50조 원의 재원이 발생하는데, 이를 재원으로 전 국민에게 나눠주는 것이 기본소득이다. 그럼 전체 토지 소유자의 부담이 증가할 것으로 우려하지만, 90%는 기본소득으로 돌려받는 것이 더 많게 된다. 또 실수요자나 업무용의 경우 감면하고, 고령자 등에게는 과세 이연할 수 있다. 사람별로 전국의 소유 토지를 합산해서 누진 과세하므로, 결국 고가·과다 토지 보유자만 더 많은 세금을 부담하고 일반 국민은 더 많은 혜택을 볼 수 있을 것이다."

이재명 후보는 2017년 경기도지사 시절부터 적극적으로 기본소득과 국토보유세 추진을 준비하면서, 심지어 경기도만이라도 시행할 수 있게 해달라고 요구하기도 했다. 다양한 우려를 받게 되자 "90%의 국민은 이득이다"는 점을 강조하면서, 이를 반대하는 것은 악성 언론과 부패 정치 세력에 놀아나는 '바보짓'이라고 항변한다 (2021.11.15.).

그러나 우려가 계속되자 "국민들이 동의한다면"이란 전제를 달고 한발 물러서게 된다(2021.11.30.). 이후 이재명 후보는 공시가격 현실화로 재산세가 크게 늘어나서 서민들 피해가 예상되므로 공시가격 전면 재검토가 필요하다고 정부에 요구한다(2021.12.20.). 이와 함께 2주택자에 대한 종부세 중과 완화 필요성도 언급하게 된다 (2021.12.12.). 국토보유세 정신은 온데간데없게 된다. 그러나 지지층의 반발이 우려되자, 며칠 뒤에는 세금이라는 이미지를 반대로 적용해서 토지이익배당금제로 이름을 바꾸어 추진하겠다는 의지를 밝힌다 (2021.12.28.).

이재명 후보의 국토보유세는 이 책이 강조하고 있는 전형적인 보유세 포퓰리즘 사례다. 포장을 어떻게 하든, 고가·과다 보유자만 올리자는 것이 그것이다. 실무적으로도 토지의 대부분을 차지하지만 소출은 거의 없는 산지, 녹지에 대해서도 1% 세금을 매기자는 것인지, 또 농지나 공장용지 같은 생산용도 토지는 어떻게 할 것인지 등에 대해서는 불분명하다. 더구나 결정적으로, 선거운동이 본격화되고 보유세 관련 여론이 악화되자 그동안 국토보유세를 강조해오던 정신과는 반대로 가고 말았다. 선거 캠프 내부에서는 당선 이후 추진하면 되지 않느냐고 이를 정당화했다는 얘기를 들었다. 하지만 '보유세 1%'는 이렇게 편법으로 달성할 수 있는 일이 아니다.

피하면 그만인 양도세

집값이 크게 올라 이익을 많이 봤다면? 당연히 소득이 늘어난 것이고, 그것도 불로소득 요소를 더 많이 가지고 있다. 그렇기 때문에 더 많은 세금을 부과해야 한다는 것이 상식적일 것이다. 하지만 1가구 1주택이라면 얘기는 달라진다. 왜냐하면 집 한 채는 각 가정의 필수 수단으로, 살던 집을 팔면 다른 집을 사야 하기 때문이다. 따라서 1가구 1주택의 경우 12억 원(2021년까지는 9억 원이었다)까지의 주택은 양도소득세를 아예 매기지 않는다. 또 그 이상의 고가주택도 보유 및 거주 기간에 따라 최대 80%까지 양도소득세를 경감해주도록 되어 있다. 물론 일정 기간의 실거주 요건을 충족해야 한다.

반면 집을 여러 채 가지고 있을 경우 양도소득세를 중과한다. 한 채까지는 필수품으로 보지만, 그 이상을 소유할 경우 투자 수단으로 보기 때문이다. 2채와 3채 이상에 따라 세율 차이가 있고, 소재지에 따라서도 적용이 다르다. 또 1주택이라 하더라도 단기 거래나 미등기 전매 등에는 중과한다. 일종의 투기 이익으로 보는 것이다.

그런데 우리나라는 보유세만큼이나 양도소득세도 부동산 경기에 따라 수시로 바뀌어왔다. 집값이 오르면 다주택 및 단기 거래에 대한 양도세를 강화하고, 반대로 안정되거나 내리는 상황이 되면 거래를 활성화한다는 명목으로 내려왔던 것이다. 문재인 정부 들어서만도 몇 차례에 걸쳐 지난 두 개

정부에서 완화했던 양도소득세를 강화했다. 그 결과 한때 명목세율로 3주택 이상일 경우 최고세율이 65%에 이를 정도로 무시무시해 '보이는' 세금이 되었다.

그런데 양도소득세는 양도 차익이 실현되었을 때만 부과할 수 있는 세금이다. 아무리 세금을 올리더라도 매각하지 않는다면 매길 수 없다. 이 때문에 양도세가 다시 내려갈 것을 기대하고 거래를 하지 않는 이른바 동결 효과가 발생할 수 있다. 매물이 출현하지 않는 것이다. 이 때문에 양도소득세를 강화할 때는 반드시 일정 기간(대개 1년)의 유예 기간을 두고 시행한다. 그럼에도 매물은 기대보다 덜 나오기 마련이다. 이 때문에 다주택자 양도소득세를 한시적으로 인하해야 집값이 안정된다는 주장이 나오게 된다. 보수언론이나 이른바 시장주의자들이 흔히 하는 얘기다. 그러나 국민 정서상 이를 받아들이기 쉽지 않다. 왜 다주택자들이 집값 폭등으로 이익을 얻었는데도 세금을 덜 받느냐는 것이다.

이런 상황에서 다주택자에 대한 보유세가 오르게 되면, 일종의 이중 압박이 이루어진다. 이들은 어떻게 반응하게 될까? 매물로 내놓을 것이라는 일반적인 기대와 달리 증여로 돌아서는 경우가 많다. 문재인 정부 들어 역대 최대로 늘어난 증여 거래가 이런 상황을 반영한다. 이를 증여받은 사람들도 양도세 감면 기간 확보를 위해 실거주를 택함으로써 결과적으로 전세 물량이 줄어드는 원인이 되기도 했다.

다주택 양도세 중과는 다분히 한국적인 세제이다. 여러

채를 구입할 경우 취득세를 차등적으로 강화하는 사례는 세계 여러 나라가 시행하고 있지만, 주택이 여러 채일 경우 양도세를 중과하는 사례는 세계적으로 찾아볼 수 없다. 보유세와 마찬가지로 양도세도 명목상 세제는 매우 강력하다. 그러나 앞에서 본 것처럼 다주택을 엄벌하는 듯하지만, 실제로는 별다른 위협이 되지 못하고 있다. 현실에서는 주택 거래 시 양도소득세를 실제 납부하는 사례가 많지 않다. 전체 주택 거래의 5% 이내만 양도세를 납부한다. 이처럼 다주택 중과제도는 정작 부자들에게는 회피 방법이 있는 반면, 서민들에게는 상당한 불편을 끼치는 것도 사실이다. 고향에 집을 추가로 갖게 되었다고 양도세 중과 대상이 되는가 하면, 5도 2촌(5일은 도시, 2일은 시골에서 지내기)처럼 주말 농촌 주택을 권장하지만 실제로는 높은 세금을 부담해야 하는 규정이 오래 이어졌다.

무엇보다 양도세는 기본적으로 매각할 때 내는 후불 세금이다. 우리나라는 부동산을 매각하는 시점의 경기 상황에 따라 세금의 높낮이가 달라지기 때문에, 당장 집을 더 사려는 사람들에게 당면한 억제책이 되기 어려운 것이다. 오히려 선불 세금인 취득세를 높이는 것이 구매 의욕을 억제하는 데 도움이 된다. 그런데 이상하게 취득세는 거래세라는 명목으로 다주택자 구입자에게까지 강화하지 않았다. 2020년 하반기가 되어서야 다주택 구입 시 세율을 8~12%로 대폭 올리게 되었다. 그러나 이마저도 미리 가구 분할을 해버릴 경우 일반 세율을 적용받게 되어 있었다.

부동산 세금, 가장 큰 문제는 신뢰 상실

우리나라의 부동산 세금은 적어도 명목상으로는 전 세계 어느 나라에 견주어도 약하지 않다. 오히려 강력한 요소가 많다. 그럼에도 실제 세 부담이 낮거나 형평성이 떨어진다는 평가를 받곤 한다. 또 모두가 불만이다. 세제 개혁을 통해 더 높은 세금을 부과해야 한다는 쪽이나, 세금이 너무 올랐다는 고가·다주택 보유자 모두 정부에 큰 불만을 가지고 있다. 이런 상황에서 부동산 경기에 따라 세금은 널뛰기를 반복했다. 경기 상황에 따라 보유세, 양도세, 취득세는 강온을 옮겨 다니는 중이다.

이런 상황은 다분히 한국적이다. 적어도 내가 아는 한 선진국들이 이렇게 부동산 관련 세제를 경기에 따라 마구 바꾸는 나라를 본 적이 없다. 대부분의 나라에서는 취득세를 통해 구입을 촉진 또는 억제하는 방식으로 대처한다. 특히 보유세를 경기에 따라 들쭉날쭉 바꾸는 나라는 우리나라가 유일하다. 보유세는 가장 기본적인 세금이라고 보기 때문에 설령 경기가 급락하더라도 조정하지 않는다. 미국이 2008년 금융위기 이후 집값이 폭락하고 이른바 하우스푸어들이 속출했지만, 보유세를 깎지는 않았다. 그러나 우리는 박정희 정권 때부터 부동산 경기에 따라 수시로 바꿔왔고, 특히 집값이 폭등할 때는 주로 고가·다주택 보유자에게 높은 세금을 매기는 방식으로 대처해왔다. 그런다고 집값을 잡지 못한 것은 물론이다. 국민들을 정치적으로 달래는 제스처에 가까웠다.

이런 사정을 감안해서 내가 근무했던 문재인 정부 초기에는 보유세 강화에 신중했다. 최대한 덜 시끄럽게, 이른바 '로우키(low key)'로 공시가격의 점진적 인상을 통해 보유세를 강화하려는 전략이었다. 2017년 첫해는 아예 보유세를 건드리지 않았고 공시가격만 조정했다. 2018년에도 재정세제개혁위원회의 권고보다 낮은 수준으로 종부세만 강화했다. 되도록 단계적인 공시가격 현실화를 통해 보유세를 강화하려는 전략이었다. 여기에 대해서는 민주당에서도 동의했고, 당시 지도부가 그렇게 하도록 요구한 측면도 있었다. 노무현 정부 때의 종부세 트라우마를 염려했기 때문이다. 양도세 역시 2018년까지는 3주택부터만 10%p 가산하는 정도였다. 물론 이 때문에 나는 양쪽에서 비난을 받았다. 세금을 강화해야 한다는 분들께는 '개혁의 배신자'로, 세금을 어떻든 올렸다는 점에서는 노무현 정부와 같은 방식으로 세금 폭탄을 준비한다는 식으로.

그러나 내가 그만두고 난 뒤인 2019년 하반기부터 상황은 급변했다. 집값이 다시 오르기 시작하자 이번에는 솜방망이 세금 때문이라는 비난이 민주당 안에서부터 제기되었다. 그해 12월에는 최고세율을 3%로 올리고 공시가격도 로드맵을 정해 대폭 올리겠다는 계획을 밝혔다. 사실상 전 국민의 부동산 세금을 올리겠다고 선포한 셈이었다. 이제 '하이키(high key)' 전략으로 선회한 것이다. 단계별 세금 인상 계획을 홍보할 정도였다. 2020년 4월 국회에서 압도적 다수당이 된 이후 민주당은 최고 6%에 이르는 더 높은 세율로 보유세 등 세제 개편안을 통과시키고 만다. 물론 재산세는 공시가격 현실화를 감안해 6억 원 이하까지는 깎아주기로 했다.

부작용은 얼마 가지 않아서 나타났다. 당장 서울 아파트의 절반 가까이가 종부세 대상이 되고, 재산세마저 공시가격 인상으로 전 국민의 부담이 오를 수밖에 없었다. 2021년 4월 서울시장·부산시장 보궐선거에서 패배한 민주당은 완전히 방향을 틀게 된다. 공시가격 인상 속도 조절에 나서는 한편, 이미 오른 재산세를 깎아주기 위해 전체 주택의 95%에 해당하는 9억 원 이하 주택까지 3년간 세율을 낮추게 된다. 종부세도 1주택 대상자가 늘어나는 것을 막기 위해 상위 2%로만 제한하려다가 결국 공시가격 9억 원에서 11억 원으로 기준을 올리고 말았다. 어디부터가 고가주택인가를 두고 고심한 결과이다.

윤석열 정부에 들어서면 부동산 세금은 더욱 뒷걸음질 친다. 양도세 중과도 대부분 해소되었고, 공시가격 현실화는 없던 일이 되었다. 보유세 부담 자체를 2020년 수준으로 줄인다는 목표를 정하고, 과표를 일률적으로 낮춰버렸다. 다주택에 대한 취득세 중과도 대폭 완화했다. 물론 취득세는 경기 상황에 따라 바꿀 수 있다고 보는 세금이지만, 다주택자에게 중과되던 조치가 되돌려진 것이다.

이런 과정을 거치면서 부동산 세제는 신뢰를 잃어버렸

다. 부동산 세금을 시끄럽게 만듦으로써 세금 불복 심리만 높이고, 버티면 된다는 믿음을 주고 말았다. 모든 세금이 그렇지만, 부동산 세금도 일관성과 예측 가능성이 중요하다. 형평성이나 공정성에 문제가 있는 수준이라면 어느 단계까지는 강화하더라도 규범으로 정착될 수 있도록 안정성을 유지할 필요가 있다. 물론 취득세처럼 단기적인 수단으로 활용될 수 있는 세금이 있기도 하지만, 기본적으로는 예측 가능해야 하는 것이다.

세금이 중요한 부동산 정책 수단인 것은 분명하지만, 만능이 아니라는 것을 인정해야 한다. 집값에 분노한 사람들을 달래기 위해 누군가의 세금만 계속 높이려는 방식은 포퓰리즘일 뿐이다. 지속 가능성도 없다. 집값이 오르는 원인에 제대로 주목한다면 세금은 적어도 우리나라에서는 이미 부차적인 영역이다. 핵심은 과잉유동성이 금융시스템을 통해 자산시장으로 흘러들어가는 고리를 차단하는 것이었는데, 그 부분은 감시의 사각지대에 버려두고 세금이라는 오래된 논란에 에너지를 빼앗겼다. 앞에서도 얘기했지만, 경제 당국이 금융 규제보다 세금 인상을 오히려 쉽게 수용하는 데는 이유가 있다.

7장

금융이 핵심인 이유
돈이 넘치면 집값은 오른다

집값과 돈값은 반대로 움직인다

집값이 오르는 이유를 가장 단순하게 설명하면, 특정 시점의 주택 공급보다 사려는 수요가 많기 때문이다. 여기서 우리는 공급에 영향을 끼치는 요인들을 비교적 잘 알고 있다. 공급 시차로 인해 곧바로 주택이 한순간에 늘어나지 않는다는 사실까지. 그렇다면 수요가 늘어나는 이유는 무엇일까? 가구 증가, 소득 증가, 주택 선호 변화, 세제나 금융 상황, 그리고 우리나라 특유의 전매 제한이나 청약제도 등 이유는 다양하다. 각각은 강도나 시점에 따라 차이가 있는데, 일반적으로는 금리나 유동성이 가장 직접적이고 즉각적으로 영향을 끼친다. 돈이 넘치고, 돈값이 떨어지는 만큼 인플레이션을 회피하기 위해, 또 더 큰 투자 수익을 얻기 위해 실물 자산으로 돈이 몰리는 것이다.

실제 집값과 금리, 유동성의 관계는 거의 정반대로 움직여왔다고 보면 된다. 대부분의 나라에서 이를 확인할 수 있다. 금리가 내려가고 유동성의 규모가 커질수록 집값은 올랐고, 일정한 시점에 금리가 오르기 시작하면 집값은 떨어지곤 했다. 물론 금리가 집값의 절대 변수인가에 대해서는 유의할 필요가 있다. 금리는 경기 정책의 가장 핵심적인 요소이기 때문에 금리가 인하되면 경기가 좋아지고 그로 인해 경제 전망과 기대 심리가 향상되었을 수 있는 것이다. 반대로 금리가 오르더라도 경제 전망이 낙관적이라면 상황은 다를 수 있다. 마찬가지로 기대 인플레이션 수준이 시대에 따라 다르므로 절대적인 금리 수준으로 집값의 상승과 하락을 모두 설명할 수는 없다. 더 나아가 공급 측면에서의 불안감이 수요를 더 자극하기 때문에, 주택 수요에 영향을 미치는 구조는 훨씬 복잡하다. 하지만 분명한 것은 금리 및 유동성 상황과 집값은 밀접한 관련이 있다는 것이다.

역사적으로 경제가 초호황이어서 돈이 넘쳐날 때, 또 경기가 상대적으로 좋지 않더라도 낮은 금리에 유동성이 커졌을 때 집값은 올라갔다. 버블의 역사에서 가장 유명한 17세기 튤립 버블은 중계무역 등으로 네덜란드가 떼돈을 벌던 초호황 시대에 일어났다. 당시 튤립은 대량 재배가 어렵고 꽃마다 모양과 색이 달라, 희소한 품종은 값이 천정부지였다. 그때

인기 있던 품종 중 하나였던 셈페르아우구스투스는 1633년 개당 500길더였는데 1637년에는 1만 길더로 올랐다. 이 금액은 최고급 주택 1채 값이었고 한 가족이 평생 먹고살 수 있는 돈이었다. 그러나 극점에 도달한 튤립 가격은 불과 며칠 사이에 땅바닥으로 곤두박질쳤다. 거품 붕괴 직전 5000길더였던 튤립이 붕괴 이후 단돈 50길더에 팔릴 정도였다.*

　　일본의 1990년을 전후한 부동산 버블에는 금리, 환율 등 거시경제 변수가 복합적으로 작용했다. 1980년대 초 미국은 만성적인 대일본 무역 적자를 해소하기 위해 일본에 엔화 절상을 요구했다. 이에 1985년 플라자 합의를 통해 일본의 엔화 가치는 1985년 달러당 240엔에서 1988년 130엔으로 약 두 배나 올랐다. 수출에 적신호가 켜진 일본은 금리를 5%에서 1987년 2.5%까지 낮췄는데, 이러한 저금리 정책은 기업의 대외 경쟁력 강화 차원에서 이후 3년간 지속됐다. 결국 저금리 상태에서 막대한 자금이 부동산 부문으로 흘러들어가면서 일본의 부동산 가격은 폭등을 거듭했다. 그러나 거품이 너무 커지자 이를 방치할 수 없던 일본은행은 1990년부터 금리를 6%까지 올리고 대출 총량 규제까지 실시했다. 당시 미국과 독일은 이미 2~3년 전 금리를 올린 상태였지만, 일본은 경쟁력 유지와 경기 부양을 이유로 실기하고 말았다. 결과는 세계 역사상 가장 강하고 오래가는 부동산 버블이었다.**

---

*　　장득수, 《투자의 유혹》, 흐름출판, 2006, 214~226쪽.

〈그림 7-1〉 일본, 미국의 부동산 거품과 기준금리 비교

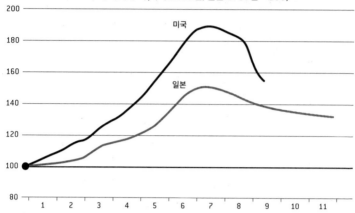

주택 가격 추이(미국 2000년, 일본 1985년 = 100)

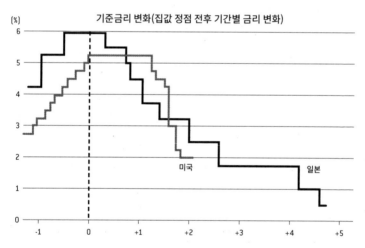

기준금리 변화(집값 정점 전후 기간별 금리 변화)

- 주: 이 그래프는 1990년과 2007년 전후의 일본, 미국의 부동산 거품과 금리 변화를 비교한 그림이다. 그림은 주거용 주택지수이며, 일본의 상업용 부동산은 이보다 훨씬 많이 올랐다 떨어졌다. 거품이 형성되기 전 매우 낮은 금리 상태가 지속되다가 1년 전부터 급격히 올렸다 이후 다시 급히 낮춘 것을 볼 수 있다.
- 자료: "Lessons from a 'lost decade': Will America follow Japan into a decade of stagnation?", *The Economist*, 2008.8.21.

2008년 금융위기도 전 세계적인 저금리와 유동성 확대에서 시작되었다. 경제는 호황인데 물가는 오르지 않는, 그야말로 '골디락스(goldilocks)' 상태였기에 모든 나라가 낙관론에 가득 차 있었다. 1990년대 말, 이른바 닷컴 버블이 꺼지면서 미국 경제가 어려움에 부닥치자 당시 연방준비제도이사회 의장이던 앨런 그린스펀은 과감한 금리 인하를 단행했다. 그린스펀은 2000년대 초부터 부동산 버블 우려가 제기되었지만, 그때마다 강하게 부인했다. 2002년 4월, 의회 청문회에서는 "요즘 흔히 듣는 부동산시장도 주식시장처럼 버블이 생겼다는 말은 적절하지 않다. 첫째, 주식과 달리 부동산의 판매는 상당한 거래 비용을 수반하기에, 주식시장의 연간 회전율은 100%를 넘지만 부동산시장의 경우는 10%를 넘지 않는다. 따라서 투기 열풍이 부는 경우가 드물다. 둘째, 전국적 주택시장은 각 지역의 작은 시장의 총합이기 때문에 한 지역에서 버블이 생겨도 전국적인 현상으로 간주하기 어렵다"고 했다.*** 사실상 주택시장의 버블을 용인했던 것이다.

일본이나 미국 사례에서 보듯이 중앙은행은 언제나 집값 상승을 과소평가하는 경향이 있다. 전반적인 물가가 오르지 않는 이상 집값 상승에는 빨리 대처하지 않는 것이다. 이에 대해 인류의 버블 역사를 잘 정리했던 찰스 킨들버거는

** 김수현, 《주택정책의 원칙과 쟁점》, 195쪽.
*** 윌리엄 플렉켄스타인·프레드릭 쉬핸, 《그린스펀 버블》, 김태훈 옮김, 한스미디어, 2008, 150쪽.

"중앙은행 책임자들은 전통적으로 물가 상승을 막기 위해서라면 금리 인상을 피하려 들지 않지만, 자산 가격 거품에 대처하기 위한 시도는 극히 꺼려한다. 심지어 사실에 기초해 거품이 확인되어도 이를 인정하려 들지 않는다"라고 설명했다.* 문재인 정부 기간 한국은행이 보인 태도도 마찬가지였다고 생각한다.

코로나19가 불러온 집값 후폭풍

2008년 서브프라임 사태(혹은 리먼브라더스 사태)의 여파는 미국에만 미친 게 아니었다. 전 세계는 이전 10여 년간 벌였던 유동성 잔치의 뒷모습을 확인하게 된다. 주방에는 설거짓거리가 쌓여 있고 치우지 않은 음식물 쓰레기로 악취가 진동하고 있었다. 연회장 테이블 아래 보이지 않는 곳에는 깨진 접시와 떨어뜨린 수저들이 흩어져 있었다. 파티에만 관심 있었을 뿐 설거지하고 청소하는 일은 내 몫이 아니었던 것이다. 먼저 부동산 거품이 더 심했던 유럽의 외곽 국가들, 이른바 피그 국가(PIIGS, 포르투갈, 이탈리아, 아일랜드, 그리스, 스페인)들이 타격을 입었다. 집값은 폭락하고 청년 실업률은 급증했다. 유럽

---

*   찰스 P. 킨들버거·로버트 Z. 알리버,《광기, 패닉, 붕괴 금융위기의 역사》,
      김홍식 옮김, 굿모닝북스, 2006, 206~207쪽.

이 유로화로 통합된 상태에서 경제위기가 다른 나라로 번지는 것을 막는 게 급선무였다. 각국에서는 정치적 불안과 극단적 자국 이기주의, 배타적 민족주의가 기승을 부렸다. 그 여파는 선진국 그룹을 넘어 개발도상국가들로 퍼져나갔고 세계 경제는 심각한 장기 침체를 각오해야 했다.

이런 상황에서 세계 경제는 다시 전통적 위기 관리 대책이자 부양책을 펴게 된다. 즉, 금리를 낮추고 유동성을 공급하는 것이다. 그러나 이미 그린스펀 시대에 쓸 수 있는 경기부양 자원을 모두 소진했기 때문에, 이번에는 '양적완화'라는 방식까지 동원하게 된다. 양적완화는 기준금리 수준이 이미 너무 낮아서 금리 인하를 통한 유동성 공급 효과를 기대할 수 없을 때 중앙은행이 시중 은행이나 정부가 소유한 다양한 자산을 사들이는 방식으로 통화 공급을 늘리는 정책이다. 미국에서는 2008년 금융위기 이후 2014년까지 세 차례의 양적완화를 통해 2조 달러 이상의 돈을 시중에 뿌렸다. 당시 벤 버냉키 연방준비제도이사회 의장의 이름을 따서 '헬리콥터 벤(Helicopter Ben)'이라는 말까지 생겼다.

양적완화는 미국에만 필요했던 것이 아니었다. 2010년 경부터 본격화된 유럽 재정위기, 2017년경의 개발도상국 경제위기 등을 겪으면서 전 세계가 돈 풀기와 유동성 확대 경쟁에 나섰던 것이다. G7, G20 등을 통해 각국이 공동보조에 나섰지만 모든 나라가 같은 상황은 아니었다. 어떤 나라들은 그러한 국제 공조가 자신들에게만 불리하다면서 공공연하게 환율 전쟁을 펼치고 무역 장벽을 쌓기도 했다. 지금 우리가 겪고 있는 우크라이나 전쟁이나 미·중 무역 전쟁도 크게 보면 이러한 자국 이기주의에 뿌리를 두고 있다.

유동성 확대는 국내 정치적 상황이 더 재촉하기도 한다. 선거를 앞두고 경기 부진을 참을 수 없는 정치가들은 중앙은행에 이런저런 형태로 금리 인하를 요구한다. 대표적으로 미국의 트럼프 대통령은 노골적으로 금리를 낮추도록 압력을 가했다. 우리로서는 상상할 수 없지만, 트럼프는 2019년 12월 "금리를 낮추고 (통화 정책을) 완화하라, 연준!"이라고 SNS에서 공개적으로 요구하기도 했다.

이런 상황에서 설상가상으로 코로나19 사태가 터졌다. 사망자가 속출하는 가운데 거의 모든 나라가 봉쇄되었다. 국가 간 이동은 중지되었고 심지어 집에서 나오는 것까지 허락을 받아야 하는 위기가 닥친 것이다. 식당, 가게, 직장이 문을 닫는 가운데 실업률은 급증했다. 이 신종 전염병의 파장이 어디까지 이어질지 모르는 상태에서 각국은 절체절명의 심정으로 돈 풀기에 나선다. 미국은 금리 인하와 함께 다시 대대적인 양적완화에 나설 수밖에 없었다. 4차 양적완화로만 우리 돈으로 8000조 원 이상의 돈이 풀렸다. 전 세계가 경제 파국을 막기 위해 그야말로 있는 돈, 없는 돈을 모두 끌어다 푼 것이다. 주요 선진국 정부들은 2020년 한 해에만 GDP의 20~40%나 되는 돈을 당면한 경제위기 대처에 쏟아부었다. 돈을 탕진한다는 식으로 비난받았던 우리나라가 13.6%였으

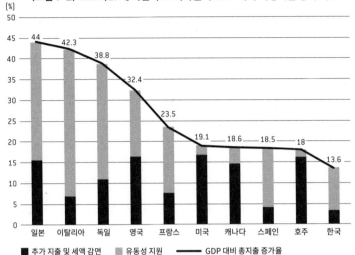

〈그림 7-2〉 코로나19에 따른 주요 국가들의 GDP 대비 재정지출 증가 비교

■ 추가 지출 및 세액 감면　■ 유동성 지원　── GDP 대비 총지출 증가율

- 자료: 〈IMF '국가별 코로나19 재정 조치' 데이터베이스 분석〉, 《나라살림》 138호,
  나라살림연구소, 2021.2.2. (http://www.firiall.net/report/155)

니, 전 세계에 얼마나 많은 돈이 풀렸는지 짐작할 수 있을 것이다.

　전 세계가 금리 인하, 양적완화, 재정 확대 등으로 그야말로 전력을 다해 돈 풀기에 나선 덕분에 세계 경제는 혹독한 시기를 그나마 버텨냈다. 대부분의 나라가 마이너스 경제성장을 하기는 했지만, 2022년에 들어서 빠르게 회복되기 시작했다. 그러나 그 돈들이 생산적인 곳으로 들어가지는 않았다. 이미 지극히 양극화된 시대에 돈이 풀릴수록, 다시 말해 돈값이 떨어질수록 부자들은 자산 투자에 더 몰두했다. 재택근무가 늘어서 더 나은 집, 예를 들면 교외의 넓은 집을 선호하게 되었다거나, 노동력의 해외 이동이 어려워져 주택 건설 비용이 증가했다거나 하는 등의 이유가 집값 상승을 설명하는 논리가 되었다. 코로나19라는 특수한 사정이 거꾸로 집값 폭등의 명분이자 자양분이 된 것이다.

그러잖아도 이미 너무 많이 풀린 돈 때문에 2020년 무렵에는 이제 적극적으로 긴축에 들어설 때였지만, 코로나19로 그 시기가 늦춰졌을 뿐 아니라 더 많은 유동성이 퍼부어졌다. 결과는 끔찍했다. 미국, 영국, 독일 등은 물론이고 많은 나라에서 코로나19 시기에 집값이 이전보다 더 가파르게 올랐다. 2008년 금융위기 후유증에서 아직 벗어나지 못하고 코로나19 타격도 더 크게 겪은 이탈리아, 스페인 같은 몇 나라를 제외하면 거의 모든 나라가 비슷한 상황이었다.

그러나 끝없는 거품은 불가능하다. 2022년, 그동안 풀린 돈들의 역습으로 물가가 폭등하자 각 나라의 중앙은행들이 유동성 축소에 나서지 않을 수 없었고, 이제 그동안 쌓인 거품만큼 집값은 떨어지고 있다. 우리가 지금 목격하고 있는 현실이다.

한국도 같은 길을 걸었다

우리나라도 똑같은 길을 걸었다. 한국은행 총재가 공공연히 고백한 것처럼, 우리나라의 금리는 미국의 금리에 묶여 있다. 이창용 총재는 "한국은행은 정부에는 독립적이지만 미국 연준으로부터는 아니다"라고 기자간담회에서 밝혔다(2022년 8월 25일). 너무 상식적인 얘기긴 하지만 우리의 경제 상황, 나아가 집값 상황까지도 미국 금리에 종속되어 있다니 씁쓸하기는 하다. 실제 미국과 우리의 금리 변화, 그리고 집값 변동 추이는 앞서거니 뒤서거니 동행하고 있다. 더구나 코로나19로 재정지출까지 폭증하면서 두 나라 모두 통화량은 사상 최대로 늘어났다. 이렇게 늘어난 유동성으로 자산시장에는 한바탕 난리가 벌어졌다.

〈그림 7-3〉은 금리가 부동산시장에 미치는 영향을 직관적으로 이해할 수 있게 보여준다. 2019년 7월, 일본의 무역보복에 대처하는 차원에서 금리를 낮추고, 이어서 코로나19로 인해 역대 최저로 금리를 인하했던 기간에 서울 아파트값이 가파르게 올랐던 것을 알 수 있다. 이후 금리가 올라가자 집값은 반대로 빠른 속도로 떨어졌다. 이는 금리를 내렸던 기간과 아닌 기간의 수도권 및 전국의 아파트값 변화율 차이를 통해서도 확인할 수 있다(〈표 7-1〉). 물론 집값이 금리나 유동성 변수에 따라서만 변하는 것은 아니지만, 그만큼 중대한 영향을 끼친다는 것을 알 수 있다.

이처럼 집값과 금리는 역관계인 것은 분명한데, 실제 부동산시장에 영향을 주는 양상은 다양한 매개 수단을 거치게 된다. 그중 대표적인 것이 대출 확대다. 주택 구입이나 투자를 위해 다양한 형식의 대출이 이루어지는 것이다. 주택담보

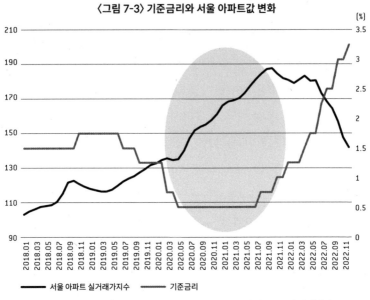

〈그림 7-3〉 기준금리와 서울 아파트값 변화

서울 아파트 실거래가지수 ——— 기준금리

- 주: 다른 선진국들과 마찬가지로 2020년부터 2021년 하반기까지 초저금리 상태에서 급등했다.
- 자료: 금리 변화(한국은행), 서울 아파트값 변화(한국부동산원 공동주택실거래가지수 재구성)

대출은 그중 가장 분명히 확인할 수 있다. 집을 구입할 때 부족한 자금은 대출로 충당하는데, 집값이 오르는 시기, 즉 수요가 급증하는 시기일수록 담보대출도 늘어나게 된다. 다만 우리나라는 주택담보대출의 용도가 순수하게 새로 집을 구입하는 경우 외에도 생계·생업자금을 집을 담보로 빌리는 경우도 있기 때문에 단순히 주택 경기만으로 담보대출 증감을 온전히 설명하기는 어렵다. 역설적이지만 불경기가 심화할 경우 집을 담보로 돈을 빌리는 경우가 늘어나기도 하는

(단위: %)

구분 실거래가지수			한국부동산원		KB국민은행
			실거래가지수	동향조사	동향조사
금리 인하 전	2017.5.~2019.6. (26개월)	전국	0.9	-0.8	3.3
		수도권	9.5	4.3	8.9
금리 인하 후	2019.7.~2921.10. (28개월)	전국	43.3	21.9	29.8
		수도권	59.4	29.2	40.2

- 자료: 문재인 대통령 비서실, 《위대한 국민의 나라: 문재인 정부 5년의 기록》, 373쪽.

것이다. 주택시장 상황에 따라 다르지만, 보통 주택담보대출의 50~60% 정도만 순수하게 주택을 새로 구입하는 데 이용된다.

전세자금대출도 주택시장 상황, 나아가 집값 상승과 밀접한 관련이 있다. 우리나라는 전 세계에서 유일하게 전세제도가 유지되고 있는데, 그 액수가 워낙 큰 데다 재계약 시마다 큰 폭으로 오르다 보니 이를 조달하는 것이 간단한 일이 아니다. 월급을 저축해서는 도저히 이 금액을 마련할 수 없기 때문에 가족의 도움은 물론이고 은행을 통해 대출을 할 수밖에 없다. 이런 사정 때문에 우리는 집값 급등기에는 DTI, LTV 등을 통해 주택구입자금대출은 규제하더라도 전세자금대출은 마땅히 억제하기 어려웠다. 더구나 일정 소득 이하 근로자나 저소득층에게는 우대금리를 적용해서 전세자금대출을 알선하기까지 하고 있다. 전세금 상승을 인위적으로 제어하기 어려운 상태에서 전세금 인상분이라도 대출을 통해 충

〈그림 7-4〉 주택 관련 대출 상황

집값과 대출 추이 비교

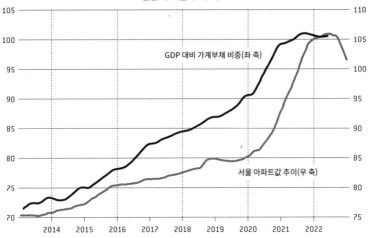

GDP 대비 가계부채 비중(좌 축)

서울 아파트값 추이(우 축)

• 자료: Trading Economics 사이트에서 재구성

용도별 대출 증가 비교

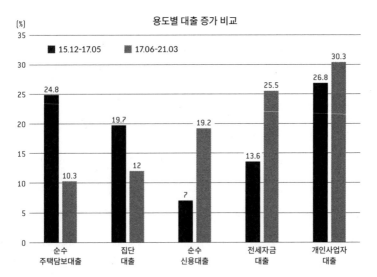

• 자료: 한국은행, 금융감독원; 서영수, 《2022 피할 수 없는 부채 위기: 부동산과
주식시장의 폭락에 대비하라!》, 에이지21, 2021. 51쪽 그림 재인용

2부. 부동산 문제, 제대로 보자

당하도록 할 수밖에 없었던 것이다.

　그런데 전세보증금의 대출을 늘릴수록 역설적으로 집값은 더 오르게 된다. 전세 수요자가 대출을 받아 구매력을 높일수록 집주인은 전세금을 더 올릴 수 있게 될 뿐 아니라 이를 갭투자에 활용할 수 있게 되는 것이다. 딜레마가 아닐 수 없다. 집 없는 서민 혹은 중산층의 전세보증금을 거들기 위해 확대한 전세대출이 집값 앙등의 불쏘시개가 되는 셈이다. 그렇다고 이를 억제하는 것은 당장 전세금을 마련해야 하는 가구들의 우산을 뺏는 셈이 된다. 이에 금융 당국은 인상분만큼만 대출한다거나 주택을 구입할 경우에는 대출 상환을 요구하는 등 보완 장치를 마련해왔다. 하지만 집값 급등기에는 빠른 속도로 전세자금대출이 늘어왔다.

　집값 급등기에는 신용대출도 증가한다. 정부가 다양한 규제를 통해 주택담보대출을 억제하자, 소득이 높은 계층은 상대적으로 높은 이자를 부담해서라도 대출을 받아 주택 구입에 활용하기도 했다. 문재인 정부 기간에는 전체 은행 대출 증가분 중 가장 빨리 증가했다. 또한 상대적으로 기업대출에 대한 규제가 느슨한 틈을 타서 사실상 1인 부동산 기업들이 대출을 받아 부동산 투기에 나서기도 했다. 실제 문재인 정부 기간 중 대출 종류별 증가 추이를 보면, 주택담보대출은 강하게 규제했기 때문에 증가 속도가 주춤해졌지만, 다른 유형의 대출들은 빠르게 늘어난 것을 알 수 있다. 2022년 여름부터 문제가 되기 시작한 부동산 PF 대출 문제도 가격 급등기, 낙관적인 시장 상황에서 부동산 개발업체나 건설업체들이 과도하게 대출을 받았다가 유동성 문제에 빠진 경우이다. 이 역시 낮은 금융비용을 활용해 부동산 개발에 나섰던 상황과 관련이 있다.

경기 방어를 위해 부동산을 방치했나?

시중에 유동성이 풍부해져서 넘쳐나는 돈들이 부동산으로 몰리게 되면 정부는 크게 두 가지 대책을 고민하게 된다. 우선, 이들 자금을 더 생산적인 용도로 쓰게 할 방법을 찾는다. 주식시장이나 벤처 투자 활성화가 그것이다. 그중에서도 첨단산업이나 모험산업에 더 많은 투자가 이루어질 것을 기대한다. 또 풍부한 유동성이 부동산 부문에 들어가더라도 아파트 같은 곳 말고 물류시설이나 해외부동산 투자처럼 집값에 직접 영향이 없는 곳으로 유도하려 한다. 그러나 현실에서는 그렇게 되지 않는다. 유동성 자체가 주식시장도 과열시키기 때문에 기대이익 수준이 더 높아진 가운데 위험투자, 투기적 투자 열풍이 부는 것이다. 코인 열풍을 보면 알 수 있다. 따라서 이 시기에 '부동산 이외의 생산적 투자'로 유도하려는 구상은 부동산에서도 성공하지 못하고, 생산적이라는 측면에서도 성공하지 못하는 경우가 대부분이다.

이에 정부는 어떻게든 부동산 부문으로 돈이 쏠리게 하

지 않기 위해 여러 수단을 강구한다. 대표적인 것이 주택담보 대출을 억제하는 것이다. 집값의 일정 비율 이상을 빌려주지 않도록 억제(LTV)하는 한편, 소득과 비교해 담보대출 비율을 억제(DTI)하는 것이다. 우리나라는 전세보증금 등의 영향으로 전통적으로 LTV는 이미 낮은 상태였기 때문에 노무현 정부는 DTI를 본격적으로 도입·강화함으로써 2000년대 초반의 집값 상승 압력을 그나마 완화시킬 수 있었다. 덕분에 우리는 2008년 세계 금융위기에도 집값 폭락은 피해갈 수 있었다.

문재인 정부는 초기부터 상황의 급박함을 이해하고 이전 정부들이 대폭 완화해두었던 LTV, DTI를 노무현 정부 시기 수준으로 강화했다. 그러나 2018년 여름부터 다시 집값이 오르자 이전보다 더 강화된 조치를 취했는데, 다주택자에 대한 대출은 물론이고 15억 원 이상 주택에 대해서도 은행 대출을 금지했다. 여기에 덧붙여 모든 부채에 대한 상환 능력을 따지는 DSR를 도입하기로 했다. 신용대출, 카드 대출, 자동차 대출 등 갚아야 할 빚을 모두 포함해서 상환 능력을 따지는 제도다. 진즉 도입했어야 할 선진국형 시스템이지만 우리는 2016년에야 도입을 검토하기 시작했고, 문재인 정부는 이를 2019년까지 도입한다는 방침을 세우고 준비에 들어갔다.

정부로서는 금리 자체를 우리나라가 독자적으로 결정할 수 없으니, 그나마 돈이 더 부동산으로 쏠리지 않게 하기 위해 결국 다양한 방식으로 대출을 억제할 수밖에 없다. 그러

그때도 금리가 주인공이었다

2022년 들어 미국이 금리를 대폭 올리고, 뒤따라 우리나라도 연속으로 올리게 되자 몇 년을 괴롭혀왔던 집값이 단번에 잡히기 시작했다. 이에 이른바 시장 전문가들은 연초만 해도 공급 부족에 따른 집값 불안을 주장하다 말을 바꾸기 일쑤였다.

부동산 관련 전문가로 거의 매일, 거의 모든 매체에 등장하는 수도권의 한 대학교수의 말부터 살펴보자. 그는 이미 미국이 빅스텝으로 금리를 올리기 시작했던 2022년 초, 공급 물량 부족으로 강보합세가 유지되고(2022년 1월), 하반기부터 5% 이상 오를 것으로 보았다(2022년 2월). 그러나 6월이 되면 금리 여파가 워낙 커서 집값 하락이 본격화될 것(2022년 6월)이라고 하다가, 7월이 되면 "지금 주택시장의 가장 큰 변수는 금리 인상"으로 하반기 반등 가능성은 낮다(2022년 7월)고 말을 바꾼다. 이후 12월 말에는 "세계적인 고금리 기조가 계속되고 있는 만큼 내년 상반기는 올해보다 부동산 경기가 더 침체될 것"으로 전망하기에 이른다(2022년 12월).

또 그동안 줄기차게 공급 부족론을 설파해왔던 모 정책연구원의 박사도 2023년 1월 송도 아파트값이 반 토막으로 떨어진 것을 보고, "미국 중앙은행의 금리 인상이 근본적인 원인인데, 규제 지역 해제 등의 국내 정책으로는 상쇄하기 어렵다. 금리 상단을 확인하는 시점까지는 매수세 위축과 거래절벽, 집값 하락이 지속될 것"이라고 내다봤다.

원희룡 장관은 향후 집값 전망에 대한 질문에 "심리적인 수요도 중요하지만, 결국 유동성이 뒷받침된 수요만이 시장에서 돌아간다"며

"이런 상황 속에서는 금리 앞에 장사가 없다. 중력을 벗어날 수 없는 것처럼 시기는 어쩔 수 없다"는 취지로 답한다(2022.12.12.). 집값은 금리 앞에 어쩔 도리가 없다는 것이다.

2022년 말부터는 모든 언론과 전문가들이 이제 부동산시장은 금리가 진정되지 않는 한 도리가 없다는 것을 당연시한다. "금리가 부동산시장의 주인공"이 된 것이다.* 그렇다면 문재인 정부 기간 집값이 한창 오르던 2020년이나 2021년은 무엇이 주인공이었을까? 공급 부족? 높거나 낮은 세금?

솔직해지자. 그때도 금리가 주인공이었다.

---

* 〈(데스크 칼럼) 금리가 주인공 된 부동산시장〉, 《부산일보》, 2022.10.17.

나 시중에서는 대출 규제가 결국 현금 부자들, 또 부자 부모를 둔 사람들만 집값 상승의 혜택을 누리게 하는 일이라는 비난이 속출하게 된다. 또 전세금 자체가 워낙 고액인 우리나라 특성상 굳이 금융권 대출을 받지 않더라도 전세보증금과 가족의 원조나 대여를 이용하면 고가주택 구입이 가능하다. 따라서 고가주택에 대한 대출 금지는 이른바 흙수저만 규제하고, 금수저에게는 아무 소용이 없다는 식의 비판이 따랐다.

이 때문에 언론이나 정치권에서는 "공급 부족이 본질인데, 이것은 해결하지 못하면서 대출 규제로 서민들만 불이익을 받게 한다"는 식의 비판을 쏟아냈다. 청년층들이 영혼을 끌어서라도 집을 사게 만들어두고는 고가주택은 부자들이 독차지하게 했다는 식이었다. 이에 2021년 서울시장·부산시장 보궐선거, 2022년 대선과 지방선거를 앞두고 정치권에서는 대출 규제를 풀라는 얘기가 빗발치게 된다. 대신 공급을 늘리면 되지 않느냐는 것이었다. 이게 가능한 일일까? 전형적인 포퓰리즘이다. 집값이 올라 억울한 사람들이 많다고 집값 안정과는 반대로 가자는 주장이다.

문재인 정부 기간의 대출 규제는 논란은 많았지만 그나마 집값 거품이 더 커질 수 있는 상황을 막는 데는 기여했다. 물론 그렇게까지 했음에도 집값 상승을 일정 수준 이하로 억제하지 못했던 것은, 금융 규제가 바로 효과를 거두기 어려운 우리나라의 특징 때문이다. 전세제도와 가족주의는 제도적 금융의 규제가 충분히 효과를 발휘하기 어렵게 만든다. 실제 주택 구입 시 자금 조달 계획서를 보면, 금융권 대출을 이용하는 비중은 40% 정도에 불과하다. 주로 전세보증금이 나머지를 채우고 있는 것이다. 그만큼 갭투자 혹은 갭투기가 만연할 수 있고, 이는 집값 상승의 불쏘시개가 되어왔다. 다른 나라들보다 강력한 금융 규제를 조기에 실시했음에도 집값 상승을 막는 효과가 충분치 않았던 이유 중 하나다.

게다가 문재인 정부의 금융 규제 자체에도 허점이 많았다. 대표적으로 2017년 하반기 결정했던 DSR 도입은 당초 계획보다 훨씬 늦어진 2021년 하반기가 되어서야 본격적으로 추진되기 시작했다. 또 전세대출이 집값 상승의 장작이 되는 것도 문제의식을 갖고 적극 제어하지 못했다. 2021년 하반기 고승범 금융위원장이 취임하고서야 가계부채 억제와 연착륙 기조를 명확히 하고 대응하기 시작했던 것이다. 코로나19가 기승을 부리던 기간의 대출 연장, 다양한 형태의 가계 대출 묵인 등이 더는 용인할 수 없는 단계에 이르렀기 때문이다. 2020년부터 약 1년 반 동안 서울 아파트값이 터무니없이 더 오르고 난 뒤였다.

그런 점에서 이런 아쉬움들이 든다. DSR를 원래 계획대로 좀 더 일찍, 좀 더 과감하게 도입했더라면. 전세대출도 인상분만 적용하고, 주택 구입 시에는 즉시 회수하고, 더 적극적으로는 고가주택 구입 시에는 대출을 금지하거나 비율을 대폭 낮췄더라면. 개인사업자 등의 변칙 주택 투기와 매집을 막았더라면. 더 나아가 금융기관의 일일 대출 상황을 모니터링

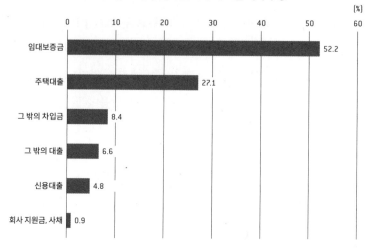

〈그림 7-5〉 주택 구입 시 부채 조달 계획 구성

(%)

- 주: 자금 조달 계획서 분석 결과
- 자료: 천준호 의원실 보도자료; 서영수, 《2022 피할 수 없는 부채 위기: 부동산과 주식시장의 폭락에 대비하라!》, 36쪽 그림 재인용

하면서 총량 관리 차원에서 관리했더라면. 욕먹더라도 청년 층들의 '영끌'을 더 강하게 억제했더라면. 정치권의 돈줄을 막 지 말라는 압박에 더 강하게 대처했더라면. 금융기관의 안전 보다 가계의 안전과 집값 안정에 좀 더 경각심을 가졌더라면.

안타깝고 또 안타깝다. 욕을 먹더라도 금융 부문에서만 은 더 강하게 대처했어야 했다는 탄식이 나온다. 그렇다면 도 대체 왜 그렇게 느슨하고 늦게 대처했을까? 내가 공직을 떠 난 시기의 일이라 짐작만 할 뿐이지만, 필시 전체 경제에 대 한 고려가 부동산에 대한 더 강한 금융 규제를 주저하게 만들 었을 것이다. 코로나19로 그야말로 경제가 위기에 빠진 상황에서, 그나마 돈이 돌아가는 곳이 부동산인데 그마저 억제하는 결심을 하기가 쉽지 않았을 것이다. 하지만 결과는 참담하다. 결국 국민을 분열시키고, 전체 경제에 더 큰 후유증을 남기고 말았다. 부동산은 경제의 일부이기는 하지만, 정치적으로 또 국민 마음속에서는 경제의 전부이기도 하기 때문이다.

그럼에도 꼭 보태고 싶은 말은, 이런 나의 탄식이 내 재임기에 정책을 잘했다는 말을 하려는 것이 아니라는 것이다. 내가 청와대를 그만둘 시점까지는 세계적인 저금리 상황이기는 했으나, 코로나19 국면과는 비할 바가 아니었다. 2019년까지는 상대적으로 경제 상황이나 부동산 정책 환경도 그나마 나은 편이었다. 그만큼 내 후임자들은 훨씬 어려운 조건에서 거시경제를 운영할 수밖에 없었다는 점을 감안할 필요가 있다. 앞의 〈표 7-1〉은 그런 점을 여실히 보여 준다.

집값 급등기, 선거 국면에서
대출 규제 풀라고 했던 주장들

2020년 코로나19가 본격화한 이후, 집값 문제는 청년층들의 분노로 이어졌다. 이에 2021년 4월 서울시장·부산시장 보궐선거, 2022년 3월 대선을 앞두고 정치권에서는 너도나도 청년·신혼부부에게 돈을 더 빌려줘야 한다고 목소리를 높였다.

송영길(당시 민주당 대표 인터뷰): "실수요자에 대한 대출 규제는 완화하고 장기 주택 모기지의 경우 80~90%까지 확대해 내 집 마련의 기회를 줘야"(2021.4.19.).

민주당(부동산특위 첫 회의): "무주택 실수요자들의 LTV와 DTI를 완화"(2021.4.27.).

국민의힘(부동산 대책 발표): "무주택자 LTV, DTI 완화, 생애 최초 구입자 DSR 완화"(2021.5.25.).

김기현(국민의힘 원내대표 토론): "꽉 막힌 대출을 풀어야"(2021.6.28.).

윤희숙(국민의힘 의원 인터뷰): "무주택자 대출 규제 대폭 완화해야"(2021.7.20.).

유승민(국민의힘 대선 후보 공약): "청년, 신혼부부 LTV 90%까지 완화"(2021.10.14.).

윤석열(국민의힘 대선 후보 공약): "실수요자에 대한 대출 규제 완화. LTV 80%로"(2021.11.5.).

이재명(민주당 대선 후보 발언): "현실을 모르고 일률적으로 금융을 통제한 건 죄악"(2021.11.7.). "주택대출 문제에 기민하게 반응했는지 되돌아봐야"(2021.12.13.). "LTV 90%까지 완화"(2022.1.23.).

문재인 정부 시기에 중도금 대출이 제한되던 9억 원 아파트를 가정해보자. 80%를 30년 원리금 분할 상환할 경우 월 납입금은 얼마가 될까? 당시 이자율이 낮았으므로 연 3%로 가정하고 7억 원을 대출받으면 초기에는 아무리 적어도 매달 300만 원 이상을 원리금으로 갚아야 한다. 2022년 1/4분기, 통계청이 발표한 월평균 가구소득이 483만 원이니까, 산술적으로만 보면 그 60% 이상을 갚아야 한다. 물론 극단적인 계산일 수도 있지만, 빚내서 집 사라는 제안의 현실성을 고민해봐야 한다.

8장

다주택자의 두 얼굴
원흉인가 희생양인가?

민간임대사업자가 집값을 올렸다?

민간임대사업자는 문재인 정부 부동산 정책에서 가장 논란이 되었던 사안 중 하나다. 문재인 정부가 "170만 호에 이르는 다주택자 소유의 주택에 세금을 한 푼도 부과하지 않음으로써, 투기 이익을 보장했다. 이 주택들이 의무 가입 기간 동안 시장에 나오지 않음으로써 집값을 폭등시켰다"는 것이 핵심이다. 이준구 서울대학교 명예교수를 포함해 여러 사람이 이 문제를 지적했다. 분노한 시민들은 '집값정상화시민행동'이라는 단체를 만들어 청와대 청원, 온라인 캠페인을 벌였고 급기야 버스에 정부를 비판하는 문구를 붙여서 전국을 순회하기도 했다. 이들은 임대사업자 문제를 넘어 다주택자 문제가 우리나라 집값 상승의 원흉이라는 점을 강조했다. 경실련(경제정의실천시민연합)도 다주택자에 대한 대출만 회수하면 집값을 진정시킬 수 있다고 주장했다.

반면 이른바 시장주의 전문가와 업계, 당시 야당인 국민의힘의 요구는 달랐다. 이들은 다주택자가 민간임대주택을 공급하는 순기능에 주목해서, 임대사업자제도를 보완하더라도 제도 지속 내지 확대가 필요하다는 입장이었다. 앞에서도 설명했지만 우리 특유의 다주택자에 대한 보유세, 양도세 중과제도로 인해, 건전한 민간임대사업자 육성을 위해서는 별도의 조치가 필요하다고 보았다. 또한 임대사업자들은 170만 채가 전부 고가 아파트인 것처럼 오해받고 있지만, 그 75%는 원룸, 다세대주택으로 서민들의 주거 안정에 기여하고 있다고 강조했다. 아파트도 소형, 일정 금액 이하로 제한되어 있었다. 이들이 집값 폭등의 원흉이 아니라는 입장이었다.

그러나 정부는 2017년 12월 민간임대사업자제도를 확대·강화한 이후 1년도 안 된 2018년 9월, 새로 주택을 구입해서 등록할 경우에는 세제 혜택을 주지 않기로 결정했다. 그리고 2020년 7월에는 아파트의 경우 기존 등록된 물량까지 조기 퇴출시키기로 했다. 특히 2021년 4월 보궐선거에서 패배한 민주당은 그동안의 부동산 정책을 원점 재검토하기 시작하면서 이 제도를 아예 폐지하기로 가닥을 잡았지만, 상당 기간의 논란 끝에 아파트를 제외한 임대사업자제도의 불가피성 내지 순기능을 인정하고 제도를 존치시키기로 결정했다.

임대사업자제도는 노무현 정부 기간에 처음 도입된 후 이명박, 박근혜 정부를 거치면서 확대되다가, 문재인 정부 들어 확대·축소·부분 유지 방식으로 변화해왔다. 윤석열 정부는 부동산 경기침체를 계기로 다시 임대사업자제도를 활성화하는 방안을 저울질하고 있다.

불투명한 임대시장 개혁과 내가 져야 할 책임

임대사업자 논란은 사실 다른 선진국에서는 아예 존재하지 않는다. 왜냐하면 모든 민간임대주택은 신고 또는 등록해야 하며, 세금도 납부해야 하고, 나라에 따라서는 임대료 인상 제한을 받기도 한다. 일종의 투명사회 규범 중 하나다. 임대사업자 등록제도 자체가 논란이 될 수가 없는 환경인 것이다. 더구나 모두 월세 문화이기 때문에 월세 수입은 중요한 소득원으로 관리되기도 한다. 물론 불법 체류 외국인 등을 대상으로 비등록 임대주택이 일부 있을 수는 있다. 하지만 기본적으로 "내가 살지 않고 세를 놓는 주택은 반드시 등록 또는 신고"하도록 되어 있다.

이들 국가에서 이런 시스템이 정착된 것은 100여 년이 다 되어간다. 기본적으로 제1·2차 세계대전 기간에 임대료를 동결하는 등 전시 통제를 하면서 임대차 규제를 시작했던 것이 임대등록제의 배경이다. 이후 제2차 세계대전 이후에도 주택 부족이 계속되자 한편으로는 임대료 규제와 주택 공급 확대를 병행하면서 임대차 시장을 안정시켜나갔다. 여기다 1970년대부터 민간임대주택 거주자에 대한 임대료 보조제도를 확대하면서 임대차 시장은 더욱 투명해졌다. 그 효과적인 수행을 위해 지역별 임대차 상황 및 적정 임대료 파악, 임대주택의 기준 충족 여부 등을 상시적으로 모니터링할 필요가 있었기 때문이다.

그러나 우리나라는 해방과 한국전쟁 등을 겪으며 그럴 경황이 없었다. 민간임대에 대해서는 아무런 규제를 하지 않는 것이 공급을 늘려 임대료를 안정시킬 수 있는 방법이라고까지 생각했다. 특히 집주인과 세입자가 방을 몇 칸씩 나눠서 사는 것이 보편화되었기 때문에 등록하거나 신고하기도 애매했다. 또한 우리나라의 전세제도에서는 전세보증금을 온전히 소득으로 보기 어렵다는 점도 있다. 전세에 대해 임대소득세를 과세하는 것이 간단치 않았던 것이다.

이처럼 불투명하고 비공식적인 상태에 머문 민간임대시장은 임대차 보호제도를 정비하는 데도 제약 조건이 되었다. 이미 임대차 시장이 투명하게 파악된 상황이라면 임대료나 임대 기간 규제가 수월한데, 그렇지 못할 때는 다양한 혼선과 당사자 간 분쟁이 불가피하기 때문이다. 1989년 임대차 기간을 2년으로 연장한 뒤 근 30년 동안 임대차 제도에 손을 못 댄 데도 그런 이유가 있다.

그랬기 때문에 우리 세제는 다주택에 대해 보유세와 양

도세를 중과하는 방식으로 형평성 문제를 해결해왔다. 임대소득세를 부과하기 어려운 상황에서 다주택자가 보유·처분할 때 과세하는 방식으로 임대소득세를 대체했다고 볼 수 있다. 그런데 보유세는 가파른 누진세로 되어 있고, 양도세도 주택 호수에 따라 높은 세율을 적용하고 있다. 따라서 우리 세제 구조로만 놓고 보자면, 여러 채의 주택을 가지고 임대 사업을 하는 것이 불편하게 되어 있다. 그럼에도 다주택자가 줄어들지 않는 이유는 갭투자를 통해 소유 주택 수를 늘리기 쉽고, 집값 상승의 혜택을 누릴 수 있기 때문이다.

따라서 어떻게 하면 임대차 시장을 투명하게 하고, 나아가 임대료 인상 및 계약 기간에 대해 공적인 관리가 가능토록 할 수 있을까? 또 어떻게 하면 임대소득에도 세금을 부과할 수 있을까? 특히 2000년대 들어 월세가 빠르게 늘어났지만, 대부분 과세 대상에서 빠진 상태였다. 이런 문제는 오래전부터 전문가와 시민단체들의 공통 고민이었다. 임대료 상한제, 임대차 신고제, 임대등록제, 계약 갱신제 등 다양한 대안이 제시되었다. 각각은 모두 연동되어 있는 셈이었지만, 현실적으로 어떤 방법이 가능할지에 대해서는 고민이 많았다. 시민단체는 임대료 상한제와 계약 갱신제를 요구했지만, 1989년의 임대 기간 2년 연장의 후폭풍과 현실적인 국회 통과 가능성 때문에 법안만 열 몇 차례 제출된 상황에서 계속 무산된 상태였다. 물론 2020년 7월, 압도적 다수를 차지한 민주당이 단독으로 임대차3법을 통과시키기는 했지만, 이전까지는 그런 일이 가능하다고 보이지 않았다.

이런 상황에서 나는 임대사업자들이 등록하는 주택을 확대해서 단계적으로 임대차 시장을 투명하게 하자는 입장이었다. 노무현 정부 때부터 정부 관계자들은 대체로 그런 생각에 동조하고 있었다. 심지어 참여연대 같은 곳에서도 2016년까지는 마찬가지 입장이었다. 특히 이전 정부는 미분양 해소책 내지 부동산 경기 부양책의 일환으로 임대주택을 등록하면 세제 혜택을 주는 방안을 추진하고 있었다.

2017년 5월, 새로 출범한 문재인 정부는 민간 차원의 등록된 임대주택을 늘리는 것, 즉 임대사업자제도 확대를 정책 목표로 삼았다. 임대로 살아가는 가구를 약 900만 가구로 잡았을 때, 150만이 공공임대, 150만이 등록임대에 살 수 있다면 3분의 1이 임대료 규제를 받는 주택에 거주할 수 있으므로 서민들의 주거 안정에 도움이 될 것으로 보았다. 이에 임대등록을 꺼리는 가장 큰 이유인 건강보험료에 대한 혜택을 추가하면서, 동시에 단기 임대는 세제 혜택을 축소했다. 이 때문인지 등록임대주택은 빠르게 늘어났다. 그런데 집값이 계속 올라가면서, 임대사업자제도가 다주택자의 투기를 부추기고 집값을 끌어올렸다는 비판에 직면했다. 집값 오르는데 세제 혜택까지 주는 것은 국민의 분노를 사기에 충분했다. 이에 제도 확대를 추진한 지 1년이 안 된 2018년 9월, 새로 구입해서 등록하는 경우는 세제 혜택을 중단했고, 이후 사실상 제도 폐지까지 추진되었다.

결국 임대사업자제도의 '선한 의도', 혹은 '순진한 의도'는 실패했다. 특히 이전과 마찬가지로 아파트를 임대등록 대상에 계속 포함했던 것은 비록 공시가격 6억 원 이하라는 조건은 있었지만, 공시가격이 매매가가 오르는 속도를 따라가지 못하는 현실에서는 문제가 많았다. 무엇보다 갭투자가 성행하는 상황에서 과다한 이익을 보장하는 꼴이 되고 말았다. 대다수가 원룸이나 소형 주택이었다 하더라도, 중요한 시기에 부동산 심리를 불안하게 만든 빌미를 제공했다. 이 제도를 앞장서 추진했던 본인의 책임이 가장 크다. 아무리 방향이 옳았다고 하더라도 적어도 시장이 과열될 때는 확대 시행해서는 안 될 정책이었다. 물론 2017년까지 상황으로는 부동산시장이 관리 가능한 범위에 있다는 판단이 있기는 했다. 이후 그것이 잘못된 상황 판단이었던 것이 명확한 만큼, 당연히 그 비판에 수긍한다. 또 임대사업자제도를 확대하는 만큼 관리 체계도 강화했어야 했는데, 그 속도가 느렸던 점에도 책임이 있다.

지금도 임대사업자제도와 임대차3법의 효과·한계를 둘러싼 논란이 계속되고 있다. 원칙적으로 본인이 직접 살지 않고 세를 놓는 모든 주택은 등록 내지 신고하는 것이 옳다. 임대를 통해 소득을 얻었다면 세금을 부과하는 것도 당연하다. 임대차3법과 함께 이런 주택시장을 어떻게 만들 것인가는 여전히 계속되는 우리의 숙제다.

모두가 내 집에 살 수는 없다

임대등록제가 아니더라도 민간임대주택은 어느 시기나 논란거리였다. 민간에서 임대주택을 제공하는 사람들을 다르게 부르면 다주택자이기 때문이다. 집값이 급등하는 시기가 되면 예외 없이 다주택자들이 원흉으로 등장한다. 정부는 왜 이들을 억제하지 못하느냐는 비난이 빗발친다. 반면 집값이 하락하거나 미분양이 누적되면 다주택은 오히려 권장할 일이 되고 만다. 누군가 집을 사줘야 한다는 것이다. 이명박 정부 시절, 정부 고위 관리가 "다주택은 애국자"라는 말을 남겼는데도 큰 논란 없이 넘어간 적이 있을 정도다. 따라서 이명박, 박근혜 정부 동안에는 임대등록제가 별 논란이 되지 않았고, 참여연대를 포함한 시민단체들도 더 신속한 추진을 요구하기도 했다.

이렇게 다주택 문제가 부동산 경기에 따라 논란을 거듭하는 동안에도 다주택자는 줄어들지 않고 있다. 분명 엄청난 양의 신규 분양 물량이 시장에 나오고 있고, 그것을 주로 무주택자에게 우선 분양하고 있는데도 왜 이런 일이 계속 생길까? 우리나라는 1990년대부터 자가 비율이 60% 내외에서 변하지 않고 있는데, 40%는 남의 집에 세를 살 수밖에 없다. 과거 공공임대가 거의 없을 때는 모두 민간임대에 거주했지만, 최근 공공임대가 지속적으로 늘어나면서 그곳에 대략 10% 정도가 살아가게 되었고 30% 정도는 민간임대에 거주

〈그림 8-1〉 주요 국가의 자가 소유율 추이

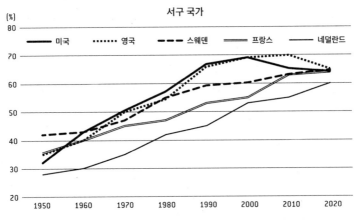

서구 국가

- 주: 스웨덴은 협동조합주택을 자가에 포함
- 자료: 진미윤·김수현, 《꿈의 주택정책을 찾아서》, 2017 자료를 활용해 재구성

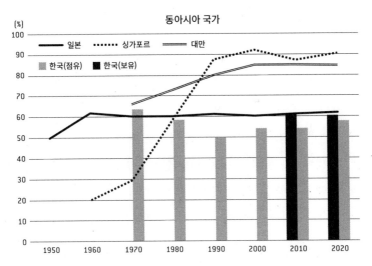

동아시아 국가

- 주: 점유-현재 자가에 사는 경우만
  보유-다른 곳에 자기 집이 있는 경우 포함
- 자료: 김수현·진미윤, 《집에 갇힌 나라, 동아시아와 중국》, 2021 자료를 활용해 재구성

한다.

전 세계의 경험을 보면 자가와 공공임대, 민간임대의 비율은 어느 단계에 들어서면 굳어지는 특징을 보인다. 일종의 경로의존이다. 주택의 대량 공급을 통해 절대 부족이 해소되는 단계에 이르기까지 이 구성비가 가파르게 변하다가, 어느 단계를 지나면 그 비율이 고착화되는 것이다. 이렇게 한 번 특정 구성비에 도달한 이후부터는 아주 느린 속도로 점진적으로 변화한다. 일본은 1960년대에 자가율이 60%에 도달한 이래 시장 환경은 급변해왔지만 아직까지 그 수치가 유지되고 있다. 우리도 60% 근처에서 30년 이상 정체되어 있다. 싱가포르·대만은 90%, 미국은 64% 근처에서 수십 년을 지속하는 중이다. 그런데 2000년대 초반, 일부 국가에서 상환 능력이 부족한데도 주택대출을 확대함으로써 일시적으로 자가소유가 빠르게 늘어나 더 큰 문제가 발생했던 적도 있다. 미국과 영국이 대표적이다(《그림 8-2》). 결국 자가 소유자 자체는 모든 나라에서 늘어나고 있지만, 전체 가구 중 차지하는 비율은 장기간 고정되거나 아주 느린 속도로 바뀔 뿐이다.

그렇다면 우리나라에서 매년 인허가 기준으로 60~70만 호, 아파트 분양 물량으로도 30~40만 호씩 새로 공급되고 있는데, 내 집 마련은 왜 이렇게 힘든 것일까? 특히 새로 짓는 아파트는 무주택자 우선 공급이 많은데, 왜 다주택자 비율은 요지부동일까? 주택 공급과 배분 구조를 살펴보자. 2015년부터 2021년까지 7년 동안 우리나라에서는 412만 호(수도권 197

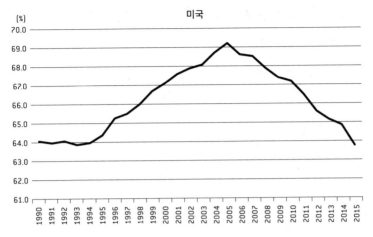

미국

• 자료: FRED Economic data 재구성(https://fred.stlouisfed.org/)

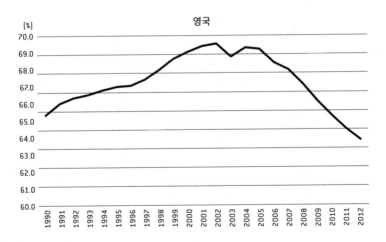

영국

• 자료: Live tables on dwelling stock, Table 101, DCLG
(https://www.gov.uk/government/statistical-data-sets/live-tables-on-dwelling-stock-
including-vacants)

만 호)의 주택이 새로 공급되었지만, 주택 재고는 전국 244만 호(수도권 130만 호)밖에 늘어나지 않았다. 새로 짓기 위해 부수는 멸실 주택도 그만큼 많았기 때문이다. 게다가 같은 기간 가구 수는 246만 호(수도권 138만 호)가 늘어남으로써 오히려 주택 재고 증가량보다 많았다. 비록 인구는 감소 단계에 들어갔다고는 하지만, 주택을 필요로 하는 가구 수는 오히려 주택 공급보다 빨리 늘어난 것이 현실이다.*

그렇다면 본질적인 궁금증을 제기해보자. "다주택자를 억제하면 자가 소유가 늘어나는 것일까?" 아니면 "자가 소유를 지원하면 자연스럽게 다주택자가 줄어드는 것일까?" 그런데 현실은 그렇게 작동하지 않고 있다. 가장 큰 이유는 과거와 달리, 자가 시장에 진입해야 할 청년층이 소득은 상대적으로 낮은데 이미 너무 높아져버린 집값으로 인해 주택 구입이 쉽지 않기 때문이다. 전 세계 공통 현상으로, 젊은 층의 자가 비율이 경향적으로 내려가고 있다. 고도성장 세대가 대개 30대 초반에 주택을 구입했다면, 지금의 청년층은 아예 집 사기를 포기하거나 점점 구매 연령이 늦어지는 추세다. 여기에는 물론 현재 청년층의 부모들이 이미 서울이나 대도시에 집을 가지고 있기 때문에 구입 필요성이 과거에 비해 낮은 이유도 일부 있을 것이다. 다만 가족 단위로 보면, 자산이나 소득이 충분한 부모들의 지원을 받을 수 있는 청년층들은 상대적

---

* 국가통계포털(KOSIS, https://kosis.kr/index/index.do) 자료 재구성.

으로 쉽게 진입하고 있다. 따라서 문재인 정부의 다주택 과세 강화 등으로 개인 단위 다주택자는 소폭 감소했지만** 가족 단위 다주택자는 실제 확대되는 추세라고 봐야 할 것이다.

다주택자와 공존하는 방법

다주택자 논란의 본질은 집값이 오르면 집을 여러 채 가진 사람들의 불로소득이 커지는 데 대한 분노이다. 이런 상황에서는 자가, 공공임대, 민간임대가 각각의 용처가 있다고 하는 얘기는 공허할 수밖에 없다. 기껏해야 순진한 이상주의이거나 시장주의자들의 궤변으로밖에 치부되지 않을 것이다. 하지만 내 집에 살지 않더라도 어떻게 안정적으로 거주할 수 있는가가 정책의 핵심이 되어야 하는 것은 분명하다. 공공임대를 늘리는 한편, 민간임대도 투명하고 안정적인 주거 수단이 되도록 해야 하는 것이다. 임대등록제, 임대료보조제 등도 결국 그런 고민 끝에 나온 것이다. 더구나 자가 소유를 무리하게 확대하면 부작용이 더 많이 발생한다. 많은 나라의 경험은 그 과정에서 오히려 거품이 확대되었다.

** 2016년 14.9%였던 다주택자 비중은 2017년 15.5%, 2018년 15.6%, 2019년 15.9% 등 매년 증가하다 2020년 15.8%로 잠시 주춤한 이후 2021년 15.1%까지 감소했다(통계청, 〈2021년 주택 소유 통계〉, 2022.12.15.).

내 집을 가지기를 원하고, 소득 범위 내에서 대출도 갚아나갈 수 있는 사람들이라면 당연히 자가 소유를 권장하고 지원하는 것이 맞다. 반면 무리해서 내 집을 장만하기 어려운 경우라면 공공임대나 민간임대에 안정적으로 살아갈 수 있도록 지원해야 한다. 그러면서 돈을 모으거나 대출을 받아 내 집을 장만하도록 주거사다리를 세워주어야 한다. 단계적으로 주거 상향 이동이 가능한 사회를 만들어야 하는 것이다. 즉 정부는 청년들이 믿을 수 있는 주거사다리를 더 튼튼히 구축할 수 있도록 정책을 짜야 하는 것이다.

이 과정에서 민간임대의 역할은 분명 크다. 경원시해서는 안 되는 것이다. 특히 질 좋은 원룸이나 소형 아파트가 많이 공급되고, 세입자들이 싼값에 안정적으로 거주할 수도 있도록 하는 것이 중요하다. 임대주택 공급자, 즉 다주택 보유자들도 적정한 수익을 얻을 수 있어야 한다. 그러기 위해서는 민간임대 부문이 투명해야 한다. 임대차3법으로는 부족하다. 현재 저가 월세 주택은 신고제에서 제외되어 있다. 정작 임대료 보조나 지원이 필요하고, 임대료가 가장 안정되어야 할 싼 주택에 대한 정보가 없는 셈이다. 이런 상황에서는 주거급여 등 임대료 지원책을 확대하는 게 불가능하다. 비공식 경제 영역으로 방치해서는 안 된다. 민간임대 부문이 제대로 역할을 할 수 있게 해야 한다.

집주인이 직접 살지 않고 임대용으로 사용되는 주택은 모두 신고·등록되어야 한다. 그러나 이런 일이 단번에 이루어질 수는 없다. 선진국들이 제1·2차 세계대전 기간에 했던 것처럼 강제로 하기는 어렵다. 채찍과 당근이 함께 필요하다. 임대 기간이나 임대료 인상률을 제한하고 임대소득세도 내게 하는 채찍을 부과하는 대신, 그에 상응하는 당근도 필요하다. 즉, 임대등록을 할 경우 종부세나 양도세를 깎아주고, 사업자가 됨으로써 추가로 내야 할 건강보험료를 한시적으로 감면해주는 것이다. 어차피 지금은 전혀 받지 못하는 임대소득세를 거둘 수 있고 건강보험료도 일정 기간이 지나면 받을 수 있게 되기 때문에, 임대차 안정의 대가로 혜택을 주는 데 문제는 없다.

우리나라의 모든 세제는 명목상 다주택 억제 중심으로 되어 있지만, 현실에서는 잘 작동하지도 않고 갈등만 유발하는 중이다. 집값이 오르면 다주택자가 원흉이 되고, 집값이 내려갈 때는 애국자가 되는 널뛰기를 언제까지 계속할 것인가? 이제 우리 식 규범을 세울 때다.

빌라왕과 전세사기

'전세사기'라는 말은 듣기만 해도 안타깝고 화가 난다. 우리에게 전세금이 어떤 의미인지 너무나 잘 알기 때문이다. 특히 새 출발하는 청년이나 신혼부부에게 전세금은 전 재산이다. 그런 전세금을 떼먹거나 제때 돌려주지 않는 사기 사건이 2022년 수도권 일대에서 대규모로 벌어졌다. 그냥 사기 정도가 아니라 한 사람이 수백 채 이상을 가진 기업형 사건이었다.

신축 빌라가 많이 들어서는 곳에서 분양이 손쉽지 않자 명의를 이른바 '바지사장'에게 이전한 다음, 시세보다 비싼 값에 전세를 놓아서 사실상 건축비를 회수하는 방식이 전세사기의 출발이었다. 빌라의 경우 시세를 제대로 알기 어려운 점을 악용하고, 특히 전세보증보험에 가입하면 환급에 어려움이 없다는 식으로 안심시키는 수법을 썼다. 전세 대책의 일환으로 주택도시보증공사(HUG)의 보증금액을 공시가격의 150%까지 높여준 것도 악용되었다. 서민을 돕자고 한 것이 서민을 등치는 수단이 되고 만 것이다.

물론 근본적으로 전세제도 자체가 가진 한계에다 저금리 상황에서 전세대출이 남발된 배경도 있다. 하지만 문재인 정부의 제도적 책임 두 가지가 더 거론된다. 보수언론이나 시장주의자들은 주로 임대차 3법을 문제 삼는 경향이 있다. 무리하게 임대차3법을 도입함으로써 전세금이 폭등하고, 빌라 전세까지 덩달아 올라서 서민들이 결국 피해를 봤다는 것이다.[*] 더 나아가 문재인 정부가 분양가 규제를 강화하면서 '로또 아파트' 청약을 목적으로 서민들이 무주택 자격 유지를 위해 빌라에 전세를 살면서, 빌라 전세가가 매매가에 육박하는 시장 왜곡이 발생했다고 보기도 한다.**

반면 진보적인 언론이나 전문가들은 문재인 정부의 임대사업자제도가 다주택을 권장함으로써 결국 이런 사고를 불러왔다고 본다.*** 더구나 임대등록만 확대했을 뿐 보증보험 의무화나 관리체계 강화 등이 미뤄짐으로써 문제를 악화시켰다는 입장이다. 정작 임대사업자들은 악성 임대인들이 주로 매입했던 시점은 이미 세제 혜택을 없앤 시기라 그와 무관하며, 오히려 보증보험 가입 여부를 제대로 확인하지 않은 관리 책임이 크다며 항변했다.****

문재인 정부 초기 부동산 정책을 담당했던 사람으로서 이유가 무엇이든 이런 일이 벌어진 데 대해 안타깝고 죄송하기만 하다. 나의 재임 기간에는 문제가 불거지지 않았다는 것은 변명일 뿐이다. 구조의 문제, 시장 상황, 제도적 한계 등 여러 이유를 따져보고 앞으로 이런 일이 생기지 않도록 대책을 세우고, 피해자들이 최대한 빨리, 최대한 많이 피해 회복이 될 수 있도록 지원해야 한다. 누구의 잘잘못을 따지기에는 피해자들의 어려움이 당장 너무 크다.

---

* 〈(차학봉 기자의 부동산 봉다방) 악마가 된 무자본 갭투자, '빌라왕' 뒤엔 문 정부 임대차법 오판〉, 《조선일보》, 2023.1.21.
** 〈(차학봉 기자의 부동산 봉다방) 빌라왕 전세사기의 판 깔았다, 文 정부 '로또아파트' 나비효과〉, 《조선일보》, 2023.2.25.
*** 〈빌라왕이라는 착시… 전세사기는 정책 실패〉, SBS, 2023.1.27.
**** 〈주택임대인협회 "전세사기, 등록임대제 탓 아냐… 마녀사냥〉, 《연합뉴스》, 2023.2.6.

9장

'반값 아파트'라는 환상
마약 같은 부동산 포퓰리즘

더 많이, 더 싸게

집값이 오를 때마다 모두 공감하는 얘기가 있다. "더 싸게, 더 많이 공급해야 한다." 맞다. 이 때문에 정부나 정치인들은 수도권에서만 '100만 호' '200만 호' 공급 계획을 수시로 밝혀왔다. 수도권의 농지나 개발제한구역이 대표적인 활용 용지이지만 용산공원, 서울공항, 김포공항도 단골 후보지다. 서울 시내의 개발제한구역도 필요하면 풀어야 한다고 말한다. 공급 부족론에 워낙 압박을 받다 보니, 적어도 물량으로 화끈하게 국민을 안심시켜야 한다는 데 모두 공감하고 있는 것처럼 보인다.

그런데 이렇게 물량을 늘리는 것 못지않게 중요한 과제

는 "누가 더 싸게 공급하느냐"는 것이다. 대선 과정에서 보았지만, 이재명 후보는 '기본주택', 윤석열 후보는 '원가주택', 홍준표 후보는 심지어 4분의 1 가격으로 공급한다는 '쿼터주택'까지 들고나왔다. 대선 후보는 아니었지만 민주당의 송영길 대표는 집값의 10%만 있으면 10년 뒤 집주인이 될 수 있다는 '누구나집'을 추진했다. 문재인 정부의 부동산 정책을 신랄하게 비판해온 경실련의 김헌동 본부장(2023년 현재 SH공사 사장)은 강남권에 3억 원 수준으로 아파트를 공급할 수 있다고 주장했다. 오세훈 시장은 요지의 고급 아파트들을 시세 80% 이하의 전세로 살 수 있도록 한다는 '시프트주택'을 재추진하고 있다. 모두 시세보다 훨씬 싸게, 더 오랫동안 살 수 있게, 또 더 많이 공급하겠다는 것이 핵심이다. 각각이 비슷하면서도 다르기 때문에 서로 비교할 수 있도록 표로 정리했다(〈표 9-1〉). 다만 정부 차원에서 핵심 프로그램으로 시행하는 청년 원가주택을 제외하면 공급량은 규모가 미미하거나, 앞으로도 늘어나지 않을 걸로 예상된다.

공짜는 없다

그런데 이렇게 좋은 프로그램들에는 공통적으로 치명적인 약점 세 가지가 있다. 첫째, 시세보다 싸고 좋은 집이라면 누구든 혜택을 받으려 할 텐데, 그 넘쳐나는 수요를 모두 충

〈표 9-1〉 각종 반값 아파트 프로그램 비교

프로그램 이름	주요 추진 주체	내용	실적 또는 계획	비고
누구나집 (3.0)	송영길 전 민주당 대표	• 집값의 10%만 있으면 누구나 내 집을 마련 • 임대료 인상 연 3% 이내 • 실질 전·월세 전환율 3.5% 적용 • 최초 가격 그대로 8년 후 분양 가능	• 안성시, 부산시, 천안시, 인천시 등에서 추진	홈페이지 http://www.everyhouse3.kr/
기본주택	이재명 전 경기지사/ 민주당 대선 후보	• 임대형: 무주택자 누구나 (기준 중위) 소득의 20% 이내로 30년 이상 임대로 거주 가능(59㎡ 기준 월 48.5만 원) • 분양형: 적정 토지임대료 납부, 전매 제한 10년+공공기관 환매 조건. 환매가는 분양가보다 다소 높은 수준 • 핵심 조건: 역세권 용적률 500%, 주택도시기금을 이자율 1%로 지원	• 3기 신도시 등 대규모 개발사업의 핵심 요지에 GH 공급 물량의 절반 이상(추진 실적 확인 안 됨)	경기도 뉴스 포털
청년 원가주택	윤석열 국민의힘 대선 후보/대통령	• 일정한 자격을 갖춘 청년 및 신혼부부가 분양가의 20%를 내고, 80%는 최장 40년 장기 금융으로 조달 • 시세의 70% 이하로 공급 • 5년 거주 후 환매 가능하되 시세 차익의 70%는 보장	• 5년에 걸쳐 50만 호 공급	국토교통부
토지임대부 주택	노무현 정부 시작 홍준표 의원 추진 김헌동 SH 사장	• 건물 가격만 내고 분양받은 뒤, 토지분은 임대료 형식으로 납부	• 군포 당정지구 (2007년) • 서초구 보금자리 (2011년) • 서울 고덕강일지구 (2023년) • 향후 서울시는 계속 공급 예정	SH공사 카드 뉴스
쿼터주택	홍준표 국민의힘 대선 후보	• 서울 강북 지역 (고밀) 재개발을 통해 4분의 1 값에 아파트 공급. 토지임대부 포함	• 공약	
시프트 주택	오세훈 전 서울시장/ 현 시장	• 서울 요지 재건축 단지에 공공임대주택을 확보하여 주변 시세의 80% 선에서 전세로 20년간 임대. 임대료 상승이 억제되었기에 기간이 지나면서 시세의 2분의 1~3분의 1 이하가 되기도 함 • 초기에는 소득 제한 없었음	• 전세형 공공임대 주택을 통칭하는 개념으로 변화 • 2021년 이후 신혼부부를 대상으로 하는 시프트2.0 재추진	

족시킬 만큼 충분히 공급할 수 있을 것인가 하는 점. 둘째, 혜택을 받은 (극)소수와 못 받은 다수 간의 형평성 문제는 어떻게 해결할 것인가 하는 점. 셋째, 소수가 받는 혜택에 수반되는 비용은 누가 부담하는 것일까 하는 점이다.

우리나라에는 전국적으로 아파트 분양에 필요한 청약통장 가입자가 2023년 1월 현재 2774만 명이나 된다. 그중 1884만 명이 1순위다. 부동산 경기가 과열되었을 때는 전국적으로 2850만 명이 넘기도 했다. 사실상 온 국민이 아파트 당첨을 준비하고 있다고 해도 과언이 아니다. 일반적으로 수도권 요지의 아파트 단지 분양 경쟁률은 수백 대 일에 이른다. 가점제로 당첨되기 위해서는 다자녀, 무주택 기간 등을 따지기 때문에, 몇 점으로 당첨되었는가가 초미의 관심사가 되곤 한다. 그런데 이들 아파트의 분양가는 시세의 80% 내외다.

만약 정말 정치인들의 약속대로 시세의 반이나 반의반 값에, 더구나 교통도 좋고 위치도 좋은 곳에 아파트가 실제로 공급된다면 어떤 일이 벌어질까? 정말 로또가 되는 셈이다. 혹은 임대 전용으로 공급해서 매각 이익을 못 얻는다 하더라도 엄청난 기회비용의 혜택을 보는 셈이다. 지금 아파트를 기다리는 그 많은 사람의 수요를 충족시킬 수 있을까? 더구나 계속 늘어나는 수도권 인구를 억제할 실효적인 수단도 없으면서, 그렇게 좋은 기회를 찾아서 수도권으로 몰리는 사람들을 어떻게 감당할 것인가? 그러다 보면 좋은 입지·평형은 수요에 비해 공급이 터무니없이 모자라게 될 텐데, 혜택을 받은 사람과 못 받은 사람의 형평성은 어떻게 해결할 것인가? 다만 원가주택은 스스로 반값 아파트라고 부르지 않고 있으며, 시세보다 싸게 공급하되 매각 시 반드시 공공에만 팔고, 차익의 70%까지만 가져갈 수 있도록 해서 처음 분양받은 사람의 개발이익 독점 문제를 어느 정도 해결했다.

이렇게 큰 혜택을 제공하기 위해서는 누군가 비용을 부담해야 할 텐데 그것은 누가 부담하게 될까? 이 프로그램들이 성공하기 위해서는 모두 싼 토지가 있어야 한다. 민간 소유의 비싼 땅에서는 도저히 불가능하다. 결국 주로 개발제한구역을 수용해서 조성한 공공택지 외에는 대안이 없다. 그런데 이들 공공택지도 공짜로 만들어진 땅이 아니다. 보상가를 지불해야 하고, 조성비, 광역교통 설치비 등도 들어간다. 어느 프로그램이든 택지 조성 원가 이상으로 받지 않는 것을 전제로 한다. 또 사업자의 이윤도 제한한다. 그런데 여기서 조성 원가라는 말에 혼동의 소지가 있다. 공공택지를 조성하는 주체는 공기업이다. 공기업에 이윤을 남기지 말고 원가에 공급하라는 말이 당연한 것처럼 들리는데, 공기업은 이미 이런 사업을 통해 조금씩 남긴 이윤으로 공공임대주택을 공급하고 있다. 이른바 교차보조(交叉補助)이다. 택지를 모두 원가로 제공한다면, 결국 정부가 재정을 훨씬 더 늘려서 공공임대주택을 공급해야 한다는 얘기가 된다. 맞는 말처럼 보이지만, 소수의 누군가에게 로또형 주택을 공급하기 위해 정부가 세금을 추가로 지출하는 결과가 되고 마는 것이다.

또한 모든 프로그램은 자금 지원 특혜도 요구하고 있다. 거의 무이자로 해야 가능하다. 이것을 담당하는 곳이 HUG(주택도시보증공사)인데, 이 기관은 임대주택 건설 등에 대한 저리 자금 지원이나 전세보증, 선분양 아파트의 분양보증을 실시하고 있다. 그런데 HUG 재원의 핵심은 청약저축 가입자들의 적립금이다. 다시 말해 아파트 분양을 기다리는 사람들의 번호표 대기 자금으로 조성된 돈인 것이다. 이것을 일부 특혜성 주택 프로그램에 집중적으로 쏟아붓는 것이 타당할까?

정치인들은 이 세 가지 점을 어떻게 해결할 것인가에 대해서는 아무도 분명하게 얘기하고 있지 않다. 싸고 좋은 집을 많이 공급하자는 공약이나 제안에 반대할 사람들은 없다. 그러나 그것이 실제로는 극히 전시적인 수준의 적은 물량이거나, 청약저축 가입자들이 부담하는 돈으로 사업을 하는 것이라면 지극히 모순적이다. 이는 누군가의 로또 당첨을 위해 모든 국민이 비용을 지불하는 것이나 다름없기 때문이다. 지금의 제도하에서도 '로또 분양'이라는 비난과 불만이 이어지고 있는데, 이를 해결하지는 못할망정 달콤한 약속을 남발하는 것은 결코 바른 주택 정책이 아니다. 구매 여력이 부족한 저소득층이나 사회 초년생들에게는 공공임대주택을 더 늘리고, 생애최초주택구입자금 지원을 현실화하는 것이 낫다. 집값이 올라 배 아파하는 사람들이 많다고, 로또 당첨 같은 프로그램들을 늘리는 것은 답이 아닌 것이다.

포퓰리즘의 끝판왕, 반값 아파트

여기서 우리는 이른바 '반값 아파트'라는 환상에 대해서도 짚어볼 필요가 있다. 워낙 아파트값이 비싼 나라에서 '반값'이 주는 매력은 대단하다. 원조는 돌아가신 정주영 현대그룹 명예회장이 "채권 입찰을 없애고 기반시설을 무상으로 건설"하면 반값으로 아파트를 공급할 수 있다고 주장한 데서 시작한다. 그는 경부고속도로를 2층으로 만들면 도로를 두 배로 늘릴 수 있다는 주장을 하기도 했는데, 실현 가능성 여부는 별개로 하더라도 기존의 통념을 깨는 신선한 발상을 여럿 내놓기도 했다.

본격적인 반값 아파트 제안은 노무현 정부 때부터 시작되었다. 당시, 토지는 임대하고 집만 분양하게 되면, 토지분 가격만큼 싸지기 때문에 반값에 공급할 수 있다는 주장이 분출했다. 실제 땅값과 건축비가 대략 반반인 것으로 본다면, 계산상 공공택지에다 아파트를 지어 건물만 분양할 경우 반값이 될 것 같은 판단이 든다. 이후 한나라당 원내대표를 지낸 홍준표 의원은 이를 강력히 지지하여 제도화에 앞장섰으며, 이 방식은 진보·보수 할 것 없이, 또 여야 구별 없이 상당한 호응을 얻었다.

물론 토지임대부 아파트도 실무적으로 많은 쟁점을 안고 있었다. 첫째는 토지만 임대한다고 하더라도 그 임대료가 적지 않다는 것이었다. 면적에 따라서는 월 수십만 원씩 임대료를 부담해야 해서, 사실상 월세로 사는 것과 마찬가지가 될 수도 있다. 이에 월세 부담을 낮추기 위해 용적률을 더 높게 짓는 안이 제시되었고, 400%로 하는 안도 나왔다. 따라서 토지임대부 아파트가 성공하기 위해서는 최대한 싼 토지, 즉 수도권 외곽이거나, 서울이라면 용적률을 크게 높일 수밖에 없다는 결론에 이르렀다.

또 한 가지 고민은 재건축 시한이 되었을 때 토지의 소유권 문제였다. 제도 자체에 따르면 당연히 땅의 소유권은 공공에 있으므로 그 주택의 가치는 0이 될 수밖에 없다. 아무리 분양가가 싸다 하더라도 매달 임대료를 납부해야 하고, 더구나 재건축 시점이 되면 이론적으로는 가치가 모두 없어지는 것이다. 이를 사람들이 받아들일 수 있을까? 그런 점에서 '반값'이 아니라 '반쪽' 아파트라는 비판이 나왔다. 이 때문에 군포에서 시범 시행되었던 반값 아파트는 분양에도 실패했을 뿐 아니라 실제로는 땅값이 포함된 주택 가격과 다르지 않게 거래되었다. 결국 어느 단계가 되면 토지를 싸게 불하해줄 수밖에 없을 것이라는 기대가 형성되었던 것이다.

그랬던 토지임대부 반값 아파트가 최근 다시 부상하고 있다. 무엇보다 김헌동 SH 사장이 자신의 브랜드 사업으로 추진하고 있기 때문이다. 서울 강남권에 3억 원대 아파트를 공급한다는 목표 아래, 강동구에서 500여 호 공급을 추진하고 있다. 59m² 아파트의 건물분 소유권을 약 3억 5000만 원에 분양하되 40년간 매달 40만 원 정도의 토지임대료를 납부하는 조건이다. 토지임대료가 높다는 지적에 따라 추후 더 내려갈 여지를 남겨두었다. 매매는 10년 후부터 가능하다. 물론 토지 소유권은 없다.

그런데 다른 '반값' 프로그램들과 마찬가지로, 이 사업도 물량은 전체적으로는 미미하다. 상식적으로 서울시가 얼마나 더 많이 공급할 수 있을지도 금방 알 수 있다. 서울에서 싸게 공급할 수 있는 빈 땅이 거의 없다는 것은 상식이다. 토지임대부는 아니지만 이명박 대통령식 반값 아파트였던 토지임대부 보금자리주택은 정권 차원의 대대적인 추진에도 불구하고, 서초구 우면동(358가구)과 강남구 자곡동(402가구)에서 단 두 차례 760가구만 공급되었을 뿐이다.

이렇게 물량이 적음에도 이 방식을 주장하는 사람들의 논거는, 싸게 공급되는 물량이 결국 시장 안정에 기여할 것이라는 것이다. 우리 아파트 가격에 얼마나 거품이 많은지 소비자들에게 인식시킴으로써 전반적으로 가격 하락에 기여한다는 시나리오다. 그러나 현실은 너무 물량이 적어서 영향을 전혀 끼치지 못하고 있다. 찻잔 속 태풍에 불과하다는 것이다. 실제로 강남권 토지임대부 아파트(LH강남브리즈힐 34평형) 시세는 10~13억 원으로 2012년 말 분양가 대비 5~6배가량 올랐다. 김헌동 사장은 이명박 정부 당시 보금자리주택 반값 아파트 공급 때문에 강남 집값이 떨어졌다고 주장한다. 그래서 이명박 대통령이 부동산 정책을 가장 잘했다는 얘기를 스스럼없이 한다. 궤변이다. 노무현 정부 동안 쌓인 거품, 그동안 누적된 공급 물량이 금융위기 이후 조정받았기 때문에 가격이 내린 것이다.

결국 "싸게, 많이, 원하는 모두에게"라는 말은 정치적으로는 매력적인 구호이지만, 현실 정책에서는 실현도 어렵거니와 심각한 왜곡을 야기할 수 있다. 다양한 공급 방식, 다양한 수요에 부응하는 공급 노력은 나름대로 효과도 있고 의미도 있다. 그러나 환상적인 프로그램 몇 가지로 모든 문제를 해결하겠다는 방식은 미혹에 불과하다. 실제 이런 식의 프로그램은 부동산시장에 좋은 영향을 끼치지 못했다. 지나친 특혜나 공급자의 손실 등을 우려해서 처음 내세운 내용과는 달리 조금씩 후퇴하면서, 결국 소수만 혜택을 보고 끝난 특혜 사업이 되었던 사례를 무수히 보았다.

그럼에도 선진국들은 이런 프로그램을 잘하고 있는데, 우리는 왜 못하냐는 얘기를 듣곤 한다. 과연 그럴까?

꿈의 주택 정책은 없다

반값 아파트를 포함해서 앞에서 다룬 거의 모든 프로그램의 정신적·경험적 뿌리는 싱가포르의 공공주택에 있다. 싱가포르는 잘 알려져 있다시피 전 국민의 90%가 내 집에 살고, 그 70%는 공공(HDB, Housing Development Board, 주택청)이 공급한 주택이다. 모든 싱가포르 국민은 일생에 두 번 공공주택

분양 기회를 갖는데, 시세보다 약 30% 싼값, 민간주택보다는 절반 가까이 싼값으로 입주하게 된다. 토지는 국가 소유이되 별도로 임대료를 내지 않는다. 다만 99년이 경과하면 토지 소유권은 다시 국가에 귀속되게 되어 있다. 이런 꿈같은 일이 가능하게 된 것은 전체 토지의 90%가 국유이며, 전 국민이 일종의 강제 저축연금인 CPF(Central Provident Fund)에 많을 때는 소득의 4분의 1(고용주 부담분을 합하면 절반 이상)을 적립해서 주택자금에 쓸 수 있었고, HDB는 안정적으로 주택을 공급했기 때문이다. 우리라고 못할 바가 없어 보였기에 싱가포르 경험은 정치인, 시민단체, 전문가 모두에게 가야 할 모델이 되었다. 그때마다 우리는 왜 싱가포르처럼 못하는가 하는 질문을 던져왔다.

　가장 큰 이유는 우리는 중대규모 국가이며, 수도권으로의 인구 집중을 억제할 수 없다는 데 있다. 싱가포르는 기본적으로 국경이 통제되어 있으며, 외국인이 아무리 늘더라도 주택 정책 대상에서는 제외한다. 따라서 인구라는 기본 수요를 예측할 수 있고, 영토의 가용지 범위 내에서 주택의 수급을 제어할 수 있다. 그러나 서울은 1960년 약 250만 명에서 불과 30년 만에 1100만 명으로 인구가 늘어났다. 이후 경기도 지역을 포함한 수도권의 인구 증가는 더 가파르다. 다음으로 중요한 차이는 국공유지다. 우리나라는 경제개발 과정에서 국공유지를 팔아서 재정에 보탠 나라다. 지금 있는 한강변 초고가 아파트들은 50여 년 전 한강의 공유수면을 매립해서

만든 땅에 들어섰다. 여의도도 마찬가지다. 요지의 국공유지를 민간에 팔아왔던 것이다.

기본적으로 '인구'와 '땅'이 싱가포르와 달랐다. 싱가포르가 토지·주택의 공공성을 높여서 주택 문제를 해결하려던 시기에 우리는 가족과 시장에 그 역할을 맡겨두었다. 우리나라의 공공택지와 청약제도가 얼핏 보기에는 싱가포르의 택지 및 자금 확보 방식과 유사해 보이기 때문에, 우리도 싱가포르 같은 주택 공급이 가능하지 않을까 착각하기 쉽다. 그러나 현실은 전혀 다르다. CPF는 소득의 절반 가까이나 되는 돈을 적립해서 주택에 사용할 수 있게 했다. 하지만 우리나라는 국민연금제도가 1990년대 말이나 되어서야 전 국민에게 적용되었다. 이런 역사적 차이가 있기 때문에 우리는 왜 싱가포르처럼 하지 못했던가를 한탄하는 것은 의미가 없다. 우리는 우리의 조건에서, 또 우리의 방식으로 최선을 다했던 것이다.

또 하나 오해하면 안 되는 것이, 싱가포르는 토지임대료가 없다. 토지가 국유이기 때문에 99년의 임대 기간이 끝난 후 돌려주는 조건만 있을 뿐이다. 또 5년 이내에 매각할 경우에만 공급 기관, 즉 HDB에 환매할 뿐이다. 사실상 전 국민이 혜택을 볼 수 있는 일반 아파트인 것이다. 이미 높은 기여금(CPF)을 내고 혜택을 전 국민이 나눠 받는 구조이다. 반면 우리나라는 집을 지을 수 있는 국공유지가 극히 적다. 공공이 조성하는 택지도 기본적으로 민간에 매각되는 방식이다. 따라서 반값 아파트는 일반 분양 아파트와의 형평성 때문에 토지임대료를 받지 않을 수 없게 되어 있다. 50년 후에는 토지에 대한 권리 없이 반납해야 하는 것은 물론이다. 그럼에도 이렇게 무리하게 '반값'이라는 단어에 집착해야 하는가? 그냥 공공택지의 시세보다 낮은 분양주택 공급을 늘리면 안 되는가? 왜 이것이 문제라는 것일까?

전 세계가 경험한 싸고, 좋은 집의 공급 방식의 기본 틀은 시세보다 낮게 제공하는 공공분양주택이거나 공공임대주택이다. 여기에다 나라별로 역사적으로 축적된 자원을 활용해 조금씩 변형했을 뿐이다. 북유럽이나 네덜란드의 경우는 협동조합 소유의 주택을 싸게 공급해왔지만 이는 그 나라의 맥락에서만 성공할 수 있는 모델이었다. 궁금하면 내가 진미윤 박사와 함께 쓴 책《꿈의 주택정책을 찾아서》와 그 2편 격인《집에 갇힌 나라, 동아시아와 중국》을 참고하면 된다.

하늘에서 떨어지듯 획기적인 방법이 있을 것이라는 환상을 가져서는 안 된다. 우리는 공공택지, 청약제도를 기본 틀로 하면서 최대한 실수요자에게 충분히 돌아갈 수 있도록 많은 양을 공급하는 것이 해법이다. 설령 정치인들이 제안하는 프로그램들보다 혜택이 적더라도 그 수익을 더 가난한 사람들의 주거에 사용하는 것이 합당한 접근이다. 저소득층이나 청년층들에게는 작지만 편히 살 수 있는 임대주택이나 장기자금 대출을 알선하는 보완책이 있다. 어렵다고 로또 기대심리를 부추겨 상황을 모면할 수는 없는 법이다.

10장

이제 공공임대주택은 더 필요 없나?

임대보다 내 집을 갖고 싶은 청년들

공공임대인가, 분양주택인가?

공공임대주택은 정부가 서민 주거 안정을 위해 펼칠 수 있는 가장 적극적인 대책 중 하나다. 공공이 직접 주거 취약계층에게 낮은 가격으로 임대함으로써 주거비도 절감하고 안정적인 생활이 가능하도록 지원하는 수단이다. 많은 선진국이 1900년대 초부터 공공임대주택을 도입해서 제2차 세계대전 이후 본격 확대했다. 대표적으로 영국과 네덜란드는 한때 전체 가구의 30% 이상이 공공임대주택에 거주할 정도였다. 북유럽 복지국가들도 마찬가지였다. 일본도 1990년 무렵 버블 붕괴 전까지는 공공임대주택을 계속 늘려서 많을 때는 도쿄 인구 9%가 살아갈 정도였다.

우리나라는 집값이 워낙 높은 데다 전·월세 시장도 불안정했기 때문에 오래전부터 공공임대주택을 늘리는 것이야말로 서민들의 주거 안정에 꼭 필요하다는 공감대가 있어왔다. 1989년 영구임대주택을 처음 도입할 즈음부터 우리 사회는 '공공임대주택 10%'를 일종의 사회적 목표처럼 설정해왔다. 이후 정부마다 차이가 있기는 했지만 공공임대주택 확대는 정부와 정치권의 중요한 과제였다. 실제 정부 기준으로는 이미 약 9%를 달성하는 등 전 세계적으로 가장 빨리 늘고 있는 중이다. 정의당이나 시민단체 등은 이를 더 확대해서 20%까지 늘려야 한다고 주장하고, 특히 공공택지에 지어지는 주택의 반 이상을 공공임대주택으로 지어야 한다고 주장하고 있다. 공공임대주택이야말로 우리나라 주택 문제를 근본적으로 해결하는 수단이라는 입장이다.

반면 다른 쪽에서는 정부가 공공임대보다 내 집 마련을 지원해야 한다고 목소리를 높이고 있다. 특히 지난 대선 때 청년들이 집값 폭등에 분노하고 있다는 점을 들어 문재인 정부가 원치 않는 공공임대주택을 강요하고 있다는 비판이 이어졌다. '임대 말고 내 집'이 일종의 구호가 된 셈이다. 정치인들은 문재인 정부의 공공임대주택 정책에 독설을 쏟아냈다. "집값 올려놓고 임대 살라고? 이게 나라냐"(주호영 의원), "무슨 권리로 내 집 마련 꿈 버리라 하나"(유승민 전 의원)라는 말들이 난무했다. 이런 분위기에서 각 대선 후보들의 공약도 원가주택, 기본주택, 누구나집, 반값 아파트 등 저렴한 공공 자가주택 공급에 집중되었다.

당시 윤석열 후보도 공공임대주택보다는 저렴한 분양주택을 강조했다. 시세보다 훨씬 싸게 분양하는 청년원가주택이 대표적이다. 집권 이후에는 공공임대 목표 물량과 예산을 줄였을 뿐 아니라, 2022년 12월에 열린 생방송 토론에서는 "공공임대를 선이라고만 할 수는 없다"면서 민간임대주택 활성화 방안을 밝히기도 했다. 2023년도 공공임대주택 관련 예산은 이전보다 대폭 줄어들었다. 임기 내 공급 목표도 명확히 밝히지 않았는데, 이전 박근혜, 문재인 정부 당시에는 연 12~14만 호씩 공급했지만, 윤석열 정부에서는 10만 호 이하로 줄어들 것은 분명해 보인다. 대신 청년층 등을 대상으로 한 공공분양을 늘리겠다는 입장이다. 이에 야당과 시민단체들은 공공임대주택 예산을 늘릴 것을 요구하면서 대치하기도 했다.

시민들 생각은 어떨까? 우리는 매년 주거실태조사를 통해 "가장 필요한 주거 지원 프로그램이 무엇이라고 생각하는가"라는 항목을 묻고 있다. 이 조사에서 공공임대주택 필요성에 대한 시민들의 공감 비율은 계속 줄어드는 추세다. 소득 하위층마저 2014년에 비해 2020년에 '원한다'는 답변이 많이 줄어들었다(22.5%에서 16.5%로 하락). 동일한 질문은 아니지만 2006년 조사에서 "무주택 가구의 공공임대주택 입주 의사"를 물었을 때 저소득층 39.2%, 중 46.0%, 고 40.1%가 '그렇다'고 답했던 것과 비교하면 상당히 달라졌다고 할 수 있다.

〈표 10-1〉"공공임대주택이 가장 필요한 주거 지원 프로그램(1순위)" 추이

(단위: %)

조사 시점	2014	2016	2018	2020
종합	16.3	16.1	13.6	11.6
소득 하위	22.5	21.2	19.2	16.5
소득 중위	13.3	13.2	11.0	8.9
소득 상위	9.6	9.5	6.6	5.8

● 자료: 국토교통부, 각 연도 《주거실태조사》에서 재구성

그런데 2022년 여름, 반지하 주택 침수로 일가족이 참변을 당한 일이 벌어지자 언론들은 근본적인 해법은 공공임대주택 확대에 있다는 취지의 기사나 사설을 쏟아냈다. 〈반지하 대책, 희망 고문 안 되려면 임대주택 공급 서둘러야〉(《동아일보》, 2022.8.16.), 〈공공임대는 혐오시설이 아니다〉(《중앙일보》, 2022.8.13.), 〈반지하 주거 벗어나기, 공공임대 확충 없인 말 잔치로 끝난다〉(《한겨레》, 2022.8.19.). 이에 서울시나 정부도 반지하 침수에 따라 공공임대주택을 더 늘려야 한다는 점에 공감했다. 그렇다면 공공임대주택을 대폭 늘리는 길이 맞는 것일까, 아니면 이제 그만하면 됐고 자가주택을 늘리는 쪽으로 가는 것이 맞는 것일까?

집값이 불안할수록 공공임대주택

　　우리나라에서 국제 기준에 부합하는 장기 공공임대주택이 처음 공급된 것은 1989년 2월 노태우 대통령 취임 1주년 행사('보통사람들의 날')에서 25만 호의 영구임대주택 건립계획을 밝히면서부터다. 당시는 집값과 임대료가 폭등하고, 판자촌 합동재개발사업으로 세입자들의 철거반대운동이 격화되어 있을 때였다. 따라서 대규모 주택 공급을 위한 '200만 호 공급' 계획과 함께 공공임대주택 정책이 시작되었다. 25만 호는 당시 주로 판자촌에 거주하던 생활보호대상자(거택보호) 가구 수에 맞춘 것으로, 최초 공공임대주택은 빈곤층이 주 대상이었다.

　　그런데 1992년부터 집값이 진정되고 빈곤층 집중 거주에 따른 부정적 여론이 대두되자 영구임대주택은 애초 계획보다 적은 19만 호를 끝으로 종료됐다. 이에 김영삼 정부에서는 판자촌 재개발에 따른 세입자용 공공임대주택과 소량의 50년임대주택을 공급하는 데 그쳤다. 그러다가 김대중 정부에서 외환위기에 따른 사회안전망 구축을 위해 1998년 10만 호 국민임대주택을 추진했다. 2003년 출범한 노무현 정부는 이를 더 발전시켜서 50만 호(2006년에는 100만 호로 확대) 공공임대주택 건설계획을 수립했다. 이와 함께 매입임대주택, 전세임대주택 등 기존 주택을 활용한 공공임대주택 사업도 시작하고 10년임대주택도 도입했다. 연간 10만 호 내외의 물량을 공급하는 대규모 공공임대주택 공급 시대가 시작된 것이다.

하지만 2008년 시작된 이명박 정부는 공공임대주택 시세보다 낮은 분양주택(보금자리주택)에 초점을 두는 방향으로 정책을 전환했다. 공공임대주택 물량은 줄이는 대신 빈곤층을 대상으로 한 영구임대주택 공급을 부분적으로 재개했다. 그러나 집권 후반 전·월세값 상승이 문제가 되자 기존 주택을 활용해서 지원 대상을 빨리 늘릴 수 있는 전세임대주택을 확대했다. 다만 이 시기에 서울시의 오세훈 시장은 중앙정부와는 다른 기조의 정책, 즉 중산층까지 입주할 수 있는 시프트주택(장기전세임대주택)을 도입했다.

박근혜 정부는 전임 이명박 정부와는 달리 노무현 정부의 주거복지로드맵, 즉 공공임대주택을 대량으로 확대하는 방향으로 회귀하게 된다. 이어서 출범한 문재인 정부도 마찬가지였다. 크게 보자면 노무현-박근혜-문재인 정부가 같은 기조의 공공임대주택 확대 흐름을 계속했다고 할 수 있다. 그 결과 정부 기준 2022년 공공임대주택 재고는 약 200만 호, 전체 가구 중 거주 비율은 9.0%로 OECD 평균보다도 높을 것으로 예상된다.

이처럼 공공임대주택은 그 첫 도입 이래, 시기에 따라 속도 차이는 있지만 꾸준히 증가해왔다. 신축의 경우 1990년대는 영구임대주택, 2000년대는 국민임대주택, 2010년대부터는 행복주택과 10년임대주택이 중심을 이루고 있다. 점점 더 중소득층을 대상으로 하는 신축 공급이 늘어났다는 것을 알 수 있다. 대신 저소득층을 위한 공공임대주택은 대부분 기존 주택을 활용하고 있다. 다세대·다가구주택을 매입해서 임대주택으로 활용하는 매입임대주택, 전세금 일부를 빌려주는 전세임대주택이 주요 수단이다. 신규 공급량의 절반 가까이를 차지할 정도로 비중이 크다. 이렇게 신축 주택은 청년, 신혼부부, 중산층 중심으로 공급하고, 저소득층은 주로 기존 주택을 활용하는 방식으로 이원화·차별화되는 현상은 최근 우리 공공임대주택 정책의 중요한 특징이 되었다.

공공임대주택 공급량 추이를 주택 공급량, 공공택지 지정량, 주택 및 전세가, 사회 부문 예산 증가율 등과 비교해보면, 가장 관계가 높은 변수는 주택 가격 변동률이었다. 이는 가격 상승이 부동산 여론에 영향을 끼치고, 그에 따라 정부가 적극적인 공급 대책 및 공공임대주택 확대 정책을 폈기 때문이라고 할 수 있다. 결국 우리나라는 집값이 불안한 시기일수록 공공임대주택 공급을 늘렸는데, 이는 외환위기 이후 집값 회복기를 제외하고는 대체로 1~2년의 후행 시차를 두고 성립된다.

공공임대주택 입주자들은 주거비 수준이나 관리 상황 등에 상당히 만족하고 있다는 조사 결과가 많다. 이웃과의 차별 문제나 사회적 단절, 격리 등 선진국 공공임대주택에서 많이 나타나는 문제들도 우리나라에서는 양호한 편이다. 빈곤층 중심으로 입주시킨 영구임대주택을 제외하면 거의 문제가 나타나지 않고 있다. 이는 신축 공공임대주택은 대부분 중

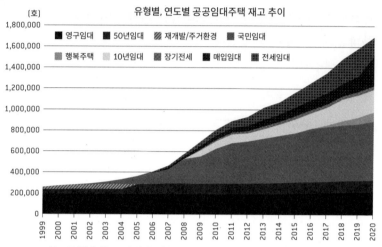

〈그림 10-1〉 공공임대주택 공급 추이

유형별, 연도별 공공임대주택 재고 추이

- 주: 10년임대에는 분납 임대 포함
- 자료: 진미윤 작성 자료

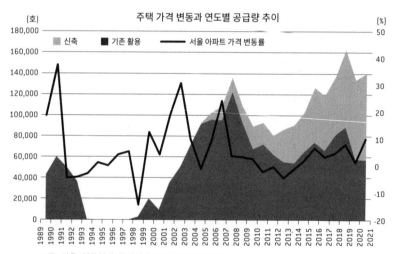

주택 가격 변동과 연도별 공급량 추이

- 주: 신축-영구임대, 국민임대, 10년임대, 행복주택
  기존 활용-매입임대, 전세임대
- 자료: 국토교통부, 《주택업무편람》 각 연도 재구성

소득층에 제공했고, 저소득층은 주로 기존 주택을 활용한 임대주택에 입주함으로써 인근 주민들과 별다른 차이를 나타내지 않았기 때문이기도 하다.

실제로는 5.5%밖에 안 되는 공공임대주택

윤석열 정부는 노골적으로 공공임대주택보다는 자가주택과 함께 민간의 임대주택 공급을 늘리는 방안을 추진하고 있다. 원희룡 장관도 우리나라 공공임대주택이 '이미 선진국 수준에 도달'했기* 때문에 굳이 더 많이 늘릴 필요는 없다는 생각을 하고 있는 듯하다. 그런데 여기서 우리는 아주 중요한 사실을 먼저 확인해야 한다. 우리나라 공공임대주택은 정부가 말하듯이 이미 선진국 수준, 즉 OECD 평균 수준에 도달했는가 하는 점이다.

우리 정부의 공공임대주택 통계는 한마디로 과장되어 있다. 빠르면 5년 뒤 분양하는 임대주택(10년임대주택)과 전세금을 최대 1억 2000만 원 빌려줄 뿐이면서도 공공임대주택이라고 부르는 전세임대주택이 2020년 말 현재 전체 재고 169만 호의 29.5%, 약 50만 호에 이른다. 이 두 유형은 엄밀히

---

* 〈윤석열 대통령과 원희룡 국토부 장관의 부동산시장 인식은〉,
《한국경제》, 2022.12.16.

공공임대주택이 아니다. 특히 전세금 저리 대출을 공공임대주택으로 간주하는 것은 그야말로 숫자 놀음에 불과하다. 이 두 유형을 제외할 경우 공공임대주택 재고는 전체 가구의 5%대로 내려간다. 아직 OECD 평균 8.9%에 한참 못 미치는 수준이다. 이런 통계 방식은 과거 정부부터 공공임대주택 공급을 열심히 한다고 설명하려다 보니 생긴 관행이다. 설령 나쁜 의도가 아니었다 해도 정부의 '성급한 기대'가 반영된 통계인 것이다. 그런 점에서 '이미 많다'라는 말은 틀린 얘기다. 정부도 전문가도 진작부터 알고 있던 얘기다.

더구나 공공임대주택 정책은 그동안 중소득층, 청년층 등 소득이 좀 더 많은 계층을 대상으로 한 유형을 늘려왔다. 이 때문에 정작 가난한 계층들은 상대적으로 입주 기회가 줄어들었다. 기회가 주어지더라도 주거수준이 떨어지는 빌라나 단독주택 중심이었다. 또 일부 지역, 일부 유형의 공공임대주택이 비어 있다는 이유로 공급이 많다고 하는 사람들도 있다. 그러나 이는 전형적인 공급자 논리다. 비어 있는 주택들은 지나치게 작은 집이거나 생활이 불편한 반지하 방들이 대부분이다. 장부상으로만 공공임대주택 재고에 포함되어 있을 뿐 실제로는 활용이 어려운 주택들인 것이다.

그런 점에서 무엇보다 먼저 공공임대주택 통계의 거품을 빼야 한다. 전세금 저리 대출 자체는 필요한 것이기도 하기 때문에, 이는 임대료 보조 통계로 옮겨야 한다. 또 10년임대주택은 연차별로 줄어들 물량이기 때문에 이를 현실에 반영해야 한다. 그 경우 현재 공공임대주택 재고는 5.5% 정도에 불과하다. 아직 OECD 평균에 도달하기 위해서라도 향후 10년간 최소 매년 10만 호씩 더 필요하다. 그것도 제대로 된 기준에 따라. 기존 정부 기준으로는 13~14만 호에 해당한다. 향후 가구 수 증가가 계속된다는 점을 감안하면 앞으로도 대량 공급에 매달려야 한다.

물량만큼이나 중요한 것은 '필요한 곳에, 좋은 임대주택' 공급을 늘려야 한다는 것이다. 그동안 성과 부풀리기에 급했던 나머지 지방 소도시에까지 공공임대주택 물량을 확대해왔는데, 이는 중단되어야 한다. 그런 지역에서는 기존 재고 주택을 고쳐서 임대주택으로 활용하거나 임대료를 보조하는 것이 효과적이다. 이미 과잉 재고가 있는 지역이라면 이를 매각하는 것도 방법이다. 대신 수도권이나 대도시 지역에는 공공임대주택을 더 늘려야 한다. 토지 구하기도 어렵고 비용이 많이 들기는 하지만, 그렇더라도 더 노력해야 할 일이다. 재개발·재건축사업에서 공공임대주택을 공급할 경우 용적률을 대폭 높여주는 방법도 효과적일 것이다. 적어도 서울에서 10% 가구가 '실질적'인 공공임대주택에 거주할 수 있게 될 때까지 재정 지원도 늘려야 한다.

물량 확대와 함께 공공임대주택 우선 입주 대상도 다원화해야 한다. 가구소득, 가구 형태, 자녀 유무 등에 따라 어떤 집단에 우선적으로 공공임대주택을 배분할 것인가는 중요한 쟁점이다. 선진국 경험으로는 물량이 너무 적을 경우 가난한 사람을 중심으로 배분하는 경향이 있고, 이는 공공임대주택이 사회적 단절을 야기하는 원인으로 지적되어왔다. 반면 우리나라는 초기의 영구임대주택이 극빈층 중심으로 배정된 데 따른 문제점이 부각되면서, 신축 공공임대주택은 중소득층 중심으로 배분했다. 이는 빈곤층 밀집에 따른 사회적 단절을 방지하고 공공임대주택에 대한 사회적 인식을 개선하는 데는 도움이 되었지만, 거꾸로 저소득층을 배제하는 문제가 생겼다. 따라서 입주 대상을 다원화하는 기조는 유지하되, 저소득층의 입주 기회를 늘릴 필요가 있다. 문재인 정부 때 시작한 통합임대주택제도를 확대하면 도움이 될 것으로 확신한다.

이와 함께 우리도 공공임대주택에 입주하지 못한 저소득 임차 가구에 대한 임대료 보조제도를 강화할 필요가 있다. 선진국에서는 1970년대부터 공공임대주택 공급을 줄이는 대신 민간주택에 대한 임대료 보조를 강화했다. 과다한 재정이 소요되고 사회적 단절 등의 문제를 가진 공공임대주택보다 민간 주택시장을 활용함으로써 시장 친화적이고 수요자들의 선택권을 높일 수 있다는 장점이 있었다. 이에 따라 많은 나라에서 1990년대부터 임대료 보조 예산이 공공임대주택 관련 예산보다 많아졌으며 지원 대상 가구 수도 마찬가지였다. 그러나 임대료 보조는 2000년대 들면 한계에 봉착하는데, 집값 상승에 따라 임대료 자체도 올라갔기 때문에 재정이 제한된 상태에서는 지원 대상을 줄일 수밖에 없었기 때문이다. 특히 2008년 금융위기 이후에는 이런 현상이 더 심해진다. 결국 임대료 보조제도가 공공임대주택 정책을 대체하는 역할을 할 수 있을 것으로 기대했지만, 주택시장 자체의 불안정과 민간임대료 상승으로 인해 그 한계를 드러내고 말았다. 그런 점에서 우리나라는 섣불리 공공임대주택을 줄여서는 안 되고, 오히려 서로 보완하는 차원에서 임대료 보조제도를 강화해야 한다.

우리 정부는 2015년 그동안 기초생활보장제도의 생계급여에 포함되어 있던 주거급여를 독립시키고 대상과 지원 액수를 늘려가기 시작했다. 2022년 현재 주거급여 수혜 가구는 약 150만으로 그중 절반 가까이는 기존 기초생활보장 대상자가 아니다. 가난한 청년층들도 월세 보조를 받을 수 있게 되었다. 주거급여 확대가 주거복지 자원의 선택폭을 넓히고 사각지대 가구에 대한 지원 효과를 높인 것이다. 특히 반지하 가구 대책으로도 주거급여가 요긴하게 쓰일 전망이다.

결론적으로 공공임대주택은 시장 불안에도 취약계층을 보호할 수 있는 가장 중요한 사회안전망이다. 물론 공공임대주택이 많다고 주택 문제가 해결된다는 보장은 없다. 전 세계에서 공공임대주택 거주 비중이 높은 나라는 네덜란드, 스웨덴, 오스트리아, 덴마크, 영국이고, 아시아에서는 홍콩 등이다. 하지만 이 나라들의 집값 상승 폭은 그 어떤 나라들보다 크다. 공공임대주택이 많다고 집값이 안정되는 것은 아닌 것이다. 그러나 공공임대주택이 충분한 나라라면 그만큼 저소득층이나 주거 취약계층이 집 문제로 파국에 이르는 것을 막을 수는 있다. 집값이 불안해져도 서민들을 보호할 수 있는 것이다. 과다한 재정 소요, 관리상의 어려움 등에도 많은 선진국이 공공임대주택을 지키고 있는 이유다. 우리나라는 특히 이른바 지·옥·고(지하방, 옥탑방, 고시원)에 거주하는 가구가 전국적으로 4%, 서울에서는 8%에 이를 정도로 주거사정이 심각하다. 주변에 온통 아파트만 보이니 마치 우리 주거사정이 이미 선진국 수준이 된 듯 착각하기 쉽지만, 현실은 침수 지하셋방이 여전한 나라일 뿐이다. 위치가 좋은 곳에 공급되는 공공임대주택은 지금도 청약경쟁률이 400 대 1을 웃돌 정도다.* 시장 임대료보다 낮게 안정적으로 거주할 수 있는 질 좋은 공공임대주택이 늘어나야 한다. 최소한 전체 가구의 10%가 거주할 수 있을 때까지는.

---

* 〈'전세 포비아'… 공공임대에 청년 2만 명 몰렸다〉, 《매일경제》, 2023.1.14.

11 장

주택의 금융화와 투자 상품화
전 세계가 같은 문제를 겪고 있다

문제를 이해하는 화두, 주택의 금융화

2000년 이후 세계 주택시장은 이례적인 일들의 연속이다. 2008년 금융위기 전후의 집값 급등락, 다시 2020년 전후의 집값 급등, 유례없던 자가 소유율 상승과 하락, 민간임대의 증가, 자산 격차 확대 등이 우리가 최근 20년 동안 보고 있는 모습이다. 미국의 노벨경제학상 수상자이자 케이스-실러 지수를 만든 로버트 실러 교수 등은 이런 상황을 '대공황 이후 가장 큰 거품 형성과 붕괴, 또 재형성'으로 보고 있다. 선진국 주택학계에서는 이런 현상이 발생한 원인을 '주택의 금융화(financialization of housing)'로 설명한다. 세계적인 유력 학술지들(*Housing Studies, International Journal of Housing Policy, Critical Housing*

Analysis 등)은 최근 관련 주제로 특집호를 발간하는 등 집중적인 관심을 보이는 중이다.

우리가 일상에서 자주 쓰는 주택금융이라는 말은 주택의 구입과 이용에 활용하는 금융시스템을 뜻한다. 반면 주택의 금융화란 "주택 분야에서 금융시장의 확대와 그 압도적 영향을 설명"하는 개념이다. 주택의 금융화 논의가 본격적으로 등장한 것은 2000년대 초반부터다. 풍부한 유동성에다 이른바 서브프라임 모기지를 통해 주택 구입 열풍이 불고 가계부채가 증가할 때였다. 당시 남발된 모기지가 주도하는 집값 상승과 시장 불안을 보면서, 금융이 주택시장과 주택 인식에 미치는 다양한 현상에 주목하기 시작한 것이다. 이는 일찍이 1970년대, 우리나라에도 잘 알려진 진보적 도시학자 데이비드 하비(David Harvey)가 주장한 '과잉 자본의 공간에 대한 가치 저장' 개념에 뿌리를 두고 있다. 그의 관점에 따르면, 주택이나 부동산은 넘치는 돈을 빨아들임으로써(즉 가치 저장) 자본의 이윤율 저하를 막으면서 경기도 부양할 수 있는 '마약 같은 속성'을 가지고 있다.* 하지만 공간에 대한 과도한 가치 저장은 더 큰 위기로 표출되고 만다. 과잉 자본을 공간에 저장하는 과정에서 부동산 거품이 너무 커질 뿐 아니라, 소비자들의 구매력이 한계에 도달하면 결국 거품이 붕괴하기 때문이

---

*   Manuel B. Aalbers, *The Financialization of Housing: A political economy approach*, Routledge, 2016, p.6.

다. 2008년 금융위기가 그 대표적인 사례이다.

　우리가 일반적으로 접하는 주택의 금융화의 대표적인 현상은 금융을 매개로 한 자가 소유 열풍이다. 대부분의 서구 선진국들은 1990년대 중반부터 자가 소유가 늘어나 2000년대 초 정점에 이르렀는데, 특히 미국, 영국의 경우 10여 년 동안 5%p 이상 증가했다. 이때 자가 소유 확대를 견인한 것이 금융권의 장기주택담보대출, 즉 모기지였다. 그러나 금융 시스템을 매개로 증가한 자가 소유는 2008년 금융위기 전후 한계에 달하면서 자가율은 상당수 국가에서 정체되고 있다. 특히 미국, 영국은 늘어났던 자가율이 과거보다 더 낮아져버렸다. 이 과정에서 소득과 비교해 대출을 무리하게 받은 가구들이 집을 차압당하고 경제적으로 어려워지는 문제가 발생했다. 모기지는 금융산업 성장의 가장 큰 동력이었지만, 이런 대단위 모기지 시대(great mortgaging)가 '금융의 저주(finance curse)'를 불러온 것이다.

　이처럼 과다한 모기지 시대는 역설적으로 자가 소유의 한계를 가져왔다. 낮은 금리의 모기지가 더 많은 사람들이 부동산을 소유할 수 있도록 도왔지만, 거꾸로 부동산 가격 상승을 초래하면서 집값을 감당할 수 없게 만든 것이다. 이런 상황에서 특히 청년층과 소수 인종 가구들은 자가 소유율이 현격히 떨어졌다. 자가 소유 열풍이 역설적으로 세대별 격차와 소득 계층별 불평등을 확대한 것이다. 미국, 영국은 물론이고 북유럽 국가들조차 과도한 금융화의 결과로 집값과 임대료가 급등하고, 소득 대비 부채가 세계에서 가장 높은 수준이 되면서 주택시장이 불안정하고 취약하게 변해버렸다.[*]

임대로 살 수밖에 없는 세대 VS 임대업자 세대

대다수 선진국에서 자가 소유의 한계가 드러나는 가운데, 그동안 핵심적인 주택 정책이었던 공공임대주택마저 후퇴하는 중이다. 1990년대부터 대부분의 선진국은 공공임대주택 공급을 대폭 축소하거나 심지어 기존에 있던 물량까지 줄이고 있다. 이런 상황에서 민간임대에 거주할 수밖에 없는 세대·계층이 늘어나고 고착화되고 있다. 영국을 예로 들면, 2003년에는 자가율이 70%였던 것이 2015년에는 64%로 줄어들었는데, 같은 기간 35세 이하의 경우는 50.3%에서 28.9%로 자가율이 급감했다. 반면 민간임대에 사는 비율은 27.2%에서 50.4%로 급증했다.[**] 〈그림 11-1〉은 영국, 미국의 세대별 자가거주율 변화를 나타낸 것으로 중·고령 세대를 제

[*]   Bent Sofus Tranøy, Mary Ann Stamsø and Ingrid Hjertaker, "Equality as a driver of inequality? Universalistic welfare, generalised creditworthiness and financialised housing markets," *West European Politics* Vol.43 No.2, 2020, pp.390~411.

[**]   Richard Ronald, "'Generation Rent' and Intergenerational Relations in the Era of Housing Financialization", *Critical Housing Analysis* Vol.5 No.2, 2018, pp.14~26.

〈그림 11-1〉 영국, 미국의 세대별 자가거주율 추이

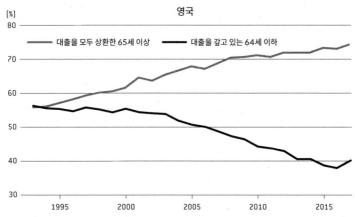

- 자료: Richard Rartington, "Home ownership among people aged 35-44 has plunged", *Guardian*, 2020.2.10.(https://www.theguardian.com/money/2020/feb/10/home-ownership-ons-rent)

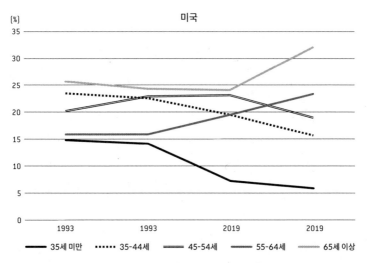

- 자료: "Homeownership Rate By Age", iPropertyManagement.com, 2022.10.1. (https://ipropertymanagement.com/research/homeownership-rate-by-age)

외하면 자가율이 빠르게 내려가는 것을 확인할 수 있다. 이는 서방 선진국 외에도 일본 등 동아시아 국가들에서도 비슷한 상황이다.

우리나라는 아직 10년 정도 통계에서는 이런 추세가 명확히 드러나지는 않는다. 어떤 세대에서도 자가율이 떨어지는 경향이 뚜렷하지 않다. 40대에서는 눈에 띄게 늘어나기도 했다. 이는 주거실태조사의 통계적 문제 때문일 수도 있는데, 다른 연구에서는 이른바 에코 세대인 30대까지는 과거보다 자가율이 떨어지고 있다는 보고가 많다.* 다만 소득 계층별로는 중상위층과 하위층 간 자가율 차이는 분명하다. 특히 저소득층 중 노령 가구를 제외할 경우 청년층 자가율은 더욱 낮아질 것이다.

그렇다면 늘어난 민간임대 수요는 누가 공급할까? 영국의 경우 1998년과 비교해 2015년에는 민간임대업자의 수와 그들이 제공하는 주택이 모두 두 배로 늘었다. 이들 대다수는 1960~1970년대에 출생한 고도성장 세대로 임대주택 구입용(Buy-to-let) 모기지 등을 활용해 추가로 주택을 구입했다. 일본

---

* 김경연·정동준, 〈세대별 주택 점유와 주택 규모 선택에 관한 실증 분석: 베이비붐 세대, 노년 세대, 에코 세대를 중심으로〉,《부동산·도시연구》 제10권 제1호, 2017, 97~119쪽; 이희선·하준경, 〈주택 소유와 부채 보유의 연령 및 세대 효과〉,《주택연구》 제29권 3호, 2021, 69~92쪽; 송인호, 〈세대 간 주택시장의 이해와 주거유형 선택의 경제적 함의: 베이비붐 세대와 에코 세대를 중심으로〉,《한국경제포럼》 제13권 제2호, 2020, 45~69쪽 참고.

〈그림 11-2〉 한국의 계층별, 세대별 자가거주율 추이

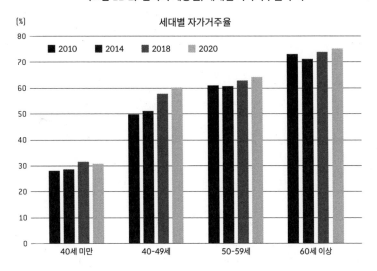

세대별 자가거주율

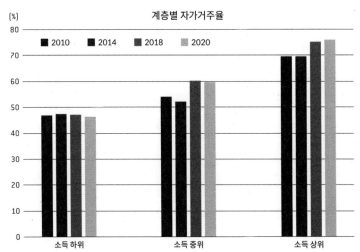

계층별 자가거주율

- 자료: 국토교통부, 《주거실태조사》 각 연도 재구성

의 경우도 55세 이상의 26%는 다주택 소유자들이다.* 공공임
대주택 거주 비중이 가장 높은 나라인 네덜란드도 금융위기
이후 다주택자가 빠르게 늘어나 암스테르담 20%, 마하스트
리트 27%를 넘을 정도다.** 이런 추가 주택을 통한 소득 보충
은 영국, 미국과 같은 자유주의 복지국가뿐 아니라, 복지 수
준이 상대적으로 높은 중·북부 유럽 국가들에서도 연금 보충
차원에서 확산되고 있다.

다수의 1980~1990년대에 출생한 청년층들이 '임대로
살 수밖에 없는 세대(generation rent)'가 되었다면, 1960~1970
년대에 출생한 세대들은 '임대업자 세대(generation landlord)'가
되었다고 할 수 있다. 이들 임대업자 세대는 자신의 돈이 아
니라 금융을 활용해서 집을 늘리는 중이다. 미국, 일본, 영국,
호주 등에서 "서브프라임이 무너뜨린 잔해 위에서 더 강하고
금융화된 민간임대업자 시대"가 출현한 것이다.*** 결국 고도
성장 세대와 저성장 세대가 주택자산을 매개로 세대 간(inter-
generation)에 현격한 격차를 보이게 되었다. 그러나 이는 세대

---

* Richard Ronald, "'Generation Rent' and Intergenerational Relations
in the Era of Housing Financialization", Ibid., 2018.

** Manuel B. Aalbers, Cody Hochstenbach, Jelke Bosma and Rodrigo
Fernandez, "The Death and Life of Private Landlordism: How
financialized homeownership gave birth to the Buy-To-Let market",
Housing, *Theory and Society* Vol.38 No.2, 2020, pp.541~563.

*** Ray Forrest and Yosuke Hirayama, "The financialisation of the social
project: Embedded liberalism, neoliberalism and home ownership",
Urban Studies Vol.52 No.2, 2015, pp.233~244.

간 문제에 그치지 않고 세대 내(intra-generation) 격차로 확대된다. 젊은 세대 중에서 부모가 능력이 있는 경우 부모 지원, 즉 '엄마 아빠 은행(Bank of mum and dad)'을 활용하여 주택을 구입하거나 심지어 임대사업을 하는 경우가 늘고 있는 것이다.

민간임대 확대는 개인 임대업에 머물지 않는다. 금융위기 이후 임대사업 기관 투자가도 빠르게 확대되고 있다. 이들은 금융권 대출을 이용하거나 헤지펀드, 리츠 등을 통해 주택에 투자한다. 캐나다에서는 금융화된 임대사업자들이 전체 캐나다 아파트의 10%를 소유하고 있다. 1999년 조사에서는 전혀 없던 현상이다.**** 미국에서는 소형 1인 가구용 임대주택 리츠, 독일에서는 등록 부동산투자운영 회사(listed real estate company)가 확대되고 있다. 스페인 바르셀로나에서는 금융위기로 압류된 수십만 채를 리츠가 사들여 임대사업을 하고 있다. 미국, 호주도 마찬가지로, 더 전문적으로 금융화된 투자자(investor landlord)들이 출현했다. 2000년대 이후 완화된 임대차 규제는 민간임대시장을 더욱 활성화하는 계기가 되었다. 반면 임차인은 더 나쁜 상황에 빠지고, 여러 곳에서 임대료 인상을 둘러싼 갈등이 표출되고 있다. 특히 금융화가 강하게 진행된 나라일수록 소득 증가보다 임대료 증가 속도가 훨씬 빨라서 주거비 부담이 커졌다.

**** Martine August, "The financialization of Canadian multi-family rental housing: From trailer to tower", *Journal of Urban Affairs* Vol.42 No.7, 2020, pp.975~997.

이렇게 민간임대주택이 금융 투자의 대상이 되면서 이전과는 다른 주택의 금융화 단계가 시작되었다. 종전 금융을 활용한 단기 거래 중심의 주택 투자가 '금융화 1.0'이라고 한다면, 운용 수익을 계속 얻기 위한 장기 민간임대사업은 '금융화 2.0'이라고 부르기도 한다. 과거와 달리 임대 부문이 금융화의 최전선에 등장함으로써 '임대'주택의 금융화(financialization of 'rental' housing) 단계에 들어섰다고 할 수 있다.*

주택의 금융화에 대안은 있는가?

주택의 금융화는 주택이 가진 상품으로서의 속성이 금융을 매개로 더욱 부각되는 상황을 뜻한다. 금융을 매개로 주택에 대한 접근성을 높이고 시장이 활성화되는 효과가 있는가 하면, 과도한 금융화로 인해 시장이 불안정해지고 가계부채가 증가하며 결과적으로 자산의 편중이 일어난다는 문제점도 있다. 그렇다면 금융화의 순기능은 살리면서 역기능을 막는 것은 가능할까? 주택의 금융화 논의에 뛰어든 많은 학자들도 이 문제를 고민해왔다.

---

*　Gertjan Wijburg, Manuel B. Aalbers and Susanne Heeg, "The Financialisation of Rental Housing 2.0: Releasing Housing into the Privatised Mainstream of Capital Accumulation", *Antipode* Vol.50 No.4, 2018, pp.1098~1119.

세대가 문제인가, 계층이 문제인가?

집값이 끝없이 오를 것처럼 보였던 2021~2022년, 뒤늦게 청년 층들이 내 집 마련 대열에 뛰어들게 된다. 당시 서울, 수도권 주택 구 입의 40%가 20~30대였다. 최근 그 비중이 20%대로 낮아진 것을 보면 그 무렵 상황을 짐작할 수 있을 것이다. 그런데 이때 집을 샀던 청 년층들이 집값 하락의 직격탄을 맞았다고 모두들 염려한다. 비싼 값에 산 데다 이후 금리가 급등해 피해를 보고 있다는 것이다. '영끌' 세대에 대한 안타까운 표현도 줄을 잇고 있다. 표현하기는 그렇지만 이전의 '벼락 거지'에 대비되는 말로 '영끌 거지' 혹은 '영끌 푸어'라는 말이 등장했고, 이들이 집을 사도록 부추기거나 공포심을 조장했다는 이유로 '영끌 오적'이 온라인을 달구기도 했다.

그런데 당시 영끌 세대는 무슨 돈으로 집을 샀을까? 언론의 얘기처럼 은행 대출이나 남의 돈을 끌어다 썼을까? 아니면 부모 세대로부터 상당한 원조를 받아서 샀을까? 다시 말해 '피해받은 세대'인지, 아니면 '집을 살 만한 계층'에 속했던 것인지 하는 문제이다.

이를 확인하기 위해서는 영끌 주택 구입 가구에 대한 심층적인 조사가 필요하지만 아직 본격적인 조사 결과가 나오지는 않았다. 그래서 간접적이기는 하지만 2021~2022년 여름까지 18개월간 수도권 아파트 구입자 중 20~30대의 자금조달계획서를 통해 이들이 무슨 돈으로 집을 샀는지 파악해보았다. 자료를 분석해보면, 놀랍게도 이들의 대출 비율은 다른 연령대와 별로 다르지 않았다. 시기별로도 큰 차이가 없었다. 물론 개중에는 극단적으로 대출을 많이 받은 경우도 있겠

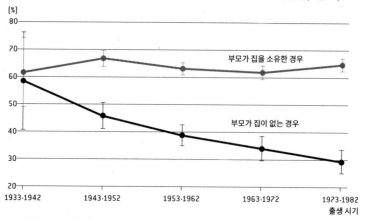

〈그림 1〉 부모의 주택 소유 여부에 따른 35~44세의 자가 소유 확률(프랑스)

- 자료: Bertrand Garbinti and Frédérique Savignac, "Intergenerational Homeownership in France over the 20th Century", Banque de France, 2021.3.

지만, 흔히 들었던 얘기와는 차이가 있다.*

　이는 우리가 그동안 들었던 얘기와는 상당히 다르다. 따라서 영끌 문제를 흔히 세대의 문제로 보고 있지만, 본질은 계층의 문제가 아닐까 생각한다. 이는 이른바 '세대 담론의 유효성', 즉 청년층이 그들만의 정치적 입장과 세계관이 있는가 하는 논의와 맥락을 같이한다. 세대 담론은 청년 세대가 기성세대—정치적으로 이른바 586—에게 경제적·사회적 자원을 뺏긴 채 기회 불평등을 안고 있다는 논리였다. 공정성의 문제이기도 했다. 그러나 신진욱 교수는 《그런 세대는 없다: 불평등 시대의 세대와 정치 이야기》(개마고원, 2022)에서 기본적으로 세대 담론은 허구 내지 과장이며, 본질은 계층에 있다는 점을 설파했

---

* 　홍정훈, 《주택취득자금 조달 및 입주계획서 분석 보고서》, 한국도시연구소, 2022.

다. 청년이어도 다 같은 청년이 아니며, 그가 속한 가족이나 배경에 따라 사회·경제적 위치나 의식이 결정된다는 것이다.

이와 관련해서 프랑스 중앙은행이 최근 발간한 리포트를 주목해보자. 출생 시기별로 35~44세의 연령대가 내 집을 가질 확률을 계산한 것인데, 부모가 집이 있는 경우는 시대별로 큰 차이 없이 60~70%의 범위에서 집을 소유하고 있었다. 하지만 부모가 집이 없는 경우는 갈수록 그 확률이 떨어져서 1973~1982년 출생 세대의 경우 30% 이하로 내려갔다. 부모의 집 소유 여부와 어느 소득 계층에 속하는지에 따라 그 차이는 더욱 뚜렷할 것이다. 우리도 마찬가지일 것으로 짐작한다.

주택의 금융화 논의를 앞장서 이끌고 있는 마누엘 알버스는 이에 대해 이렇게 설명한다. "이 문제는 공급으로는 해결되지 않는다. …… 공급으로는 집값을 거의 낮출 수 없고, 중·저소득층의 주거수준이나 입지를 개선할 수도 없다. …… 세금을 줄이거나 자가 소유를 지원하는 것은 부담을 낮추는 게 아니라 결국 집값을 견인하게 된다. …… 신자유주의적 해법은 주택 위기를 항구화할 뿐이다. …… 이 문제는 자본주의 자체의 문제이다."* 그렇다면 급진적 대안밖에 생각할 수 없는 것인가? 알버스는 이 대목에서 집의 소유권을 없애거나 빈집 점거(squatting) 같은 '급진 대안'을 언급하기는 하지만, 결론적으로는 과도한 자가 소유 촉진책 중단, 더 많은 공공임대주택 확대, LTV·DTI 규제 강화 등과 같은 '강한 수준의 정책'을 제안하고 있다.**

다른 학자들은 급진적 대안이 불가능한 이유에 대해 더 직설적으로 지적한다. "진보주의자들은 계속해서 좀 더 급진적인 방안을 제안하고 있다. 하지만 그런 접근 방법들은 주택 가격 인플레이션이 별개의 문제가 아니라 신자유주의 사회구조를 떠받치는 하나의 중요한 기둥이자 신자유주의 사회가 돌아가는 방식과 밀접한 관련이 있는 요인이라는 사실을 인정하지 않을 때가 많다. …… (하지만) 유권자들은 주택 가

---

*   Manuel B. Aalbers, *The Financialization of Housing: A political economy approach*, p.145.

**   Ibid., pp.146~148.

격 적정성 문제 및 여기에서 비롯된 부의 불평등 심화 문제를 해결하기 위한 좀 더 급진적인 방안을 선택할 수 있는 기회가 주어지면 오히려 이런 방안에 반대표를 던진다."*** "인구의 대다수가 부동산을 소유하고 있기 때문에 규제 기관과 정치인들이 한껏 부푼 땅과 신용의 풍선을 터뜨리기가 더욱 어렵다. 일반적인 금융자산이 아니라 가족주택이라는 형태에 집중되어 있고, 거기에 심리적 의미도 더해져 있기 때문에 경제적 불균형 문제를 다루기는 더욱 어렵다. …… 우리는 땅 문제가 어떤 신통한 방법으로 한 방에 해결될 수 있다고 생각하지 않는다."****

주택의 금융화 논의는 기본적으로 자본주의 경제에 대한 구조적 이해에 바탕을 두고 있다. 구조에 대한 논의는 불가피하게 원리적이고 급진적인 해법이 나오게 하는 경향이 있다. 그러나 위에서 다소 길게 인용했지만, 결국 금융화 문제에 대해서는 급진적 대안이 적용되기 어렵다는 것을 인정하는 데서 출발할 수밖에 없다. 이에 여러 학자들은 금융에 대한 투명한 정보, 건전성 감독, 추가적인 주택 공급과 함께 수요 관리 병행, 공공임대주택 등 정부 보조 건설 확대, 구매

*** 리사 앳킨스·멀린다 쿠퍼·마르티즌 코닝스, 《이 모든 것은 자산에서 시작되었다: 자산의 격차는 어떻게 개인의 삶을 가르는 핵심 요인이 되었는가》, 김현정 옮김, 사이, 2021, 180쪽.

**** 조시 라이언-콜린스·토비 로이드·로리 맥팔렌, 《땅과 집값의 경제학: 우리 삶의 불평등, 그 시작은 땅과 집에서 비롯되었다》, 김아영 옮김, 사이, 2017, 284~286쪽.

력 지원 패키지 병행, 빈집 등에 대한 과세 강화, 협동조합주택 등 다양한 주택에 대한 지원 등을 제안하고 있다. 결국 우리나라가 지난 몇 년간 해왔던 정책들과 별반 다르지 않다.

전세대출, 집값 상승의 불쏘시개

주택의 금융화와 관련된 다른 나라들의 상황과 논의를 통해, 우리와 너무나 비슷하게 일이 전개되고 있다는 것을 느꼈을 것이다. 집값 폭등과 부동산 거품 위기, 부동산을 매개로 세대·계층 간 격차 확대, 내 집 마련 열망에도 불구하고 임대로 살아갈 수밖에 없는 계층의 증가는 우리도 똑같이 겪고 있는 일들이다. 선진국들은 이런 현상이 일어난 배경으로 부동산 부문에 대한 금융의 역할을 가장 중요하게 보고 있다.

그런데 우리나라는 선진국에 비해 금융의 역할이 외견상 커 보이지 않는다. 무엇보다 주택구입자금 중 제도권 금융을 통해 조달하는 비중이 낮다. 선진국들이 집값의 80~90%를 장기 모기지 형태로 대출받는 데 비해 우리나라는 40% 이하에 그치고 있다. 서구 국가들은 물론이고 일본보다도 매우 낮은 편이다. 또 선진국들에 비해 리츠나 사모펀드 등 간접투자가 발달하지 않았다. 전반적으로 '주택금융'은 활성화되었지만, 금융의 압도적인 역할을 의미하는 '주택의 금융화'는 지체된 것이다.* 이런 요인들로 인해 주택시장에서 금융(화)

의 영향이 크게 느껴지지 않을 수 있다.

그러나 우리나라 주택시장도 현실적·잠재적으로 이미 금융의 영향을 강하게 받고 있다. 서구에서 2000년대 초 주택의 금융화 논의가 출발하게 된 직접적인 계기였던 가계부채, 위험 대출도 이미 현실 문제로 등장했다. 서영수의 분석에 따르면 최근 5년간 가계부채 증가율은 세계에서 가장 높은 수준이고, 주택담보대출뿐 아니라 전세대출, 신용대출, 기업대출 형식을 통해 주택 부문에 돈이 집중되었다.**

선진국들과 달리 직접적인 주택담보대출 형식이 아니라, 다른 통로를 통해 사실상 금융권의 자금이 주택 부문으로 몰리고 있다. 무엇보다 주택 구입 시 자금의 40~50%를 기존 주택의 전세금으로 충당함으로써 당장의 대출은 커 보이지 않는다. 그러나 이 전세금의 뿌리는 금융에 있다. 집값 상승기마다 폭증하는 전세대출은 누군가의 주택 구입을 뒷받침하는 불쏘시개가 되고 있다. 또 집을 사거나 전셋집 구할 때의 가족 지원은 제도 금융을 보완하는 자금 조달 통로이다. 결국 우리의 전세제도와 가족주의가 '금융의 직접적 역할'을 희석시켰을 뿐이다. 따라서 우리는 주택담보대출과 같은 공

---

* 김명수, 〈가계 금융화의 굴절과 금융 불평등: 한국 가계의 금융통합 양상에 관한 경험적 고찰〉, 《한국사회학》 제54권 제1호, 2020, 139~179쪽.

** 서영수, 《2022 피할 수 없는 부채 위기: 부동산과 주식시장의 폭락에 대비하라!》.

적 금융을 통한 금융화보다 전세금을 통한 '사적 금융화'에 더 주목해야 한다. 전세와 가족을 매개로 한 한국식 주택의 금융화라고 할 수 있다.

이런 차원에서 우리나라의 주택시장 상황도 선진국들의 주택금융화 현상으로 설명할 수 있다. 2000년 이후 등락이 있기는 했지만 집값이 급등하고 자산 격차도 커져만 갔다. 그 원인도 유사하다. 당면한 수급 불일치와 함께 장기간에 걸친 과잉유동성, 코로나19에 따른 돈 풀기의 영향 등이다. 어느 나라가 더 많이 올랐느냐, 아니냐는 중요한 문제가 아니다. 추세적으로 유사한 경로를 밟고 있는 것이다. 그런데 앞에서 본 것처럼, 주택의 금융화에 문제의식을 가진 서구 학자들 대부분은 이런 상황을 공급 부족 때문이 아니라 과도한 금융화의 결과로 본다. 반면 우리나라에서는 이를 공급 부족과 반시장적 규제 때문이라고 보고 있다.

비록 전세제도라는 매개 때문에 표면적으로는 선진국들과는 다른 양태를 보이고 있지만, 우리 주택시장도 기본적으로 과도한 상품화와 금융화의 영향을 받으며 움직이고 있을 뿐이다. 그만큼 주택의 금융화 논의가 주목하고 있는 주택시장의 구조와 정책 담론에 대한 이해가 필요하다. 우리나라 주택 문제를 논할 때 주택의 금융화 논의는 그만큼 중요한 것이다.

3부

어떻게
할 것인가?

12장

부동산 포퓰리즘의 나라
평등주의, 선정주의, 낭만주의를 넘어서

한국 부동산의 숙명, 가족주의와 평등주의

우리나라는 태생적으로 주택 문제가 심각할 수밖에 없었다. 1960년대부터 급작스럽게 산업화와 도시화가 동시에 진행되면서, 농촌 인구가 급격히 도시로 모여들었기 때문이다. 이농 인구는 비록 고향에서는 자기 집이 있었을지 몰라도 대도시에서는 무주택자였다. 도시민의 대다수가 남의 집에 세를 살 수밖에 없는 상황이었다. 더구나 정부는 집 문제를 해결할 능력도, 또 해결하려는 의지도 없었다. 산업 생산과 경제개발, 혹은 국방에 집중할 뿐 집을 위한 자원 배분은 부차적으로 보았다. 가장 적극적인 대책이 판자촌을 묵인하고, 계획적으로 재배치한 정도였다. 결국 주택 문제는 각 가족이

자구적으로 해결해야 할 숙제였다.

소득 증가에 비해 주거수준이 낮고, 집값마저 만성적으로 오르자 부동산에 대한 집착은 더 강해졌다. 1990년대까지는 주택금융도 제대로 발달하지 않은 상태였기 때문에, 온 집안이 집 장만에 매달렸다. 특히 전세제도를 통한 가족 간 원조가 일상화되었다. 다행히 고도성장기라 '주거사다리'가 작동했다. 변두리 작은 집에 세를 얻어 살다가, 내 집을 장만하고 또 넓혀가는 일이 가능했다. 나라 경제가 커가는 만큼 아이들도 잘 자라줬다. 워낙 가난한 상태에서 시작했기에 이만한 성공과 번영이라도 온전히 자식들에게 물려주는 게 중요했다. 교육과 부동산이 그 수단이었다. 자녀들에게 인적 자산과 물적 자산을 키워서 넘겨주는 일은 중산층 모두의 숙제였다. 과열된 교육 열풍과 부동산 집착은 이렇게 당연시되었다. 이런 과정을 거쳐 주택은 가족주의의 가장 중심에 있게 된다. 서구가 자가 소유 촉진 정책의 배경 이념으로 '자산 소유 민주주의'를 들었다면, 우리를 포함한 동아시아 국가들은 '자산 증식 가족주의'라고 할 수 있다. 그 결과 가계 자산 중 부동산이 차지하는 비중은 세계 최고 수준이 되고 말았다.

이런 상황에서 우리 국민들은 우리나라가 전 세계에서 가장 주택 문제가 어렵다고 믿는 경향이 생겼다. 대개 이런 이야기들을 한다. "좁은 땅에 많은 인구가 산다. 경제가 급성장해서 더 나은 주택에 대한 수요가 높다. 농경시대에서 벗어난 지 얼마 안 된 데다 사회불안을 겪어서 안전 자산에 대한 집착이 강하다. 강한 가족주의로 자식들에게 자산을 물려주려고 한다. 국유지나 공공임대주택이 부족해서 주거안전망이 취약하다." 그 결과 대부분 동아시아 국민들은 집값이 계속 오를 수밖에 없다고 체념하고, 자신들의 주택 정책에 대해서도 자학하는 분위기가 만연해 있다. 하지만 이런 태도는 결국 가족 중심의 자산 증식 추구 행위를 정당화·합리화하고 더 강화하는 기제가 되고 있다.

우리 특유의 부동산 평등주의는 이런 상황을 더욱 악화시킨다. 남과 비교하며 그와 같아지려는 평등주의는 '한국인의 (발전)에너지'*이지만, 동시에 개인적, 집단적 불안감을 야기하는 오래된 '마음의 습관'**이다. 그 결과 소득과 자산이 최고의 가치가 되고, 경쟁을 통해 이를 높이고 달성하려는 것이 사회적 목표가 되었다. 부동산과 교육이 그 대표적인 타깃이다. 우리의 교육열은 국가 발전의 원동력이기도 했지만, 그 과도함은 세계적인 가십거리가 되기도 했다. 또 특정 지역, 특정 유형 주택의 가격동향을 마치 유망 종목 주식 가격처럼 모니터링하고, 나도 그렇게 따라가야 한다는 조급함 속에서 살아가고 있기도 하다.

이런 심성이 생긴 이유에 대해 우리는 태생적으로 어려운 여건과 이를 해결하지 못한 정부 정책 때문이라고 생각하

＊　　정태석, 《한국인의 에너지, 평등주의: 평등주의와 서열주의의 모순적 공존》, 피어나, 2020.
＊＊　송호근, 《한국의 평등주의, 그 마음의 습관》, 삼성경제연구소, 2006.

는 경향이 있다. 그러나 정작 평등한 사회가 갖춰야 할 제도를 만드는 데는 소극적이고, 부정적이다. 임대차 제도나 가격평가, 부동산 관련 소득 파악 등이 전근대적인 상태로 방치되고 있다. 세제도 형평성에 맞지 않은 것은 마찬가지다. 부담이 크다 적다의 문제를 떠나 불투명하거나 왜곡된 상태로 방치되고 있다. 수시로 논란이 되기는 하지만 부동산 문제에 대한 전근대적 요소들을 강단 있게 고쳐내지 못하고 있다. 상황에 떠밀려 무리하게 세금을 올렸다가는 또 압력에 떠밀려 무리해서 내리는 일을 반복한다. 모든 기준이 부동산 평등주의가 가장 예민하게 보는 '고가주택의 가격'에 있다 보니, 그 등락에 따라 수시로 정책을 바꾸면서 정작 신뢰는 잃어버렸다. 우리 정부 정책을 가장 불신하고, 거꾸로 남의 나라 정책을 부러워한다. 그럴수록 정책 신뢰는 떨어지고 실효성도 떨어진다.

이렇게 평등주의 열망은 발전의 원동력이었지만, 동시에 옳은 규범은 갖추지 않은 채 경쟁하고 대립하는 반칙 사회의 뿌리가 되기도 했다. 평등주의의 분출이 주로 자산과 소득을 포함한 개인적 지위 상승을 중심으로 나타나면서, 역설적으로 평등을 추구할수록 불평등은 심화되는 결과를 초래했다.[*] 부동산에 대한 자학적 태도와 평등주의는 우리 국민들

---

[*] 정태석, 《한국인의 에너지, 평등주의: 평등주의와 서열주의의 모순적 공존》.

의 인식에 깊이 자리 잡고 있다. 이것을 어떻게 제도화된 공정 경쟁 질서로 바꿔낼 것인가? 예를 들면 공정한 세제, 개발이익 환수 체제를 갖추는 것을 전제로 우리나라의 '강남 집값'은 그냥 그들만의 리그로 내버려둘 수는 없는 것일까? 즉 집값이 오르든, 내리든 이른바 시장에 맡겨둘 영역과 정부가 책임질 영역을 나누는 방법이다. 하지만 우리나라는 부동산 평등주의의 파장 속에서, 공정한 경쟁 질서 마련에 실패하고 있다. 그럴수록 정부의 주택 정책은 더욱 '집값' 예속에서 벗어날 도리가 없다. 정치권과 언론, 시민단체, 전문가 모두 그 예속에 갇혀 있다. 그것이 표출되는 모습은 부동산 포퓰리즘이다. 누구 하나 예외가 없다.

부동산 정책을 망쳐온 포퓰리즘

아파트가 전체 주택의 반에 이르고 특히 서울은 60%가 넘기에, 누가 어느 단지에 산다는 것만으로도 자산 수준이 노출되는 세상이다. 일주일에 몇 번씩 발표되는 집값 동향은 사실상 전 국민의 재력 중계나 다름없다. 언론들도 "강남 불패, 벼락 거지, 영끌, 영끌 거지" 등과 같은 공포 언어들을 통해 부동산 불안을 극대화하는 중이다. 정부와 정치권은 국민들의 불안, 불만을 빨리 해결해야 한다는 압박감 속에서 국민들이 좋아할 만한, 언론이 손뼉 칠 만한 대책들을 내놓기에 급급하다. 평등주의가 만들어낸 부동산 정치인 셈이다. 나는 이렇게 나오는 정책들이야말로 부동산 포퓰리즘이라고 부르고자 한다. 우리가 일상에서 만나는 대표적인 포퓰리즘들을 생각해보자.

물량 포퓰리즘

싸고 좋은 집을 많이 공급하자는 데 이견을 가진 국민은 없을 것이다. 선진국들도 제2차 세계대전 이후 극심한 주택부족을 겪을 당시 물량 목표를 세우고 국가적 과제로 추진하기도 했다. 스웨덴의 100만 호 계획(밀리언 프로젝트), 일본의 주택건설 5개년 계획 같은 것들이 대표적이다. 우리나라도 500만 호(전두환 정부), 200만 호(노태우 정부), 100만 호 임대주택(노무현 정부), 250만 호(문재인 정부) 등의 숫자를 정해놓고 정책을 펼쳤다.

그런데 우리는 언젠가부터 부풀려진 숫자에 무뎌져버렸다. 1990년 "연간 50만 호-수도권 30만 호" 공급 목표가 정해진 이래, 박근혜 정부 당시 잠시 낮춘 다음 다시 올려 지금까지 33년간 계속되고 있다. 특히 집값이 오르는 시기만 되면 ○○○만 호 경쟁이 기승을 부리게 된다. 더 많은 공급을 약속해서 국민을 안심시키겠다는 의도는 이해하지만, 이미 숫자 놀음 단계에 들어섰다. 어떤 주택이, 어디에, 어떤 방식으로, 누구에게 공급되는지는 별 관심이 없어 보인다. 그저 "싸고 좋은 집, ○○○만 호" 구호만 남는 셈이다. 공급 부족 공포론이 만들어낸 공급 과장론이라고 해야 할까? 2022년 대선 당시 이재명 후보의 310만 호 건설 공약은 낙선했으니 그렇다 쳐도, 윤석열 후보의 270만 호 건설 공약이 어떻게 될지 지켜볼 일이다.

일본은 2006년, 그동안 양적 목표 달성에 집중했던 주택건설 5개년 계획을 폐지하고 10년 단위의 '주생활 기본계획'으로 방향을 바꿨다. 1990년 거품 붕괴 이후 15년 만의 일이다. 우리도 박근혜 정부 당시에는 공급 목표를 대폭 낮추고 주거의 질로 무게 중심을 옮기려 했다. 그러나 집값이 다시 오르자 모두 없던 일이 되어버렸다. 언제쯤 공허한 숫자가 아니라 실제 주거의 질과 효과로 관심이 넘어갈 수 있을까?

반값 아파트 포퓰리즘

반값으로 아파트를 공급하겠다는 데 반대할 사람은 없다. 이미 20여 년 전부터 진보적 시민단체나 전문가들이 주장해왔지만, 이제는 보수 정치인들도 선호하는 프로그램이 되었다. 그런데 그 물량이 전체 주택 공급량의 극히 일부에 불과하고, 앞으로도 공급이 거의 늘어날 가능성이 없다면 얘기가 달라진다. 로또이거나 전시형 사업일 뿐이다.

반값 아파트는 물량도 물량이지만, 토지임대료를 감안하면 사실상 월세 아파트이고 건물 가치가 없어졌을 때의 대책 등도 문제다. 무엇보다 토지의 대부분이 국공유지여야 가능한데, 이런 국가의 예외적인 프로그램을 한국사회에 적용하려 한다는 데 문제가 있다. 기본주택, 누구나집 등도 엄청나게 싸게 공급하겠다는 아류 계획들이지만 본질은 다르지 않다. 청약통장 가입자가 3000만 명에 가까운 우리 현실에서 공공택지를 활용해 시장가격보다 싸게 공급하는 것은 반드시 필요하다. 지금 수도권 대부분의 분양 아파트들이 그런 방식으로 이미 공급되고 있다. 만약 특별히 싸게 공급하는 물량이 있다면, 장기간 실거주토록 하고 중도에 팔 때는 공공에만 매각하되 차액의 일정 비율을 공유토록 하는 정도가 합당하다. 얼마 되지 않는 예외적인 사례들을 가지고 '반값' '반의반값', 혹은 '10%만 내면' 식으로 국민들을 속이거나 환상을 주입하려 해서는 안 된다.

공공임대주택의 경우도 소득 제한 없이 누구나, 전세로 싸게 20년간 거주할 수 있도록 했던 오세훈 시장의 초기 '시프트'(장기전세주택) 같은 경우는 전형적인 포퓰리즘이다. 강남권 요지에서는 시세의 20% 이하로 떨어진 임대료가 수두룩하다. 입주자의 소득 제한까지 두지 않았으니 그야말로 로또를 맞았던 셈이지만, 공급 기관인 SH는 이 때문에 엄청난 재정 손실을 보았다. 그럼에도 오세훈 시장은 1000~2000호도 공급되지 않은 시점에서 시프트 임대주택이 전셋값을 떨어뜨렸다는 연구 결과를 내놓고 자신의 치적으로 홍보했다. 당시는 금융위기가 닥치면서 집값, 전셋값이 떨어질 때였다. 다시 서울시장이 된 오세훈 시장은 소득 제한을 둔 시즌 2를 추진하고 있지만, 그때의 교훈 때문인지 신중해지기는 했다.

세금 포퓰리즘

세금은 부동산 정책에서 중요한 요소 중 하나다. 자본주의 사회에서는 부동산 보유에 따른 사회적 비용을 부담하고, 임대나 거래 시 얻은 소득에 대해서는 일정 비율의 세금을 당연히 부과한다. 많은 나라들이 부동산시장의 급등락기에는 보유를 억제하거나 진작하는 차원에서 취득세율을 바꾸고 있다. 상황에 따라서는 양도세율을 조정하는 경우도 있다.

그런데 우리나라는 유독 부동산 관련 세금이 '불로소득 환수'와 '시장 존중' 사이에서 춤을 춰왔다. 시중에서는 진보적인 정부는 불로소득 측면에서, 보수적인 정부는 시장 측면에서 정책을 펴왔기 때문에 정부의 이념에 따라 세금이 변화해왔다고 한다. 한마디로 문재인 정부는 이념적인 목적에 따라 세금을 올렸다는 것이다. 하지만 나는 그렇게 보지 않는다. 집값 급등기에 불로소득에 대한 비난이 집중되면, 보수정권이라 해도 세금을 높이려는 정책을 채택해왔다. 박정희, 노태우 정부도 마찬가지였다. 반면 김대중 정부는 부동산 세금을 낮추는 데 주력했다. 결국 시장 상황에 따라 부동산 세금은 등락을 거듭했던 셈이다.

부동산 경기에 따라 이렇게 극단적으로 세금 정책을 바꾸면서, 우리는 이를 정치적 프레임으로 포장해왔다: 불로소득 환수, 세금 폭탄, 부자 감세, 규제 대못 등의 익숙한 단어들은 사실 지지층을 위한 용어들이다. 정책적 합리성보다 국민들의 불안, 불만을 다독이려는 포퓰리즘에서 기인했다. "세금으로 집값을 잡겠다"는 것이나 "높은 세금은 반시장주의 이념 탓"이라는 것 등이 모두 포퓰리즘일 뿐이다. 문재인 정부나 당시 여당은 이 유혹에서 벗어나지 못했고, 이는 윤석열 정부도 반대 방향이지만 똑같은 길을 걷고 있다. 부동산 세금 중에는 경기에 따라 바꿔도 되거나, 꼭 바꿔야 할 세금이 있는가 하면 규범적으로 일정한 선을 지켜야 할 세금도 있다는 걸 명심해야 한다.

"이것만 하면 된다"는 만능 키는 없다

집값이 올라 민심이 흉흉해질 때면 어김없이 등장하는 얘기들이 있다. "이것만 하면 될 텐데, 그걸 안 해서 집값을 못 잡는다"는 얘기다. 대표적으로 '시장에 그냥 맡겨두면' '보유세만 제대로 올리면' '반값 아파트만 많이 공급하면' 하는 식이다. 원가 공개만 해도 집값을 낮출 거라는 얘기도 있다. 인터넷 댓글 같은 데서는 더 극단적인 해법들이 난무한다. "한 채 이상 집을 못 갖게 하라" "다주택자는 양도세 100%를 매겨야 한다"는 식이다.

그러나 절대로 집값을 한 방에 잡거나 올릴 수 있는 비책은 없다. 이 거대한 부동산시장은 몇 개의 정책 수단으로 금방 가격의 방향을 바꿀 수는 없다. 집값 급등기에는 모든 분야에서 수십 번의 대책을 내놓지만 효과는 더디고 온갖 회피 수단만 기승을 부릴 뿐이다. 넘치는 돈들이 제풀에 지칠 때까지는 도무지 체감하기가 쉽지 않다. 반면 급락기에는 종전 수요 규제를 모두 폐지해도 하락을 멈추지 않는다. 거래량이 10분의 1로 줄어드는 일도 허다하다. 역시 떨어질 만큼 떨어지고, 미뤘던 수요가 돌아와야 시장은 회복된다. 결국 기본적으로 부동산시장에는 주기가 있기 때문이다. 영향을 끼치는 변수들도 인구·가구, 거시경제 상황, 수급 사이클, 그리고 이것이 종합된 심리 등으로 복잡하기에 몇 개의 정책으로 바뀌지 못하는 것이다.

급등기에는 공급을 늘리면서 수요를 억제하고, 급락기에는 그 반대 방향으로 노력하는 것이 정부가 할 수 있는 최선의 방책일 뿐이다. 그럼에도 이렇게만 하면 금방 모든 것이 해결될 것처럼 얘기하는 만능주의가 국민들을 미혹한다. 대표적인 몇 가지를 짚어보자.

시장 만능주의

시장에 맡기라는 말은 집값이 급등할 때 가장 자주 듣는 얘기다. 그만큼 집값을 못 잡는 이유가 반시장적이고 이념적인 규제 때문이라는 생각이 담겨 있다. 그러나 앞에서도 누누이 얘기했지만 이는 정치적 프레임일 뿐이다. 세계 어느 나라도 시장에만 맡겨두는 곳은 없다. 도시계획제도 자체가 근본적으로 시장에 대해 정부가 개입하는 것이다. 선진국일수록 도시계획은 더 강하다. 재건축 초과이익환수제도보다 훨씬 더한 도시계획 규제를 가진 나라들도 많다. 세금도 더 높은 나라들이 있고, 금융 대출도 상환 능력을 더 엄격하게 따진다.

더구나 분양가상한제도 없고, 청약제도도 없는 '자유시장경제' 국가들은 집값이 안 올랐을까? 천만에. 앞에서 살펴본 다른 나라들 상황은 전혀 그렇지 않다. 다만, 우리가 시장에 맡길 것이라고 믿는 나라들은 집값이 오르든, 내리든, 정권의 문제로 이어지는 경우가 적은 것은 분명하다. 그야말로 시장의 일이다. 그러나 시장에 맡기라는 말만큼이나, 정부는 집값을 못 잡고 뭐 하냐는 비난이 빗발치는 나라에서 이것이 가능한 일일까? 시장에 맡기라는 요구가 결국 "시장에서 맘껏 돈 벌게 하면 문제가 저절로 해결된다"는 주장처럼 들리는 나라에서.

시장 만능주의가 절대 만능 해답이 될 수 없는 이유이다.

보유세 만능주의

토지에서 발생하는 불로소득을 모두 온전히 사회가 환수할 수 있다면? 꿈같은 얘기지만 부동산을 사실상 사용가치로만 받아들이는 사회가 될 수 있을 것이다. 이런 생각은 조지스트(헨리 조지 사상 추종자)들만의 지향에 그치지 않고, 주기적인 집값 폭등에 지친 한국사회에서 어려울 때마다 기대고 싶은 꿈이 되어왔다. 박정희 정부 때의 투기 억제 세제에서부터 노태우 정부의 토지초과이득세, 종합토지세, 노무현 정부의 종합부동산세까지 이런 불로소득 환수를 위한 노력이 깔려 있었다. 최근 30년 동안 집값이 급등하는 시기만 되면 '보유세 1%' 담론이 힘을 얻어왔다. 문재인 정부 기간에도 마찬가지였다.

그러나 현실에서 보유세를 통한 불로소득 환수론은 고가·과다 보유자에 대한 차별적 강화론과 다르지 않다. 압도적 다수의 토지에 대해서는 오히려 세금을 낮춰온 것이 현실이다. 불로소득 환수를 내걸고 실제로는 대중적 분노를 결집해왔을 뿐이다. 그 결과 보유세 강화론은 집값 잡는 매직이 되기보다 분열과 정쟁의 현장이 되어버렸다.

이론적으로도 150여 년 전의 사회·경제 상황과 지금의 자본주의 상황은 근본적으로 다르다. 당시에는 토지에서 얻은 불로소득이 가장 중요한 사회 불평등 문제였다면, 지금은 지식, 금융, 첨단기술 등에서 수많은 형태의 초과 지대가 생산되고 있다. 토지와 부동산에서의 불로소득이 양극화와 불평등을 초래하는 핵심 문제 중 하나인 것은 맞지만, 이것만 해결한다면 모든 문제가 풀릴 것이라는 것은 순진한 기대다. 또한 150년 전에는 도시 지역의 자가거주율이 10%도 안 되었다. 토지 가격 상승이야말로 소수가 누리는 불로소득이었다. 그러나 지금은 중산층의 대다수가 집을 가지고 있고, 그래서 높은 세금 부담이 곧바로 전 국민적 정치적 불만으로 터져 나오는 시대다. 그런 만큼 보유세를 대폭 올리자는 주장이 실제로 실행되기는 쉽지 않다. 보유세가 높다는 나라들이야말로 집값 폭등의 선두 국가들이기도 했다. 결국 만능 수단이라는 보유세는 시장 상황에 따라 극단을 오가는 포퓰리즘 패키지의 대표가 되고 말았다.

원가 공개 만능주의

이것만 하면 부동산 문제를 해결할 수 있다고 하는 주장 중 가장 황당한 것은 원가 공개만 제대로 하면 집값을 낮출 수 있다는 주장이다. 건설업체들이 원가는 얼마 안 되는데 부풀려서 분양가를 높게 받기 때문에, 원가 공개를 통해 국민적으로 감시하겠다는 취지다. 노무현 정부 당시 원가 공개 제도가 도입되었는데, 당초에는 노무현 대통령도 이를 반대했다. 원가를 다 공개하는 장사가 어디 있느냐는 것이었다. 하지만 당시 여당인 열린우리당의 김근태 당의장이 계급장 떼고 논쟁하자고 하는 등 논란이 계속되자, 참여정부도 마지못해 이를 도입했다. 그러나 공개 항목이 두루뭉술한 데다 검증하기도 쉽지 않아 요식 행위라는 비판을 받아왔다.

이에 경실련과 같은 시민단체의 김헌동 본부장(2023년 현재 SH공사 사장)은 원가 공개만 제대로 하면 분양가가 내려가고, 집값도 진정시킬 수 있다고 문재인 정부를 공격해왔다. 시장주의자들은 이것이 마뜩잖았겠지만 문재인 정부를 공격하니 모른 척했고, 다른 단체들은 그러려니 하고 호응이 없었다. 그러다 김헌동 본부장이 SH공사의 사장을 맡게 되자, SH부터 원가 공개를 철저히 하겠다고 나섰다. 당연히 쌀 것이다.

공공택지에 공공기관이 짓는 주택이니까 싸야 마땅하다. 원가를 공개하든 공개하지 않든 시중 민간 아파트보다 싸야 하는 것이다. 이것이 민간의 분양가나 주택 가격에 얼마나 영향을 끼칠 수 있을까?

그럼 LH는 원가 공개를 세세하게 하지 않으니, 폭리를 취하고 있는 것일까? LH는 수도권 분양주택에서 얻은 수익을 공공임대주택이나 지방에 투입하고 있다. 이른바 교차보조다. 민간 건설업체들도 공공택지에 아파트를 지을 경우 이미 원가연동제(분양가상한제)를 적용받고 있다. 문재인 정부 때는 민간택지에 대해서도 같은 제도를 도입하기도 했다.

원가 공개는 검증하기도 쉽지 않고, 개별 사업장 단위로 워낙 변수가 많기 때문에 그 사례를 일반 분양 가격으로 일반화하기가 쉽지 않다. 이런 상황에서 원가 공개 자체가 집값을 낮춘다는 것은 무슨 논리인지 이해할 수가 없다. 그럼에도 집값 폭등기마다 건설업체가 폭리를 취한다는 분노를 등에 입은 원가 공개 처방이 등장한다. 차라리 분양가를 억제하거나 부담금이나 공공임대주택 형태로 초과이익을 환수하는 것이 현실적인 방법이다.

난무하는 낭만주의, 이상주의, 선동주의

집값이 연이어 오르게 되면 온 나라가 뒤숭숭해진다. 민심이 동요하는 가운데 정부와 여당은 전전긍긍하게 되고, 야당은 '무능한 정부' 비판에 열을 올린다. 언론들은 하루에도 몇 번씩 부동산 관련 기사를 올려 국민들의 불안감을 자극하고 기사 클릭 수로 이어지게 한다. 자극적인 제목은 필수다. 대부분 기사에 포함된 전문가들의 인터뷰 꼭지는 언론이 미리 짜놓은 프레임에 구색을 갖추는 모양새가 된다. '공급이 부족하다' '규제에 문제가 있다' '시장 안정에 도움이 안 된다' 등이 단골 멘트다. 유튜버와 블로거들도 난리가 난다. 진단, 전망, 처방을 담은 각종 게시물이 홍수를 이룬다. 더 자극적일수록 구독자가 늘어나는 것은 물론이다.

집값 예측 전문가들이 이름값을 높이는 것도 이때다. "어 떠어떠해서 오를 수밖에 없다" 혹은 "내릴 수밖에 없다"는 예측이 이어진다. "내년에도 공급 부족이 지속되기 때문에 서울은 10% 이상 상승할 것"이라거나 반대로 "나의 분석 모형에 따르면 이미 고점에 도달했기에 내년에는 15% 이상 하락할 것"이라는 식의 발언을 많이 들었을 것이다. 주택산업연구원, 건설산업연구원 등 업계가 설립한 기관들은 수치까지 제시한다. 물론 예측은 거의 맞지 않는다. 그럼에도 급등기에는 급등한다는 예측이 대부분이고, 하락기에는 내린다는 예측이 대부분이다. 개중에 반대로 예측하는 사람들도 있는데, 시장 상황이 요행히 주장대로 맞게 되면 그야말로 대박이 난다. "급락을 정확히 예측한 사람" "유일하게 급등을 맞춘 사람" 등의 찬사가 따라다닌다. 자신의 예측 성공을 책 판매, 유튜브 조회 수에 톡톡히 활용하는 것은 물론이다. 그러나 예측이 틀렸다고 책임을 지는 사람은 없다. 그 말을 믿고 집을 사거나, 판 사람이 소송을 걸었다는 얘기도 없다. 마치 주가 전망처럼 그저 참고 전망일 뿐이다. 그럼에도 급등기의 불안감 조성에는 톡톡히 한몫을 한다. '영끌 오적'이다 뭐다 해서 비난을 받기는 하지만, 버젓이 언론사 행사나 인터뷰에 나와서는 여전히 또 다른 전망을 내놓는다.

이런 상황에서 나름대로 부동산 정책에 영향력 있는 정치권, 전문가, 시민단체의 주요 인사들은 '이것만 하면 된다'는 처방을 강조한다. "시장에 맡겨라" "불로소득을 환수하라"가 각종 처방의 양대 축인 가운데, 수많은 주장이 난무한다. 모두 나라 걱정 때문이기는 했겠지만, 안타까운 마음에 표현 수위가 극단을 달린다. 선정적 주장과 낭만적·이상적 해법이 더 힘을 얻고, 결과적으로 정치권은 그중 더 자극적인 정책들을 앞세우는 포퓰리즘의 전선에 나서게 된다. 정책의 현실성보다 국민, 좁게는 지지층이 환호하는 해법에 골몰하는 것이다. 언론사들도 각자의 이념적 프레임에 따라 포퓰리즘의 전도사들이 된다. 부동산 포퓰리즘은 안 된다고 하면서 실상 가장 포퓰리스트적인 정책을 전파하는 데 앞장서는 셈이다.

이럴 때는 정부도 길을 잃는다. 나는 어떤 정부든 절대로 이념 때문에 정책을 한다고 생각하지 않는 사람이다. 급등기는 물론이고 급락기에도. 그런 점에서 가격 하락기였던 이명박, 박근혜 정부의 정책들도 그럴 만했던 이유가 보인다. 하지만 사회 전반이 부동산 정책의 격랑에 흔들리면 어떤 정부든 합리적인 선을 지키지 못한다. 급등기는 급등기대로, 급락기도 급락기대로 포퓰리즘이 요구하는 과잉 정책에 떠밀리게 되는 것이다. 그럴수록 정책 신뢰는 떨어지고, 국민들은 더 불안해지기 마련이다. 정책의 효과도 마찬가지다. 우리가 문재인 정부에서 본 모습이다. 정작 필요했던 유동성 축소는 회피하면서, 당장 효과를 거두기 어려운 일들에 떠밀려왔다. 지금 반대 방향의 일이 윤석열 정부에서도 나타나고 있다.

어떻게 할 것인가? 포퓰리즘에 흔들리지 않는 부동산 정책은 불가능한가?

집값 예측은 가능한가?

부동산과 관련해서 가장 클릭 수가 많고, 동시에 가장 위험한 발언은 집값 예측이다. 가히 부동산 선정주의의 끝판왕이라 할 만하다. 결과가 맞기도 하고 틀리기도 하지만, 언제나 이유는 그럴듯하다. 경제 상황, 유동성, 공급량, 가구 증가, 부동산 심리 등 여러 요소를 포함해서 설명한다.

분석 모델이나 방법론을 구체적으로 제시하는 사람들도 있다. 여러 영향 요인을 장기간에 걸쳐 데이터로 분석한 과학 모델이라고 주장하는 분, 주택 가격 대비 전셋값 추이로 수익률을 따지는 분, 소득 대비 주택 가격 추이를 보면서 한계치를 예측하는 분, 구매력지수(K-HAI)의 장기 추이를 통해 상승 여력을 전망하는 분 등 나름대로 과학적인 방법론들을 총동원한다. 하지만 시장에서는 과거 최고치나 극단적 전망치마저 뛰어넘는 이례적인 현상들이 수시로 일어나곤 한다. 이는 다른 나라들도 마찬가지다. 그만큼 유동성의 압력이 더욱 커져버렸고, 주택의 금융화 현상이 상상을 넘어서는 정도로 압도하고 있기 때문이다. 내가 정책을 담당하고 있던 시기에 개인적으로 자문을 청했던 많은 전문가들도 본의 아니게 틀린 전망을 내기도 했다.

이와 함께 예측 불가능한 상황도 허다하다. 단적인 예로, 2021년 말에 다음 해인 2022년의 부동산시장을 예측할 때 그 누구도 대대적인 금리 인상을 예상하지 못했다. 이미 우크라이나 정세가 악화되고 있었지만 그것이 전쟁으로 이어지고, 동시에 공급자 발 물가 상승, 나아가 누적된 과잉유동성이 물가를 폭등시킬 것이라고 보지 못했다. 게

다가 2019년에는 아무도 코로나19 사태를 예상하지 못했고, 특히 신종 전염병이 오히려 집값 폭등의 신호탄이 될 거라는 상상은 꿈에도 하지 못했을 것이다. 그만큼 집값 예측은 신의 영역에 가깝다.

물론 시장 전망은 필요하고, 또 누군가는 해야 한다. 부동산시장은 경기순환이 있는 데다, 어떤 상황에서 오르고 어떤 상황에서 내리는지 설명할 필요가 있는 것이다. 경제 각 요소 및 주택시장 수급 여건 등을 고려해서, 오를 수 있는 상황과 내릴 수 있는 상황들을 객관적으로 알려주면 국민들이 판단하는 데 많은 도움이 될 수 있다. 그러나 집값 맞히기는 다른 문제다.

적어도 공인 의식이 있는 분들이라면 집값 맞히기 경쟁에 나서지 말자. 또 그것으로 불안감을 조성하지 말자. 나아가 맞혔다고 자랑하고 책 파는 데 활용하지 말자. 집값 동향이 생중계되고 있는 나라에서, 이른바 전문가라는 사람들까지 점쟁이 대열에 나설 필요는 없다. 어떤 저명 대학교수는 전망을 맞혔다고 자랑하는 것을 넘어, 책을 내서 유망 지역 투자 전략까지 제시하고 있다. 그런 분이 하지 않아도 하실 분들은 많다. 볼썽사납다.

13장

문재인 정부의 좌절에서 생각할 것들
다시 이런 일을 겪지 않으려면

배우고 성찰해야 할 것들

문재인 대통령은 임기 중 부동산 문제에 대해 "정말 죽비를 맞고 정신이 번쩍 들 만한 그런 심판을 받았다 생각"한다고 거듭 사과했다(취임 4주년 특별 연설 질의응답 중, 2021년 5월 10일). 대통령 비서실은 임기 말 자체적으로 평가한 책 《위대한 국민의 나라: 문재인 정부 5년의 기록》에서 "(부동산 문제에 대해) 국민께 거듭 면구스런 마음을 올린다. …… 절박한 민생 과제를 완수하지 못한 송구함을 하릴없이 기록하고자 한다"며 가장 조심스런 표현으로 국민들께 머리 숙였다. 아마 이 책 전체에서 이렇게 사죄하고 또 사죄한 분야는 부동산 문제가 유일하지 않나 싶다.

그만큼 문재인 정부의 부동산 정책 성적표는 참담했다. 무엇보다 국민들이 우리나라 집값의 기준으로 생각하는 서울 아파트값은 문재인 정부 동안 실거래가지수가 최대 78.5%나 올랐다. 전세금은 그보다 낮았지만, 문제는 2020년 여름, 이른바 임대차3법 제정을 둘러싼 논란 속에서 불안감을 가중시켰다는 것이다. 물론 임기 말이 다가오면서 본격적인 DSR 도입, 금리 인상 등에 따라 유동성이 축소되면서 집값도 한풀 꺾여 내려가기 시작한 것은 사실이다. 특히 2022년 초부터 전 세계적인 물가 상승 대책으로 금리를 올리기 시작하자 집값도 급락하기 시작했다. 서울 아파트 실거래가지수는 2022년 한 해 동안만 19.3%나 내리기도 했다. 집값이 2년 반 전 가격으로 돌아갔던 것이다. 전세금은 그보다 하락 폭이 더 컸다.

뒤늦게라도 집값이 내려가서 다행이기는 하지만, 이런 식의 급등과 급락은 국민들에게 큰 후유증을 남겼다. 임기 내내 계속된 부동산시장 불안과 정책 논란은 국민들을 지치게 했고, 정책을 둘러싼 프레임 대결은 국민들을 갈라놓기도 했다. 뒤늦게 고점에서 (영혼까지 끌어) 집을 샀던 사람들은 힘든 시기를 보내고 있을 것이다. 더구나 집값이 계속 오를 것이란 기대 속에서 전세금을 부풀려 받았던 신축 빌라 등이 대규모 전세사기의 현장이 되어버린 것도 말하자면 집값 폭등의 후과다. 전세금을 돌려받지 못한 청년들의 연이은 비보에 더욱 고통스런 책임감을 느낀다.

문재인 정부는 집값을 왜 못 잡았을까?

문재인 정부 기간, 집값이 폭등한 배경에는 물론 전 세계적인 과잉유동성이 있다. 이는 집값과 금리, 유동성의 관계를 보면 분명히 확인할 수 있다. 특히 코로나19에 따른 재정지출 확대, 유동성 공급도 악영향을 끼쳤다. 같은 이유로 거의 대부분 선진국들도 지난 몇 년간 심각한 집값 앙등을 겪었다. 이와 함께 부동산 경기순환에 따른 수급 불균형은 단기적인 해결이 어려운 악조건이었다. 2008년 금융위기 이후 집값 하락과 공급 축소의 영향이 경기 회복기에 폭발한 셈이다. 이에 문재인 정부는 수요 억제는 물론이고 공급 확대를 위해 최선을 다했으나 역부족이었다.

특히 2020년 코로나19로 풀린 추가적인 유동성이 부동산으로 더 흘러들어가지 않도록 금융을 죄는 데 실기한 것은 가장 중대한 실책이었다. 코로나19 국면에서 경기 방어를 고려한 결과이기는 하겠지만, 결과적으로 부동산 부문으로 돈이 몰리는 것을 방치한 셈이 되었다. 이와 함께 세제 강온을 거듭한 것, 임대등록제 논란을 조기에 매듭짓지 못한 것, 결코 적지 않은 공급 물량에도 불구하고 공급 부족 프레임을 조기에 수습하지 못한 것 등도 되돌아보면 너무 안타깝다.

2021년 하반기 들면 이미 집값이 너무 올랐기도 하고, 지체되었던 DSR 도입 등 금융 규제 강화 등에 따라 부동산시장은 안정세를 보이기 시작했다. 시장 기세가 꺾였기 때문에 앞으로 하향 안정 추세는 상당 기간 계속될 것으로 보인다. 특히 문재인 정부 기간의 대량 공급 기반 조성은 장기 안정을 가져올 수 있는 토대를 마련했다. 그러나 이 역시 빛바랜, 혹은 너무 늦은 성과가 아닐 수 없다.

불안한 시장 상황과 국민들의 비난 여론 속에서 정부와 민주당은 확고한 관점과 기조를 잃고 강-온으로 정책 방향이 흔들림으로써, 결과적으로 부동산 정책을 더 혼란스럽게 했다. 집값 불안의 핵심 요소와 부차적 요소를 혼동한 채 여론에 끌려다녔다고 볼 수밖에 없다. 이 과정에서 부동산 심리도 진정시키지 못함으로써 정책 불신을 가속화시켰다. 그렇다고 당시 야당이 제대로 된 대안을 제시하고 또 국민들의 불안을 달래려 했던 것도 아니다. 야당은 집값 폭등에 따른 정치적 반사 이익을 누리는 데만 적극적이었다. 끊임없이 공급 부족론과 세금 폭탄론, 반시장론을 유포하면서 이념 갈등도 부추겼다. 심지어 돈을 더 빌려줄 테니 빨리 집을 사라는 식의 위험한 선동을 이어갔다. 때마침 대통령 선거를 앞두고 아니면 말고 식 주장과 선정적 공약이 줄을 이었다.

언론이나 전문가들은 더 황당했다. 각자가 이미 가지고 있던 이념적·정책적 프레임에 맞추어 한편에서는 끊임없이 '시장'만, 다른 편에서는 끊임없이 '불로소득 환수'만 강조했다. 정작 우리뿐 아니라 전 세계 부동산시장이 처해 있던 과잉유동성, 저금리 상황이나 집값 상승 기류는 외면했다. 보수 언론이나 이른바 시장 전문가들의 공급 부족론은 가히 절대 반지였다. 수요보다 공급이 부족하면 집값이 오르는 것은 당연하지만, 그 수요가 과잉유동성하에서 비정상적일 수 있다는 사실은 인정하지 않았다. 반면 진보적 언론이나 전문가들은 정부가 불로소득 환수에 미적대서 집값이 올랐다며 비판해왔다. 종부세 세율을 최대 6%까지 올리고 2020년, 2021년 서울 아파트의 공시가격을 연거푸 20% 가까이 올렸던 데는 이런 요구가 있었기 때문이다. 20년 넘게 논의만 거듭하던 임대차3법을 일거에 제정한 것도 그런 분위기가 반영되었다.

그러나 2022년 들어 전 세계적인 유동성 축소와 금리 인상으로 집값이 급락을 거듭하자, 종전 공급 부족론자들은 일제히 금리 결정론으로 돌아섰다. 불과 몇 달 사이에 같은 사람이 완전히 다른 해석을 내놓는 것을 우리는 너무 많이 봐왔다. 세금을 더 올려야 한다던 분들도 2022년 대선을 앞두고 너도나도 세금 인하를 주장할 때 침묵했다. 정권 교체 이후 정책이 퇴행해도 마찬가지였다. 결국 2023년에는 서울 아파트 공시가격을 거꾸로 20% 가까이 낮추게 된다.

이런 과정에서 우리 부동산 정책은 경기에 따라, 또 정치적 요구와 압력에 따라 널뛰기하는 정책임을 다시 한번 확인하고 말았다. 시장이 급변한다고 정책도 급변해야 하는 것일까? 아무리 부동산 경기순환이 있더라도 바뀌지 말아야 할 정책이 있는 법인데, 우리는 널뛰기식 정책을 당연한 것으로 시행하고 있다. 그럴수록 부동산시장에는 이상주의, 낭만주의, 선정주의 나아가 선동주의가 난무하기 마련이다.

"반값에 집을 주겠다." "누구나 집을 갖도록 하겠다." "300만 호 주택 공급한다." "불로소득만 환수하면 집값은 오를 리 없다." "다주택자 때문에 온 국민이 피해를 본다." "보유세를 대폭 올려 국민에게 나눠주겠다." "이념 때문에 집값 올랐으니 이제 모두 시장에 맡기겠다." "종부세 폐지하겠다." "원가 공개해서 집값 낮추겠다."

지난 5년간 무수히 접해보았을 부동산 처방이자 정치적 약속들일 것이다. 그러나 이들 대부분은 부동산 문제 해결에 도움이 되지 않는 포퓰리즘일 뿐이다. 그럼에도 역대 모든 정부는 부동산 정책의 원칙을 세우기보다 그때그때 모면하는 데 급급해왔다. 문재인 정부 5년은 불행히도 이런 과정에서 벗어나지 못했다. 가장 큰 책임은 정부에 있지만, 정치권, 언론, 그리고 전문가들의 행태에는 책임이 없었던가 묻고 싶다. 언제까지 이런 악순환을 되풀이할 것인가? 언제까지 부동산 문제가 정치적 반사 이익의 호재가 되고, 프레임 전쟁의 각축장이 되어야 할 것인가? 그 피해는 고스란히 국민, 무엇보다 집값 문제로 더 불안하고 어려운 조건의 가정에 더 크게 돌아가게 되어 있다.

정권이 바뀌었으니 문재인 정부의 부동산 정책은 더 이상 짚어볼 필요가 없는 일이 아니다. 지금의 윤석열 정부 행태로 보면, 또 머지않아 집값이 회복되고 수요가 공급을 초과하기 시작하면 똑같은, 혹은 더 나쁜 형태로 문제가 반복될 수밖에 없다. 부동산 정책의 낭만주의, 선동주의와 절연하고 시장과 정부 역할에 대한 한국적 원칙을 정립해야 한다. 그것이 문재인 정부의 좌절에서 배울 일이다.

문재인 정부의 좌절에서 생각할 열 가지

우리나라 특유의 부동산 문제와 문화가 있다

아마 국민 대다수는 우리 부동산 문제가 세계 어떤 나라보다 심각하다고 생각할 것이다. 실제 집값 때문에 온 나라가 뒤숭숭해졌던 일이 한두 번이 아니다. 전 세계가 집값이 오르고 내리는 일이 비슷하게 일어나지만, 우리나라가 특히 더 심각하게 반응하게 된 이유는 무엇일까? 가장 큰 이유는 우리 집값이 소득에 비해 너무 비싸고, 주기적으로 올랐던 것이 핵심일 것이다.

이렇게 집값이 높게 오르게 된 데는 세계 최고 수준의 수도권 집중률과 무엇보다 기적적인 경제성장이 있었기 때문이다. 그 과정에서 집 문제 해결을 오랫동안 가족에게만 맡겨둔 결과 집은 각자도생해야 하는 숙제가 되고 말았다. 1990년대까지만 해도 주택 부문에 대한 대출을 비생산적인 것으로 간주했기에, 공적 주택금융은 발달하지 못했다. 전세보증금을 활용하고 가족의 도움을 얻어 집을 장만했다. 특유의 강한 가족주의에다 남들과 같게 되려는 평등주의 지향은 부동산 문제를 더 악화시켰다. 기존 도시와 주거지가 워낙 불편했기에 충분한 주차공간과 프라이버시가 갖춰진 아파트를 모두 선망하게 된 것도 지금의 상황을 만든 요인이 되었다. 워낙 경제 수준에 비해 주택 문제가 심각했기에 뒤늦게 아파트 대량 공급에 나서기 위해서라도 정부는 시장에 적극적으로 관여할 수밖에 없었다.

이처럼 태생적으로 어려울 수밖에 없는 부동산 문제에 한국적 심리 현상, 정치 현상도 가세했다. 주기적으로 집값이 오를 때면 국민들을 어떻게든 달래야 했기에 임기응변식 정책들이 기승을 부렸다. 각종 세제, 청약제도, 나아가 금융 대출도 부동산 경기에 따라 널뛰기를 거듭했다. 이런 상황에서 '불로소득 환수'와 '시장에 맡겨라'라는 프레임은 우리 부동산 정책을 흔들어놓는 양대 축이 되고 말았다. 정치인, 언론, 전문가들은 각자의 프레임에 따라 부동산시장 진단에서부터 처방까지 고집해왔다. 그러는 동안 우리 부동산시장에는 포퓰리즘적인 정책들이 뿌리 깊게 자리 잡고 말았다. 박정희 정부 시절부터 고가·다주택자, 호화주택에 대한 국민들의 반감이 각종 정책에 반영되었다. 반면 집값 하락기에는 원칙이고 뭐고 없이 경기 부양이 최고의 가치로 바뀌곤 했다. 우리가 문재인 정부 기간 접했던 수많은 일도 이런 한국적 부동산 역사와 경로에서 벗어나지 못했다.

전 세계 부동산 문제의 핵심은 주택의 금융화다

집값 불안은 우리나라만의 문제가 아니다. 부동산 경기 순환과 주기적인 거품 형성과 붕괴는 거의 모든 선진국이 공통적으로 겪고 있는 일이다. 특히 최근 20년 동안은 예전에 경험하지 못한 수준으로 집값의 급등락이 반복되고 있다. 기억에 생생한 미국의 서브프라임 모기지 사태와 뒤이은 2008

년 금융위기는 주택 거품이 촉발제였다. 당시 '대공황 이후 최대 거품 붕괴'라고 했지만 부동산 거품은 10년 만에 오히려 이전보다 더 커져버렸다. 게다가 코로나19로 풀린 돈들은 부동산으로 더 몰렸다. 최근 중국에 부상하고 있는 경제위기도 본질은 부동산 거품에 있다.

이런 상황에 대해 많은 학자들은 주택의 금융화 현상이 전면화되었기 때문이라고 진단한다. 원래 주택은 생활필수품이면서 투자 수단이라는 양면성이 있었는데, 2000년대부터 주택의 금융화 현상이 확산되면서 상품 성격이 더 강화되었다. 과잉 자본이 부동산에 몰릴 수 있는 물꼬가 활짝 열린 셈이다. 그만큼 유동성과 금융의 영향이 부동산시장을 압도하고 있는 것이다. 그 결과 집값 불안과 세대·계층 간 주택문제의 양극화가 만성화되었다. 임대로 살 수밖에 없는 세대(제너레이션 렌트)와 임대업자 세대(제너레이션 랜드로드)가 고착화되는 신주거계급 시대가 출현한 셈이다.

따라서 집값 급등락은 과거의 부동산 경기순환으로만 이해할 수 없고, 후기 자본주의의 구조적인 차원도 함께 생각해야 한다. 부동산 정책도 우리나라 특유의 문제와 더불어 세계적인 주택금융화 현상을 함께 고려해야 한다. 문재인 정부의 부동산 정책이 제때 효과를 거두지 못한 데는 부동산 과잉 수요를 유발하는 금융화 현상의 위험성을 충분히 인식하지 못한 측면이 크다. 과거 경험에 따른 수요 관리, 공급 확대의 정책 패키지로는 너무 커져버린 유동성과 금융화 현상에 제대로 대처할 수 없었던 것이다.

그런 점에서 부동산 문제의 핵심 요인과 부차 요인을 혼동하면 안 된다. 핵심은 넘치는 돈이 자산시장으로 흘러들어가는 구조이며, 공급, 세제, 그리고 청약제도 등 한국적인 제도들은 부차적인 요인이다. 그런 점에서 주택의 금융화 시대에 대응하는 금융 정책의 새로운 차원이 요구되고 있다.

시장의 일, 정부의 일이 있다

부동산은 그 자체로 독특한 재화다. 모든 토지는 인근 토지에 서로 영향을 끼치기 때문에 이용과 개발에 공동체가 필수적으로 개입해야 한다. 선진국일수록 도시계획 제도를 강하게 하는 이유이다. 더구나 우리나라는 새집을 공급하는 두 가지 방법인 공공택지 개발과 재개발·재건축사업이 모두 정부의 개입과 조정 없이는 불가능하다. 시장 급변기에 변동성을 낮추기 위해 노력하는 것은 정부의 당연한 책무다. 주거 취약계층을 위한 공공임대주택 공급, 임대료 보조 확대는 더 말할 것도 없다.

자본주의 시장경제하에서는 결국 시장이 삶을 풍요롭게 하고, 많은 문제를 해결한다. 부동산 문제도 마찬가지다. 시장은 수요와 공급의 신호를 받아 필요한 곳에, 원하는 주택이 공급되게 한다. 그러나 시장에도 한계는 있다. 부동산이라는 특별한 상품은 일반 상품의 수요-공급 균형과는 다른 결과를 초래하기 때문이다. 우리가 주기적으로 맞이했던 경제위기는 대부분 부동산을 매개로 이루어졌다. 그만큼 각국 정부는 시장을 존중하면서도 시장을 보완하는 것을 당연한 책무로 생각한다.

그러나 유독 우리나라에서는 정부의 무능을 규탄하는 것을 넘어, 정부가 하는 일이 반시장적 규제라는 식의 담론이 유포되어 있다. 이 책에서는 이른바 "시장에 맡겨라"라는 말의 허상에 대해 낱낱이 살펴보았다. 언론이나 전문가들이 말하는 시장 자유는 돈 벌 자유, 세금 적게 낼 자유와 다르지 않았다. 재건축 수익성을 더 높여주고, 종부세 등 높은 세금을 내지 않도록 하라는 것은 단골 메뉴이다. 심지어 청년들에게 돈을 더 빌려주라는 것도 시장주의로 포장되어 있다. 사상 유례없는 저금리와 과잉유동성이 촉발한 과잉 수요에는 애써 눈감고 있을 뿐이다.

다짜고짜 반시장주의라거나 정부는 손 때라는 식의 얘기들은 그저 프레임이다. 마치 윤석열 대통령이 말하는 '시장 자유'처럼 공허함을 넘어 이념적 왜곡을 부를 뿐이다. 아무리 시장이 중심이고, 시장이 궁극적으로 모든 문제를 해결한다지만 정부의 역할은 분명히 있다. 그 결과가 기대에 못 미친다고 정부의 역할을 무시해서는 안 된다. 반시장주의라고 프레임을 씌울수록 정부 정책은 더 효과를 잃는 악순환에 빠진다는 점도 기억하자.

부동산시장에도 지켜야 할 규범이 있다

부동산시장이 중요하다고 해서, 시장에서 남의 권리를 침해하거나 공동체의 가치를 훼손해도 된다는 것은 아니다. 자본주의가 발달한 선진국일수록 독점의 폐해를 방지하려 하고, 주거복지 정책에 힘을 쏟는 것은 그런 이유 때문이다. 부동산시장도 건강하면 좋다.

도시계획은 건강한 부동산시장을 위한 규칙이자 규범이다. 좋은 도시를 만들기 위한 규제는 오히려 환영할 일이다. 이는 도시민의 삶의 수준을 높이고 궁극적으로 부동산의 가치를 높이기 때문이다. 그런 차원에서 토지의 용도 변경이나 용적률 증가와 같은 도시계획 정책 변화는 전적으로 사유재산 증가로만 볼 수 없다. 개발 과정에서 공원 설치나 도로 확장 등은 공동체의 이익을 위해 반드시 함께해야 하는 것이다. 마찬가지로 개발이익 공유도 당연하다. 재개발·재건축의 대가로 세입자용 공공임대주택이나 개발부담금(초과이익환수)을 요구하는 것은 국가가 날강도여서 그런 것이 아니다. 개발이익은 공동체와 함께 나눠야 한다는 헌법 정신에 입각해 있다.

세금은 국가나 지방정부의 운영에 필요한 재원을 확보하면서, 소득 재분배를 이루는 수단이다. 그러나 세금이 많다고 좋은 것도, 적다고 좋은 것도 아니다. 형평성과 균형을 유지해야 지속 가능하며 또한 경제발전에도 기여한다. 그런 점에서 가격에 상응하는 보유세나 실현된 이익에 따른 양도소득세는 당연히 부과되어야 한다. 집을 세놓아 얻은 이익에 대한 임대소득세도 필수적이다. 하지만 우리나라에서 부동산 세제는 사회·경제적 균형과 형평성보다는 집값 잡는 데 효과가 있는가, 없는가에 집착하면서 널뛰기를 거듭했다. '세금 폭탄' '부자 감세' 논란 속에서 세제가 가져야 할 규범과 원칙마저 훼손된 것이다.

상환 능력에 맞춘 부동산 대출은 모든 나라의 규범이다. 2008년 금융위기를 촉발한 서브프라임 모기지 사태는 바로 그 규범을 지키지 않았기 때문에 벌어진 일이다. 은행에 대한 건전성 감독을 불필요한 시장 규제로 보지 않는 이유이다. 하지만 우리나라는 전세제도로 인해 생긴 착시 때문에 부동산 대출과 금융을 너무 안이하게 보고 있다. 상환 능력을 감안한 장기 대출과 원리금 분할 상환은 거의 모든 선진국의 부동산 대출 원칙이다. 우리 현실은 전혀 그렇지 않다는 것은 이미 설명했다. "청년들이 집 살 수 있게 대출을 늘려라" "15억 이상 대출 규제는 위헌이다"라고 하기 전에, 부동산 대출의 규범을 세워야 한다.

'반시장적 규제'라는 말이 워낙 우리 부동산 정책 담론을 압도하고 있어서, 마치 다른 선진국들은 아무것도 하지 않고 시장에 모두 맡기는 것처럼 오해하기 십상이다. 그러나 선진국들이야말로 도시계획, 세제, 금융 분야에 엄정한 규칙과 질서를 부여하고 있다는 걸 잊어서는 안 된다.

수요는 빠르고 공급은 더디다

당연하지만, 집값은 수요-공급에 따라 결정된다. 다만 다른 상품에 비해 수요-공급이 균형에 이르는 데 시간이 오래 걸린다. 토지가 장소에 고착되어 있고, 택지 조성에 장시간이 소요되기 때문이다. 기존 도시를 재개발·재건축하는 데도 합의를 모으고 절차를 밟기까지 오랜 시간이 걸린다. 이처럼 부동산은 수요는 빠르게 변하는 데 반해, 공급은 더디기만 하다.

이 때문에 수요-공급의 불균형은 부동산시장의 숙명과도 같은 것이다. 우리는 흔히 공급이 수요를 못 따라갈 때만 생각하지만, 거꾸로 호경기에 시작했던 공급이 불경기에 들어서면서 팔리지 않는 경우도 많다. 균형에 도달할 때까지 집값이 앙등하거나 거꾸로 미분양이 누적되는 현상이 반복되는 것이다. 이런 상황에서 공급이 부족해서 집값이 오른다고 강조하면 할수록 불안한 마음에 집값은 더 오르게 된다.

적어도 책임 있는 전문가, 언론, 정당이라면, 공급 부족 공포론을 조장하는 데 동참해서는 안 된다. 공포로 돈을 벌겠다는 사람들이 있을 수는 있지만, 책임 있는 사람들이라면 다르게 말해야 한다. "사회 전체가 공급을 늘리고 있으므로 몇 년 내에 균형에 이를 수 있다. 공포심을 갖지 말고 기다려달라"고. 그러나 현실에서는 공포로 반사 이익을 얻으려던 집단들이 많았고, 정작 집값이 떨어지고 미분양이 누적되며 '영끌'들이 고통을 호소할 때도 이들은 반성하지 않았다.

경기에 따라 바꿔야 할 정책과 아닌 것이 있다

우리 부동산 정책의 가장 큰 문제는 경기에 따라 모든 것이 널뛰듯 바뀌는 것이라고 지적한다. 그만큼 정책 신뢰는 물론이고 정책 효과도 떨어질 수밖에 없다고. 그렇다면 한 번 정책을 정하면 끝까지 바꾸지 말아야 하는 걸까? 이건 정치적으로도 가능하지 않겠지만, 정책적으로도 결코 바람직하지 않다. 중요한 것은 경기나 부동산시장 상황에 따라 바꿔야 할 영역과 일관성을 유지해야 할 영역이 있다는 사실이다.

부동산 경기에 따라 당연히 부동산 세금, 금융 대출, 청약제도 등을 강화 또는 완화해야 한다. 다만 보유세나 양도세는 되도록 바꾸지 않는 것이 좋다. 특히 보유세를 경기에 따라 바꾸는 것은 집값 안정이나 부양 효과도 없이 세금에 대한 신뢰만 떨어뜨릴 뿐이다. 적정선에 대한 사회적 규범을 정해 일관되게 가는 것이 옳은 방향이다. 사문화된 임대소득세도 어떻게든 정상화해야 한다. 대신 취득세는 경기에 따라 강온으로 바꿀 수 있다.

금융 대출의 경우, "DSR 등 상환 능력 반영과 원리금 분할 상환 확대"는 지켜야 할 원칙이다. 아무리 경기를 부양하기 위해서라도 이 원칙을 훼손해서는 안 된다. '빚내서 집사라'는 정책이 문제가 되었던 것은 경기 부양을 위해 상환 능력을 고려하지 않고 대출을 남발했기 때문이다.

이와 함께 개발이익환수도 바뀌어서는 안 될 규범이다. 우리는 집값 상승기에만 재건축 초과이익환수 등에 열을 올리지만, 실제 적용된 사례는 전혀 없다시피 하다. 사실상 사문화된 셈이다. 그러나 개발이익이 많은 곳은 일부를 환수해서 서민 주거복지나 노후 저층 주거지 개선에 사용하는 것을 원칙으로 세워야 한다. 이는 시장주의자 입장에서도 효과적인 시장 개입 방식이다.

이와 같은 정책을 제외하고는 상황에 따라 적절히 조절하는 것이 시장 안정과 주거수준 향상에 도움이 될 것이다. 그런데 현실에서는 부동산시장 급변기마다 이 원칙들이 잘 지켜지지 않고, 이 원칙들마저 훼손하려는 압력과 유혹이 커지기 마련이다. 당장 집값을 잡으라는 압력, 집값이 조금이라도 떨어지면 큰일 날 것 같은 분위기 속에서 각종 포퓰리즘이 기승을 부리기 때문이다.

부동산 포퓰리즘 중독에서 벗어나자

집값이 크게 오르거나 떨어지기 시작하면, 온 나라가 뒤숭숭해진다. 시간이 걸려도 결국 균형에 이른다는 것을 알기는 하지만, 당장의 불안감은 어쩔 도리가 없다. 정부나 정치권은 빨리 성과를 내야 한다는 조급한 마음에 부동산 정책도 극단으로 흐르게 된다. 얼마 전 발표한 대책이 빨리 효과를 거두지 못한다고, 아직 시행도 되기 전에 추가 대책을 발표하는 것을 우리는 여러 번 보았다.

부동산은 일단 상승 사이클이든, 하강 사이클이든 흐름에 들어가면 좀체 방향을 바꾸기가 쉽지 않다. 이른바 대세 상승과 하락 과정을 우리는 몇 차례나 경험했고 이는 전 세계가 마찬가지다. 단순히 부동산 그 자체의 수요-공급 요인만이 아니라 경제 상황, 유동성 등과 밀접한 관련이 있기 때문에, 경제순환 사이클이 바뀔 때까지는 진정시키기 어려운 것이다. 어떻게 보면 오를 만큼 오르거나 내릴 만큼 내려야 진정되는 것이다. 정부는 이 장기간 소요되는 수요-공급 균형에서 경제 약자들의 피해를 막으려고 동분서주하기 마련이다.

그러나 시장 안정에 시간이 오래 걸릴수록 부동산 문제는 정치적 현안이 되고 만다. 정치권은 물론이고 언론, 전문가, 시민단체까지 가세해서 확실한 처방이 있는데도 정부가 안 하고 있다고 질타하는 대열에 서게 된다. 단골 메뉴는 보유세다. 원가 공개나 반값 아파트도 마찬가지다. 재건축 규제를 모두 풀어서 원하는 곳에 집이 공급되게 하라거나, 수백만 채를 공급하겠다는 물량 경쟁도 격화된다. 더 위험하게는 돈도 더 많이 빌려줘서 내 집 마련을 거들어야 한다는 주장까지 이어진다. 우선 입에 달콤한 약속들이다.

그러나 이런 포퓰리즘들은 그 당시는 현란하지만, 부동산시장의 본질은 해결하지 못한다. 현실성도 없을뿐더러 시장에도 결코 긍정적인 영향을 끼치지 못한다. 특히 소수의 수혜 계층을 과대 포장해서 마치 전 국민에게 혜택이 갈 것처럼 현혹할 뿐이다. 그럼에도 부동산 이상주의자, 선동주의자들은 책임을 지지 않는다.

전문가도 책임을 져야 한다

서점에 가보면 부동산 관련 책들이 수십 종 진열되어 있다. 매년 부동산 관련 책은 100여 종 이상 출간되는 듯하다. 제목도 이만저만 끌리지 않는다. 불안감을 자극하기도 하지만 대박의 기대를 품게 만드는 제목들이 대다수다. 이 책들을 쓴 사람들은 모두 전문가일까? 혹은 독자와 국민의 신뢰를 얻는 사람들일까?

인터넷 공간에는 더 많은 전문가가 있다. 정부의 각종 정책을 분석·평가하는 것은 물론, 시장 전망, 유망 상품 소개 등의 정보가 홍수를 이룬다. 이미 대단한 조회 수를 보이는 유튜버가 있는가 하면, 주요 포털사이트의 블로거들도 반향이 크다. 독자들이 이 내용들을 모두 신뢰하는 것은 아니겠지만, 시장 불안기에는 이곳저곳 들러보기 마련이다. 집값 하락이 본격화된 뒤에는 이들 중 '영끌 오적'이 선정되기도 했다.

나는 책과 인터넷 공간을 통해 전문가 역할을 하고 있는 사람들보다 공신력 있는 언론에 인터뷰를 하거나 칼럼을 게재하고 있는 분들은 달리 봐야 한다고 생각한다. 기자들의 기사도 마찬가지다. 말하자면 언론사가 보증하는 내용인 것이다. 그런데 이들의 판단이나 관점에는 오류가 없을까? 누구나 제한된 정보 속에서 오류는 있을 수 있다지만, 자신이 가진 프레임을 고수함으로써 왜곡을 방치한 것은 없을까? 이들의 예측이나 진단이 틀렸다는 게 문제가 아니다. 언제나 공급 부족, 불로소득 같은 프레임만 반복하면서, 변화하는 상황을 진지하게 보지 않으려는 것이 문제다.

정부나 정치권은 어떻든 정책 실패에 따른 책임을 진다. 정부의 책임과는 비교할 수 없겠지만, 이른바 전문가들도 그 사회적 영향력에 상응하는 책임은 피할 수 없다. 이들도 감시와 평가를 받으며, 잘못된 판단과 예측에 대해서는 사과하고 수정하는 것이 당연하다. 아무 일도 없었던 것처럼 다른 얘기를 하는 분들을 우리는 너무나 많이 보고 있다.

이제 정부는 집값 잡겠다는 약속을 하지 말자

이미 세계 10위권 경제 대국이 된 우리나라는 세계 경제 동향과 함께할 수밖에 없다. 주택이 점점 더 투자 상품화되는 주택금융화 경향과 전 세계적인 유동성 상황은 우리나라에도 그대로 반영되고 있다. 우리 주택 문제가 갖는 보편적 성격이라고 할 수 있다.

반면 우리 특유의 문제도 있다. 무엇보다 전세제도가 그렇다. 강한 가족주의는 전세제도를 강화하는 역할을 해왔다. 그만큼 주택 문제에 대한 전 국민의 관심이 높고, 이는 특유의 평등주의가 더 부추기고 있다.

이런 상황에서 우리 정부는 세계 그 어느 나라보다 집값 동향에 민감하게 반응해왔고, 가격 안정을 위한 것이라면 무리한 시장 개입도 주저하지 않았다. 게다가 정부는 민심을 달래는 차원에서, 또 시장과의 심리전 차원에서 집값, 특히 강남 아파트값을 잡겠다고 공언해왔다. 하지만 정부의 약속이나 호언장담은 여지없이 헛말이 되고 만다. 전 세계 선진국 중에서 정부 수반이 집값을 잡겠다고 얘기하거나 집값을 못 잡았다고 사과하는 나라는 거의 없다.

이제 정부에 집값을 잡겠다는 말을 기대하지 말자. 정확한 시장 상황이나 정책 계획을 밝히는 등 필요한 일만 하게 하자. 시장에는 시장의 일이 있듯이, 정부는 자신들의 몫을 하면 된다. 형평성 있는 세제와 개발이익환수 체제만 작동한다면, 굳이 강남 아파트값에 전전긍긍하며 심리전을 펼 필요는 없다. 여기다 좋은 주택이 빨리 공급될 수 있도록 택지 공급과 도시계획 인센티브 관리만 하면 된다. 주거복지를 튼튼히 구축해서 주거 취약계층을 보호하는 일도 중요하다. 나머지 약속은 기대하지 말자.

반드시 해결해야 하고, 또 해결될 것이다

우리나라 부동산 문제에 희망은 있을까? 너무 오르거나, 급락하면서 역전세난이 반복적으로 나타나는 이 악순환을 언제 벗어날 수 있을까? 주택보급률이 110%를 넘어서거나 저출산으로 인구가 줄어들면 이 문제가 해결될까? 일본은 이미 30년째 집값이 정체하거나, 하락 중이니 그렇게 될 수 있을 거라고 생각하는 사람들이 많다. 그러나 이미 주택 수나 인구가 그런 단계를 넘어선 서구의 여러 나라들이 여전히 집값 급등락을 거듭하고 있는 것을 보면, 그런 조건만으로 반드시 주택 문제가 해결된다고 볼 수는 없다. 일본도 아파트(맨션)

시장은 전체 주택시장과 달리 급등하고 있기에 일본 사례가 희망이 될 수도 없다.

그렇다면 우리는 어떻게 하면 될까? 요행을 바랄 방법은 없다. 선호하는 주택, 즉 아파트는 여전히 부족하다. 이를 인정하는 가운데, 경기와 무관하게 꾸준히 주택을 공급하는 것이 무엇보다 중요하다. 정부의 의지만 있다면 경기가 나쁘더라도 공공택지를 비축하면서 주택 공기업이 안정적으로 주택을 공급할 수 있다. 광역교통망의 기대 수준을 맞추는 것도 중요하다. 이 과정에서 주거 취약계층에 대한 주거복지 확대도 병행해야 한다. 공급 과정에서 발생하는 개발이익을 잘 활용한다면 공공임대주택을 꾸준히 늘릴 수 있다. 이와 함께 세제와 금융에서의 원칙을 세우고, 이를 경기와 무관하게 지켜나가는 것이 중요하다. 특히 상환 능력을 감안한 대출 규범을 확립해야 한다. 이처럼 공공의 균형추 역할은 더 강화되어야 한다. 주택의 금융화 시대에도 집이 가진 가장 중요한 기능, 즉 가족의 보금자리 역할을 살리기 위해서는 정부의 노력이 필수적이다.

이런 원칙 아래 우리 사회가 부동산 포퓰리즘에 흔들리지 않기만 한다면 희망이 있다. 집 문제는 해결될 것이고, 또 반드시 해결되어야 한다.

참고문헌

김수현, 《주택정책의 원칙과 쟁점》, 한울, 2008

―――, 《부동산은 끝났다: 우리 삶에서 가장 중요한 곳, 다시 집을
　　생각한다》, 오월의봄, 2011.

―――, 《가난이 사는 집: 판자촌의 삶과 죽음》, 오월의봄, 2022.

김수현·진미윤, 《집에 갇힌 나라, 동아시아와 중국: 의 주택정책을
　　찾아서 2》, 오월의봄, 2021.

리사 앳킨스·멀린다 쿠퍼·마르티즌 코닝스, 《이 모든 것은 자산에서
　　시작되었다: 자산의 격차는 어떻게 개인의 삶을 가르는 핵심
　　요인이 되었는가》, 김현정 옮김, 사이, 2021.

문재인 대통령 비서실, 《위대한 국민의 나라: 문재인 정부 5년의 기록》,
　　한스미디어, 2022.

서영수, 《2022 피할 수 없는 부채 위기: 부동산과 주식 시장의 폭락에
　　대비하라!》, 에이지21, 2021.

손낙구, 《부동산 계급사회》, 후마니타스, 2008.

송호근, 《한국의 평등주의, 그 마음의 습관》, 삼성경제연구소, 2006.

신진욱, 《그런 세대는 없다: 불평등 시대의 세대와 정치 이야기》,
　　개마고원, 2022.

윌리엄 플렉켄스타인·프레드릭 쉬핸, 《그린스펀 버블》, 김태훈 옮김, 한스미디어, 2008.

장득수, 《투자의 유혹》, 흐름출판, 2006.

정태석, 《한국인의 에너지, 평등주의: 평등주의와 서열주의의 모순적 공존》, 피어나, 2020.

조시 라이언-콜린스·토비 로이드·로리 맥팔렌, 《땅과 집값의 경제학: 우리 삶의 불평등, 그 시작은 땅과 집에서 비롯되었다》, 김아영 옮김, 사이, 2017.

진미윤·김수현, 《꿈의 주택정책을 찾아서: 글로벌 주택시장 트렌드와 한국의 미래》, 오월의봄, 2017.

찰스 P. 킨들버거·로버트 Z. 알리버, 《광기, 패닉, 붕괴 금융위기의 역사》, 김홍식 옮김, 굿모닝북스, 2006

김경연·정동준, 〈세대별 주택 점유와 주택 규모 선택에 관한 실증 분석: 베이비붐 세대, 노년 세대, 에코 세대를 중심으로〉, 《부동산·도시연구》 제10권 제1호, 2017.

김명수, 〈가계 금융화의 굴절과 금융 불평등: 한국 가계의 금융통합 양상에 관한 경험적 고찰〉, 《한국사회학》 제54권 제1호, 2020.

김세기, 〈주택 통계 개선 심포지엄 발표문〉, 《주택 가격 통계 현황과 개선 방향》, 한국주택학회, 2016.4.21.

송인호, 〈세대 간 주택시장의 이해와 주거유형 선택의 경제적 함의: 베이비붐 세대와 에코 세대를 중심으로〉, 《한국경제포럼》 제13권 제2호, 2020.

이태리·박진백, 〈주택시장과 통화(금융) 정책의 영향 관계 분석과 시사점〉, 《국토정책 브리프》 902호, 국토연구원, 2023.

이희선·하준경, 〈주택 소유와 부채 보유의 연령 및 세대 효과〉, 《주택연구》 제29권 3호, 2021.

정다연, 〈IMF '국가별 코로나19 재정 조치' 데이터베이스 분석〉, 《나라살림》 138호, 나라살림연구소, 2021.2.2.

홍정훈, 《주택취득자금 조달 및 입주계획서 분석 보고서》, 한국도시연구소, 2022.

〈부동산 투기 7천8백 명 세무조사〉, 《조선일보》, 1988.8.19.

〈부동산값 큰 폭 하락 은행 담보대출 비상〉, 《매일경제》, 1991.11.4.

〈부동산 투기 대책 곧 발표〉, 《매일경제》, 1997.1.18.

〈부동산시장 '끝없는 추락'〉, 《조선일보》, 1998.4.15.

〈부동산 투기 근절 위해 모든 수단 다 쓸 것〉, 《한겨레》, 2005.7.2.

〈집 가진 고통… 싸게 내놔도 안 팔리고 이자 폭등〉, 《한국경제》,
　　2010.6.11.

〈C학점 받은 문 정부, 이념 벗고 현실 직시해야〉, 《디지털타임스》,
　　2020.10.4.

〈전국 절반이 규제 지역, 그런데도 집값은 사상 최고〉, 《조선일보》,
　　2020.12.19.

〈부동산값 급등, 저금리 아닌 정부 정책 탓〉, 《국민일보》, 2021.1.6.

〈집값 통계 제각각, 어느 것 믿어야 하나〉, 《내일신문》, 2021.5.20.

〈사상 최대 폭등에도 추가 상승론 확산, 부동산 불패론의 끝은?〉,
　　《조선일보》, 2021.6.29.

〈세금으로 집값 잡을 수 없다… 文 정부, 부동산 정책도 이념이 앞서〉,
　　《조선일보》, 2021.7.16.

〈국가를 정책 실험장으로 삼으면 피해자는 국민이다〉, 《서울경제》,
　　2021.8.6.

〈분양가 규제 손질 또 핵심 놔두고 변죽만 울렸다〉, 《매일경제》,
　　2021.9.16.

〈윤석열 정부 세제 개편안, 징벌적 세금 폭탄의 정상화다〉, 《매일경제》,
　　2022.7.22.

〈공공임대는 혐오시설이 아니다〉, 《중앙일보》, 2022.8.13.

〈상한제·재초환 같은 반시장적 규제 풀어 주택 공급 늘려야〉,
　　《중앙일보》, 2022.8.13.

〈반지하 대책, 희망 고문 안 되려면 임대주택 공급 서둘러야〉,
　　《동아일보》, 2022.8.16.

〈반지하 주거 벗어나기, 공공임대 확충 없인 말 잔치로 끝난다〉,
　　《한겨레》, 2022.8.19.

〈금리가 주인공 된 부동산시장〉, 《부산일보》, 2022.10.17.

〈저소득 은퇴자에게 더 가혹한 종부세〉, 《헤럴드경제》, 2022.11.28.

〈주택시장에 올라탄 '정치 괴물'이 만든 반시장 규제… 국민들 옥죄는데 왜 아직도 그냥 두나〉, 《파이낸셜뉴스》, 2022.12.4.

〈정책도, 공급도 무의미… 2023년 부동산시장, 금리에 달렸다〉, 《국민일보》, 2022.12.13.

〈윤석열 대통령과 원희룡 국토부 장관의 부동산시장 인식은〉, 《한국경제》, 2022.12.16.

〈"수억 원 뚝뚝뚝"… 집값, IMF 이후 최대 폭락했다〉, 《서울경제》, 2023.1.2.

차학봉, 〈역대 정부서 성공 못한 투기 억제책… 文은 극단으로 밀어붙여〉, 《조선일보》, 2023.1.8.

〈'전세 포비아'… 공공임대에 청년 2만 명 몰렸다〉, 《매일경제》, 2023.1.14.

〈악마가 된 무자본 갭투자, '빌라왕' 뒤엔 문 정부 임대차법 오판〉, 《조선일보》, 2023.1.21.

〈빌라왕이라는 착시… 전세사기는 정책 실패〉, SBS, 2023.1.27.

〈"집값 폭등은 저금리 아닌 문재인 탓" 언론보도는 '거짓'(오마이팩트)〉, 《오마이뉴스》, 2023.2.3.

〈주택임대인협회 "전세사기, 등록임대제 탓 아냐… 마녀사냥"〉, 《연합뉴스》, 2023.2.6.

〈부동산 통계를 정부도 못 믿는다고요?〉, 《동아일보》, 2023.2.19.

〈빌라왕 전세사기의 판 깔았다, 文 정부 '로또아파트' 나비효과〉, 《조선일보》, 2023.2.25.

〈"7주째 상승" "49주째 하락"… 집값 통계 뭐가 맞는 거야〉, 《조선일보》, 2023.7.11.

국가통계포털(KOSIS) (https://kosis.kr/index/index.do).

국토교통부, 《주택업무편람》.

──────, 《주거실태조사》.

서울시, 《서울통계연보》.

통계청, 〈2021년 주택 소유 통계〉, 2022.12.15.

한국부동산원 공동주택실거래가지수

KB국민은행 부동산 통계
LH 부동산 정보, SEE REAL

Aalbers, Manuel B., *The Financialization of Housing: A political economy approach*, Routledge, 2016.

Aalbers, Manuel B., Cody Hochstenbach, Jelke Bosma and Rodrigo Fernandez, "The Death and Life of Private Landlordism: How financialized homeownership gave birth to the Buy-To-Let market", *Housing, Theory and Society* Vol.38 No.2, 2020.

August, Martine, "The financialization of Canadian multi-family rental housing: From trailer to tower", *Journal of Urban Affairs* Vol.42 No.7, 2020.

Forrest, Ray and Yosuke Hirayama, "The financialisation of the social project: Embedded liberalism, neoliberalism and home ownership", *Urban Studies* Vol.52 No.2, 2015.

Garbinti, Bertrand and Frederique Savignac, "Intergenerational Homeownership in France over the 20th Century", Banque de France, 2021.3.

Ronald, Richard, "'Generation Rent' and Intergenerational Relations in the Era of Housing Financialization", *Critical Housing Analysis* Vol.5 No.2, 2018.

Tranøy, Bent Sofus, Mary Ann Stamsø and Ingrid Hjertaker, "Equality as a driver of inequality? Universalistic welfare, generalised creditworthiness and financialised housing markets," *West European Politics* Vol.43 No.2, 2020.

Wijburg, Gertjan, Manuel B. Aalbers and Susanne Heeg, "The Financialisation of Rental Housing 2.0: Releasing Housing into the Privatised Mainstream of Capital Accumulation", *Antipode* Vol.50 No.4, 2018.

"Lessons from a 'lost decade': Will America follow Japan into a decade of stagnation?", *The Economist*, 2008.8.21.

"Homeownership Rate By Age", iPropertyManagement.com, 2022.10.1. (https://ipropertymanagement.com/research/homeownership-rate-by-age).

IMF(https://www.imf.org/external/research/housing/images/globalhousepriceindex_lg.png).

FRED(https://fred.stlouisfed.org/).

GOV.UK, Live tables on dwelling stock(https://www.gov.uk/government/statistical-data-sets/live-tables-on-dwelling-stock-including-vacants).

OECD, *Handbook on Residential Property Price Indices*, 2013.(https://read.oecd-ilibrary.org/economics/handbook-on-residential-property-price-indices_9789264197183-en#page1).

Trading Economics(https://tradingeconomics.com).

Yahoo Finance(https://finance.yahoo.com/news/us-home-prices-rise-slower-rate-july-130014400.html).

부동산과 정치

초판 1쇄 펴낸날   2023년 9월 25일
지은이   김수현
펴낸이   박재영
편집   이정신·임세현·한의영
마케팅   신연경
디자인   조하늘
제작   제이오
펴낸곳   도서출판 오월의봄
주소   경기도 파주시 회동길 363-15 201호
등록   제406-2010-000111호
전화   070-7704-5018
팩스   0505-300-0518
이메일   maybook05@naver.com
트위터   @oohbom
블로그   blog.naver.com/maybook05
페이스북   facebook.com/maybook05
인스타그램   instagram.com/maybooks_05

ISBN   979-11-6873-077-9 03300

만든 사람들
책임편집   박재영
디자인   조하늘